敬愛大学学術叢書

子どもの「遊びこむ」姿を求めて
保育実践を支えるリアリティとファンタジーの多層構造

阿部 学【著】

Manabu Abe

東京 白桃書房 神田

はしがき

　本書は，A幼稚園（仮名）というある一つの園の保育実践についての研究をまとめたものである。A幼稚園の保育理念を様々な角度から検討することをとおして，子どもの遊びを捉える新たな「もののみかた」を描き出すことを目指す。

　現在，A幼稚園は学界においてもメディアにおいも有名というわけではない。何も有名であればよいということはないのだが，それにしても，なぜそんな園に注目するのかと思われるかもしれない。

　それは――詳しくはページをめくって物語を追っていただきたいのだが――A幼稚園の子どもたちが行う遊びが，私たちがイメージする一般的な保育実践とはかなり異なったものだからである。A幼稚園の保育実践はいかなる特徴をもつものであり，いかなる意味において既存の保育実践研究からは捉え難いものであり，そしてそれらに示唆を与えうるのか――こうした問いを導きつつ，そして答えていくことが，本書の試みである。

　筆者は当初，A幼稚園の保育実践を発達や学習に関する既存のモデルにあてはめて理解しようとしていた。主として，状況論として示されるようなモデルである。論じ方によっては，「A幼稚園の実践はそれらのモデルにあてはまっているから「よい」実践なのだ」と言うことも可能ではあった。

　しかし，筆を進めるうちに，A幼稚園が何かのモデルにあてはまっていると言ってしまうときに，どうしてもそこから，A幼稚園のおもしろさや不思議さ，現場で感じるワクワク感，遊びのオリジナリティなどが削ぎ落とされてしまうような気がしてきた。独特の実践を追っているはずなのに，一般的によいとされるモデルにあてはまるから「よい」と結論づけるのは，おかしなことだと思った。

　そこで，議論のレールを組み直し，何か特定の理論を理想とするような議論の仕方は意図的に避け，A幼稚園という特定の園の成り立ち，理念，実践例などを――保育実践なるものについての共通理解があるはずの私たちに

とっては遠回りなのかもしれないが——1から丁寧に追っていくことにした。「あてはまる」型の研究をするときに削ぎ落とされてしまうような要素を丁寧に拾い上げ，記述していく。そこから立ち現れてくるものを，筆者にできる限り目を凝らし，つぶさに捉えていく。そうした試みの先に，これまでにない新たな「もののみかた」が見えてくるのではないかと考えた。

　折しも昨今，時代のうねりに応じてか，協同的な学び，プロジェクト型の活動，環境をとおした保育，インクルーシブ教育，アクティブラーニング等々，望ましいとされる教育実践像が様々な言葉で語られてきている。一方，A幼稚園の実践は，多くの教育実践とは異なる独特のものであるが，しかし同時に，教育実践の本質を描き出しうるものなのではないかと筆者は考えている。本書では上記のような流行りの言葉はほとんど使わないが，それらが大事にしているであろうことに別の角度からの光が当たり，結果として教育実践の重要な側面を明るみにすることになったらと思う。

　小さな園を舞台にした本書の探究が，より大きな教育実践研究の文脈に位置づけられ，そのさらなる発展に寄与することを願っている。

　　2016年11月

　　　　　　　　　　　　　　　　　　　　　　　　　　　　　　　阿部　学

目　次

はしがき

序章　子どもの「遊びこむ」姿を追い求めた先に

1. プロローグ――ある幼稚園のお話 …………………………………… 1
2. 本書のねらい ………………………………………………………… 2
   (1) A幼稚園の「めずらしさ」と「わかりにくさ」　3
   (2) A幼稚園の保育実践をどう読むか？　7
3. 研究の方法 …………………………………………………………… 9
   (1) フィールドワーク，参与観察，エスノグラフィー　9
   (2) 観察の具体的方法　11
   (3) 観察の難しさを越えて　14
4. 本書の構成 …………………………………………………………… 16

第Ⅰ部　A幼稚園を読むフレームを探る
　　　　――その独特の実践を読むために

第1章　A幼稚園の基礎知識

1. A幼稚園の成り立ち ………………………………………………… 23
2. 「一斉保育」から「自由保育」へ ………………………………… 27
3. 現在のA幼稚園の概要 ……………………………………………… 31
   (1) 立地環境　31
   (2) クラス構成　31
   (3) 保育者の配置　32
   (4) 現在の園長と保育理念　33
4. 象徴的な実践例：「おうち」「おみせ」「まち」………………… 34

(1) 保育室，保育時間　　35
　　　(2) 追い求める子どもの姿　　37
　　　(3) 「倉庫」　　38
　　　(4) 「おうち」「おみせ」「まち」づくり　　39
　　　(5) 「おみせ」をのぞいてみると　　49
　5. その他の実践例：「林間保育」……………………………　52

第2章　これまでの保育実践研究とA幼稚園
　1. A幼稚園に関する先行研究　……………………………　61
　2. 保育研究における「実践性の高まり」　………………　65
　3. 保育実践に関するエスノグラフィー　…………………　68
　　　(1) 概要　　69
　　　(2) 成果　　71
　　　(3) 本研究とのフレームの違い　　72
　4. 保育実践の多様性の中での独自性　……………………　76

第3章　拡散する「自由保育」言説
　1. 形態としての「自由保育」　……………………………　80
　2. 理念としての「自由保育」　……………………………　82
　3. 「自由保育」をめぐる混乱　……………………………　83
　4. 「本来の自由保育」とは何か　…………………………　85
　5. 「自由保育」とA幼稚園　………………………………　88

第4章　「ごっこ遊び」のリアリティとファンタジー
　1. なぜ「ごっこ遊び」に注目するのか　…………………　91
　2. 「ごっこ遊び」に関する先行研究とその課題　………　92
　　　(1) リアリティとファンタジーの構造　　92
　　　(2) リアリティへの関心の低さ　　98

第Ⅱ部　A幼稚園での参与観察事例
　　　——リアリティとファンタジーの多層構造を読む

第5章　事例①——「IKEA」にみるリアリティとファンタジーの構造

1. 消費社会の変化と「遠足型消費」 ………………………… 106
2. 2011年度の「IKEA」の展開 ……………………………… 108
　　(1) 前提　108
　　(2)「IKEA」展開の過程　111
3.「遠足型消費」型「ごっこ遊び」としての「IKEA」 ……… 120
　　(1)「遠足型消費」の身近さ　120
　　(2)「必ずしも必要ではないもの」をつくる　121
　　(3)「雰囲気」づくり　123
　　(4) 体験的な要素　126
4.「IKEA」の構造を読む
　　——リアリティとファンタジーの多層性 ………………… 127
5. リアリティとファンタジーという言葉 …………………… 130

第6章　事例②——「メディア遊び」にみる子どものリアリティ追求と保育者の役割

1.「メディア遊び」のはじまり ……………………………… 135
2. はじまり期の実践の構造 …………………………………… 137
　　(1)「ニュース番組」へのとりかかり　137
　　(2)「テレビショッピング」の難しさ　141
3. 2009年度の「メディア遊び」の展開 …………………… 145
　　(1) 前提　145
　　(2) 1学期の過程　147
　　(3) 2学期の過程　151
4. 2009年度の「メディア遊び」の構造を読む ……………… 155

(1)「ニュース番組」から「びっくりニュース」へ　155
　　　(2)「ATV」のリアリティとファンタジー　157
　　　(3) キャラクターづくりのリアリティとファンタジー　158

第7章　事例③──「しんぶんしゃ」「アナウンサー」にみるリアリティ内存在とのかかわり

　1. 2009年度の「しんぶんしゃ」の展開　………………………　165
　　　(1) 前提　165
　　　(2) 成り立ち　166
　　　(3) 転機　169
　　　(4) プロの新聞記者による指導　171
　　　(5) その後の「しんぶんしゃ」　175
　2.「しんぶんしゃ」におけるリアリティの受容　………………　176
　3. 2009年度の「アナウンサー」の展開　…………………………　181
　4.「アナウンサー」におけるリアリティの受容　………………　182

第Ⅲ部　総合的考察
　　　──「遊びこむ」保育を捉える視座

第8章　構造と意義

　1. A幼稚園における〈リアリティ─ファンタジー〉構造の多層性
　　　…………………………………………………………………　195
　　　(1) 基本理念としてのリアリティ追求　196
　　　(2) リアリティの選択　197
　　　(3) リアリティ認識の多様性，それらをまとめるファンタジー
　　　　　198
　　　(4) 保育者のリアリティ認識　199
　　　(5) リアリティの多層性，リアリティ内存在とのかかわり　200
　　　(6)〈リアリティ─ファンタジー〉の多層化としての活動の展開
　　　　　202

2.	なぜリアリティとファンタジーがかさなっていくのか ………	204
3.	「ごっこ遊び」概念の再検討 ………………………………	209
4.	「自由保育」概念の再検討 …………………………………	213
5.	なぜ〈リアリティ―ファンタジー〉構造が重要か ………	217

第9章　まとめと展望

1.	本研究のまとめ ………………………………………………	222
2.	今後の展望 ……………………………………………………	228

補　論　A幼稚園におけるタブレットPC導入期の記録
　　　　――新しい道具をどう使うか

1.	はじめに――保育と道具 ………………………………………	234
2.	タブレットPCと保育実践 ……………………………………	234
3.	保育実践におけるメディア活用の先行研究 ………………	237
4.	「アプリの時間」の先行実践 …………………………………	237
5.	問題と方法 ……………………………………………………	239
6.	A幼稚園年長クラスでのiPad活用事例 ……………………	240
7.	活用事例についての考察 ……………………………………	242
8.	成果と課題 ……………………………………………………	245

おわりに …………………………………………………………………… 249

引用・参考文献 …………………………………………………………… 255

資　料

1.	「生活」ということばをめぐって（入園案内添付文書） ………	263
2.	2011年度「生活展」配布資料 ………………………………	275

序章

子どもの「遊びこむ」姿を追い求めた先に

1. プロローグ——ある幼稚園のお話

　千葉県内のとある住宅地。背の高いマンションが建ち並んでいるというわけでもなく，遠くまで田畑が広がっているというわけでもない，言ってしまえば「ごくフツウ」の住宅地。その一角に，A幼稚園（仮名）[1]という小さな幼稚園がある。決して派手ではない白い壁。外観も特に個性的ではなく，まちの中に溶け込んでいる。デザイナーでもあり油絵作家でもあった村谷壮一郎 [1926-2000] と，幼稚園教諭であった妻・玲子 [1926-2009] によって，1957年に創設された私立幼稚園である。

　戦後，美大に通っていた村谷壮一郎は，「お絵かき先生」として近くの幼稚園の手伝いをすることがあった。そこで彼は子どもの創造力に感銘を受け，妻・玲子とともに，「子どもたちが思いっきり表現できる理想の環境をつくろう」と思うようになる。資産家というわけではなかった夫妻は，力をあわせ少しずつお金をため，小さなアトリエを構え，子どもたちのための「お絵かき教室」をスタートさせた。それが，A幼稚園の始まりである。

　子どもに，思いっきり表現をさせたい——そうした思いで始まった幼稚園。夫妻が追い求めていた子どもの姿は，壮一郎の次のような言葉で語られていた（新垣2006, p.9）。

　　夕方，母親が公園に「ご飯よ」と子どもを迎えに来る。その言葉で子どもは顔を上げる。上げた子どもの顔には夕日があたる。辺りが暗くなる

のにも気づかず遊びこんでいた子ども。そんな，子どもの遊びこむ姿を園で追い求めたい。

母親に声をかけられるまで，時間を忘れ，お腹がすくのにも気付かず，周囲も気にせず，目の前のことに没頭していたであろう子どもの様子。きっとこの子は，誰かに無理強いをさせられ，いやいや遊んでいたのではなく，自分のやりたい遊びを自分の好きなように，好きなだけ追求していたはずである。

大人に言われたから動くのではなく，自分がやりたいことをやる。「今日は何をするんだろう？」ではなく，「今日はこれをやろう！」とキラキラした目で登園をしてくる。ちょっと遊んだだけで「飽〜きた」とやめてしまうのではなく，来る日も来る日も探究したいことがある。夫妻は，こうした子どもたちの「遊びこむ」姿を追い求めていた。

今日は昨日の続きを，明日は今日の続きを——。そんなことを繰り返し，現在に至るまで約60年。A幼稚園はずっとこの「遊びこむ」ということを大事にしてきた。時代の移り変わりとともに保育の見掛けこそ少しずつ変わってきてはいるものの，村谷夫妻の理念は保育者たちに受け継がれている。今も日々，「遊びこむ」姿を求めての試行錯誤が続いているのである。

2. 本書のねらい

本書は，このA幼稚園を舞台としながら，保育・教育のあり方についてあれこれ考えようというものである。A幼稚園というあるひとつの園の「遊びこむ」ことにこだわった保育実践を，様々な角度から取り上げ，その特徴について掘り下げていく。そうした試みによって，保育・教育について深く考えるための一つの「もののみかた」を導き出していくことがねらいである。その「もののみかた」が，日々の保育に役立ったり，これまでは見えづらかった実践の構造を明るくしたりということにつながればいいなと思っている。

しかしながら，なぜA幼稚園なのか？

(1) A幼稚園の「めずらしさ」と「わかりにくさ」

　現在，A幼稚園は学界においてもメディアにおいても，ほとんど知られていない。過去，創設者が保育関係の書籍に実践例を寄稿するといったこと[2]や，保育者養成の短期大学で教鞭をとるということ[3]はあったようだが，ずっとかかわりを持ってこられた方や，一部のマニアックな方（!?）以外，日本全国ほとんどの人が「知らない」という園であるはずだ。デザイナーがつくった園と聞くと興味を惹かれる人もいるかもしれないが，研究成果を発表し続けているような園や，まして世界中の注目を集めるレッジョ・アプローチ[4]のように，羨望の眼差しを集めるような対象ではない。「遊びこむ」という言葉にしても，本来それほど珍しい言葉でもないだろう[5]。

　それでも，本書がA幼稚園を取り上げようとするのは，第一には，A幼稚園の保育実践がおそらく他の園ではお目にかかれないような一風変わったものだからである（もっとも，私たちが「めずらしい」「おもしろい」と思ったとしても，当のA幼稚園にとっては「あたりまえ」のものなのだが）。その実践は，教育に関する実践的な研究をしていた筆者には，非常に魅力的に感じられた。そこで起こっていることを「知りたい」「わかりたい」という単純な動機からA幼稚園に関わるようになった。

　後で詳しくみていくが，手始めに一つ，例を挙げてみよう。まず，一般的な「保育室」というものを想像してみてほしい。保育者であればご自身の勤務されている園，研究者であれば観察に訪れた園など，何でもよい。ご自身の出身園でもよい。

　A幼稚園の保育室（年長2クラス分）は，次のようなものである［写真0-1］。これは，4月の始め，年度がスタートする時期の様子なのだが，多くの人が「殺風景」という印象をもつのではないだろうか。大抵，保育室には，子どもの遊び道具が置いていたり，絵本コーナーがあったり，壁にかわいらしいイラストが貼ってあったりするだろう[6]。そうしたものが何もない。ほとんどこのままの状態で，子どもたちを迎え入れる。

　「何だ，準備が遅れていたのか」「壁面を飾らなくていいなんて，何て楽なんでしょう」――いや，そういうことではない！　A幼稚園では，あえて，

写真 0-1　年度始めの保育室

写真 0-2　年度終わり頃の保育室

意図的に，殺風景な状態から生活をスタートさせていく。

　始め何もないこの部屋は，1年かけて少しずつ姿を変えていく。年度が終わる頃には，次のようになる［写真0-2］。ほぼ同じアングルで撮った写真であるが，4月とは随分様子が変わっている。写真ではわかりづらいかもしれないが，木造か何かの建物が並び，どこかで見たことがあるような看板が掲げられ，様々な商品で溢れかえっている。さながら，ひとつの「まち」，もっと言えばショッピングモールのようになっている。生活の基盤となる保育室がこんな様子なのだ。──こんな魔法が起こったかのような環境で営まれる子どもたちの生活とは，一体どのようなものなのだろうか？

　しかも，このように「まち」がつくられていくのは，他ならぬ子どもたち自身の「手」によってなのである。保育者が計画を立て，スペースを用意し，いわゆるお店やさんごっこを仕掛けているのではない。子どもたち自身が毎日毎日「ああでもない，こうでもない」と探究し，「遊びこむ」ことを続けた結果として，たくさんのモノが蓄積され，ひとつの「まち」がつくられていく。保育者主導でなく，子どもたちだけで本当にこんな大掛かりなことができるのか。この2枚の写真だけでは，もちろんその過程はわからない。──この1年間，この部屋で，一体何が起こっているのだろう？

　不思議なことはこれだけではない。あの「まち」の中では「ガバチョ」という不思議な名前の通貨が流通している［写真0-3］。子どもたちに目を向けると，道具や教材の使用にはほとんど制限がなく，完成度の高い作品（商品）を作り続けている［写真0-4］。保育者はほとんど手出しをしない。子どもがこんなデザイン性，アート性にすぐれたものをつくれるのかと（そうした分野の素人である私は）感嘆する。また，ハサミやテープなどのよくある道具と同じようなレベルで，iPadなどの新しいメディア機器もあたりまえのように使われ始めている[7]［写真0-5］。ある日突然，保育室に矢が刺さっているという事件も起こる。暗号がくくりつけられており［写真0-6］，そこから長い冒険が始まることもある。すべてを紹介することはできないが，不思議な出来事が，日々この保育室の中で起こっているのである。

　実践レベルでなく，園の運営レベルでも気になる点はある。やはりこうな

写真0-3 園通貨「ガバチョ」

写真0-4 子どもたちがつくった作品（商品）

写真0-5 iPadで撮影しながらの遊び

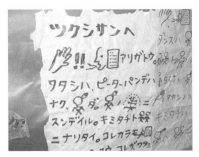
写真0-6 暗号まじりの謎の手紙

ると，デザイナー・画家が創設したということの意味，創設者の理念について詳しく考えたくなる。また，ある時期に「自由保育」[8]なるものへの転換を試み，かなりの試行錯誤があったという話も伝わっている。後に確認するように「自由保育」とは何とも捉え難い言葉であるが，A幼稚園なりの理解の果てに，こうした実践にたどり着いたのだろう。――では改めて，A幼稚園の保育理念とは，一体どのようなものなのか？

このように，A幼稚園の保育実践には，たくさんの「めずらしさ」と「わかりにくさ」がある。「めずらしさ」には惹かれる。しかし，なぜそのような実践を行っているのか，なぜそのような実践が可能となっているのかは，「わかりにくい」。子どもが「遊びこむ」ということは，多くの人・園が願っていることであるはずだが，ともすると，A幼稚園における「遊びこむ」ことについての考え方や，子どもの「遊びこむ」姿は，私たちの想像するもの

とは根本的に異なっているのかもしれない。もしかしたら，その謎を解明していくことで，保育・教育を考えるための新しい「もののみかた」が見出されるかもしれない。かたく言い換えれば，既存の保育・教育実践の枠組みを批判的に捉えるための重要な視座が描き出されるかもしれないということである。

(2) A幼稚園の保育実践をどう読むか？

　何もない保育室，まちづくり，園通貨，アート，メディア機器，暗号，冒険，自由保育への転換——めずらしく，わかりにくい——このような保育実践の特徴を，私たちはどのように読み取り，そして語ることができるだろうか？

　たとえば，保育実習生向けの参考書には，保育の見方や実践の仕方が具体的に示されているはずである。ある参考書を開くと，「紙芝居」「手遊び」「パネルシアター」「折り紙」などを用いた保育実践の方法が紹介されている（久富2002）。こうした実践は，きっと多くの園でよく行われているものであり，養成校で熱心に教えられることも少なくないものなのだろう。もちろん，A幼稚園でもこうした諸要素が実践の中で活かされることはある。が，やはり，A幼稚園の保育実践の全体像はこうしたレベルから捉えられるものではない[9]。

　そもそも，A幼稚園の実践は，複雑な諸要素が絡み合い，ごちゃまぜになりながら，カオスのように立ち現れている（と，当初，筆者には思えた）。A幼稚園では決して「アートを取り入れ，保育をよりよいものにしよう！」「メディアを取り入れよう！」と実証的に実践を進めているのではない。ただひたすら子どもの「遊びこむ」姿を追い求めた結果，たまたまそうした要素も出現したという理解の方が正しい。

　世にある多くの研究，たとえば「アートに関する研究」「メディアに関する研究」という諸要素に切り分けられた研究の中に，A幼稚園のある部分を位置づけて考察をすることも可能であろう。しかし，それではA幼稚園のごちゃまぜ感というかカオス感というか，そうしたA幼稚園らしさを捉え損ねてしまうのではないかと心配になる。

既存の研究の枠組みにA幼稚園の実践をはめ込んで，そこから漏れてしまったものは不問にする方が，スマートに何かを提示できるかもしれない。しかし，それでは本書における真理に至る道筋を根本的に見誤ってしまうだろうし，結果として出てきたものも大しておもしろい話にはならないだろう。

　既存の何かにあてはまるという説明の仕方ではなく，ごちゃまぜ感をまるごと捉えられるような視座や，他とは違うことを探究の出発点とできる視座はないものか。

　孤立した環境の中で生態などが独自の進化をとげることは，「ガラパゴス化」と比喩的に語られる[10]が，A幼稚園の保育実践も，一般に多様性があるとされる日本の幼稚園[11]においても特に「ガラパゴス化」して営まれてきたと言えるかもしれない。「ガラパゴス化」した生態に「ガラパゴス化している」とレッテルを貼り安心するのは簡単であるが，「ガラパゴス」を見つめる大多数の側が，「ガラパゴス」から気付かされることもあるのではないだろうか[12]。ある見慣れない実践についての言及を「独自性がある」「この園だからできる実践だ」「まれにこういう実践があってもいい」として終えることは容易い[13]。しかし，「ガラパゴス」の「ガラパゴス」たる所以を，「ガラパゴス」外にある枠組みからではなく，「ガラパゴス」内にそくして語りつつ，「ガラパゴス」外との接点や差異を探ることで新たに見えてくることもあるのではないか。

　A幼稚園の実践は，いかなる特徴をもつものであり，いかなる意味において既存の保育実践研究からは捉え難いものであり，そしてそれらに示唆を与えうるのか——こうした問いを導きつつ，そして問いに応えていくことが本書の試みである。A幼稚園の保育実践は独自性が強いと思われる実践であるがゆえ，安易に理想化したり他の実践に援用したりすることには慎重にならなくてはならない。しかし，だからこそ，これまであたりまえのように用いてきた既存の枠組みを批判的に捉えるために機能しうると期待される。

　本書の探究がこうした問いにもとづいて進められるという性格上，最初から「A幼稚園の保育実践はこれこれこういうものだ」という端的な説明は行わない。「主体性」「自発性」「遊び中心」「子ども中心」「子ども理解」「自由

保育」など，そこで用いられることになるであろう手垢のついた言葉では，A幼稚園の保育実践を語り尽すことはできないという仮説が問いの根底にあるからである。

　同様に，発達や学習に関する理論・モデルなどをあらかじめ示した上で，その枠組みに実践をあてはめ，その枠組みの範疇においてのみ実践の良し悪しを語るという議論の進め方もしない。本書では，既存の枠組みから語れることのみを語り，その枠組みを強化したいのではなく，既存の枠組みから実践を解釈することの難しさを示し，その限界を示すことを企図するからである。明確な仮説にもとづく実証的なアプローチによって議論を進めるのではなく，長期の参与観察によって解釈的に導かれたことをもとにして，仮説生成的に語っていくという方法をとる。

3. 研究の方法

　早速A幼稚園の実践を見ていきたいところであるが，その前に，どのような方法でA幼稚園での研究を進めていくかについて，もう少し詳しく説明しておこう。細かいことはいいので早くA幼稚園の話をという方は，先へ進んで下さい。

(1) フィールドワーク，参与観察，エスノグラフィー

　A幼稚園の保育は，もちろんA幼稚園の現場で起こっている。A幼稚園を実際に訪問し，保育の様子を観察していくことは必須となろう。そうした意味で，本研究はA幼稚園を研究フィールドとした事例研究だということができる。すなわち，フィールドワーク（field work）である[14]。フィールドワークの方法論に詳しい佐藤（2006, p.117）は，その特徴を次のように述べている。

　　大量のサンプルを扱うサーベイなどと比べてみた場合，比較的少数の事例しか調査対象にできないフィールドワークは，一般性という点できわめて深刻な問題を抱えているようにも思えます。しかしながら，典型的

な少数事例研究としての特徴をもつフィールドワークには,むしろ,問題を深く掘り下げることができるという,統計的調査では得られない大きな利点があります。

こうした発想は,前段で述べてきたような本書の目論みと合致する。本書は,日本の保育実践の傾向を掴むといったことをねらいとしているのではなく,A幼稚園という特定の園の保育実践の特徴を明らかにすることをねらいとしている。そのために,統計的調査などではなく,フィールドワークという方法によって,問題を深く掘り下げていくことが中心となる。
　このフィールドワークという言葉と関連し,参与観察,エスノグラフィーという言葉もある。続けて佐藤の説明をたよりに確認しておこう。
　参与観察(participant observation)とは,「人類学的フィールドワークの中心的技法」(p.159)であり,具体的には「現地に長期間滞在し,そこに住む人びとの生活に密着して調査を進める」(p.23)ものである。フィールドワークの方が広義であり,その具体的な一手法として参与観察があるという位置づけがなされている。単発的な聞き取り調査や,質問紙を配布するだけの調査,現地での文資料収集のみの調査などとは区別され,長期間フィールドに滞在し,そこでの活動に何らかの仕方でかかわりながら,現場を「観察」していくのが参与観察だということになる。
　エスノグラフィー(民族誌,ethnography)は,「その対象についてフィールドワークという方法を使って調べた研究」と「その調査の成果として書かれた報告書」(p.49)の2つの意味で用いられる言葉である。すなわち,研究の方法やプロセスのことを「エスノグラフィー」と呼ぶこともあれば,それらをまとめた文章(たとえば本書のようなもの)を「エスノグラフィー」と呼ぶこともあるということだ。かの有名な『悲しき熱帯』のように,「事実の客観的な報告というだけでなく,書き手が体験したカルチャー・ショックの体験を報告するという,きわめてパーソナルな性格」(p.51)をもつエッセイ的なものも,エスノグラフィーの仲間とされている[15]。
　また,エスノグラフィーに詳しい箕浦(1999)は,「文化人類学では,研究対象の共同体に1,2年住み込んで,その人々の暮らしの全体像を伝え

るためにエスノグラフィーを書いた」(p.2) と言う。また,「エスノグラフィーとは，他者の生活世界がどのようなものか，他者がどのような意味世界に生きているかを描くこと」(p.2) であるとも言う。

　本研究でも，住み込みとはいかないまでも，長期的な観察をもとにしながら，A 幼稚園の実践を研究者側のもつ既存意味世界にあてはめていくのではなく，あくまで A 幼稚園の意味世界を解明していくことを目指す。フィールドワーク，参与観察，エスノグラフィーという 3 つの言葉については，ひとまずは上記のようなまとめと，本研究との関連を示すことができる。

　ただし，それぞれの説明や指し示すものには重なる部分も多く，厳密な切り分けは難しい[16]。佐藤に詳しいが，実際はエスノグラフィー作成のためのひとつの手法として参与観察を位置づけている例もあれば，双方を同義で扱っている例もある。フィールドワークと参与観察を同義で扱っている例もあるそうだ。箕浦においては，フィールドワークとは「人類学者が民族誌を書くために開発した」(p.2) ものであり，「フィールドワークで集めたデータを分析・解釈した報告書がエスノグラフィー」(p.4) だという説明もなされている。

　ここでは，定義に殉じて唯一つの方法を選び取るのではなく，A 幼稚園の保育実践をみていくために必要な方法であれば，何でも柔軟に積極的に取り入れるという判断をしたい[17]。A 幼稚園の実践を参与観察して得られたデータの解釈だけでなく，A 幼稚園に眠る資料の収集や，関連研究についての検討も合わせて行う。すでにあちこちに書き記してしまっているが，理解のたすけになりそうであれば，筆者自身の体験やそこで感じたことなども記述していく。それぞれの方法論で示されるようなことを想定しながら，折衷的であることを恥じず，A 幼稚園についての，A 幼稚園なりの，「分厚い記述 (thick description)」(Geertz1973；佐藤 2006) をしていくことを目指す。

(2) 観察の具体的方法

期間と頻度

　筆者が初めて A 幼稚園を訪れたのは 2006 年度のことであるが，明確に研究的な意図をもって観察に訪れるようになったのは 2008 年度以降であっ

た。最初はA幼稚園について右も左もわからないような状態であったが，2013年度の終わりには，本書に示すような内容をまとめることができ，一連の探究にひとまずの区切りをつけることができた。本書で扱うのは，2008年度から2013年度までの約6年間にわたる参与観察で得られたデータということになる。

　教育実践に関するエスノグラフィーとしては，比較的長期間にわたると言える[18]。その理由は，第一には筆者の力量不足である。A幼稚園の実践を見るのはおもしろいのだが，それをどう捉えていけばよいのか，最初は見当もつかなかった。第二には，それほどまでにA幼稚園の保育実践が複雑であり，そうした実践を語る方法がこれまで探究されてこなかったという可能性がある。第三に，A幼稚園の実践の全体像を追うという大きな目標を掲げたため，毎年違ったかたちでみられる実践の立ち現れ方を，何度も繰り返し追っておく必要があったということがある。なお，6年も通っていると，「ミイラ取りがミイラになる」ではないが，A幼稚園の保育者化してしまうことも懸念されるが，幸か不幸か筆者にはそうした力量はなく，実践に関与することはあってもあくまで観察者の側でいられたと考えている。

　観察の頻度は，その時々によって差があるが，活動が盛り上がる時には，多いときで週に4日通うこともあった[19]。観察したことのすべてを記述することはできないが，諸々の解釈の背景にあるのはこの期間のフィールドワークということになる。概略は［表0-1］に記す。なお，長期にわたって展開される保育実践を追っているため，具体的な訪問日を記せないことを断っておきたい。

観察の立場

　参与観察の仕方については，調査をするうちに「完全なる参加（者）の極と完全なる観察（者）の極とのあいだをゆれ動く」（佐藤2006，p.164）ことになるという指摘がある。本研究では，フィールドにおいて何かしらの役割を持ちながら観察する「積極的な参与者」（箕浦1999，p.39）であるか，対象者とのかかわりは対象者から迫られたときくらいにとどめる「消極的な参加者」（箕浦1999，p.39）であるかのいずれかの存在として，観察を進め

表 0-1　観察の概要

年度	訪問頻度	観察した内容等
2008年度 (観察1年目)	4月から3月まで 平均して週2日程度	・年長クラスでみられる「おうち」「おみせ」を中心に観察した。 ・4月から5月の段階で，子どもたちからの積極的な歓迎を意図せず受けるようになったため（詳しくは下記），年度をとおして子どもたちとゆるやかにかかわり，活動の1年間の流れなど，保育実践の全体像をつかもうとした。
2009年度 (観察2年目)	4月から3月まで 平均して週2日程度	・年長クラスの「おうち」「おみせ」を中心に観察した。第Ⅲ部で取り上げる「メディア遊び」「しんぶんしゃ」「アナウンサー」の活動を中心に観察した。 ・子どもたちからの積極的なかかわりは，2008年度ほどではなかった。そのため，観察の立場はその時々で「積極的な参与者」であったり，「消極的な参加者」であったりした。自分である程度は観察の立場をコントロールすることができ，豊富に記録をとることができた。
2010年度 (観察3年目)	4月から3月まで 平均して週1日以下	・年長クラスを中心に，他のクラスも観察した。 ・この年は，2009年度の観察記録の解釈や，文献調査などを積極的に行ったため，訪問日は減った。 ・並行して，かつてA幼稚園に勤務していた保育者への調査なども行ったが，あまり有益な情報が得られなかったため，本研究に盛り込むことはしなかった。
2011年度 (観察4年目)	4月から3月まで 平均して週2日程度	・年長クラスの「おうち」「おみせ」を中心に観察した。第Ⅲ部で取り上げる「IKEA」の活動を中心に観察した。 ・2009年以来，再度1年間の活動の流れを細く追うことで，解釈を深めようと考え，2010年度よりも訪問日を増やして観察した。
2012年度 (観察5年目)	4月から3月まで 平均して週1日以下	・この年は，2011年度までの観察記録の解釈や，文献研究などを積極的に行ったため，平均して週1日以下の訪問となった。観察をとおして，解釈の内容などを確認していった。 ・これまでまとめていた論考の内容を再検討し，本書に示すような内容として再構成する準備を進めた。
2013年度[20] (観察6年目)	4月から9月まで 平均して月1回程度	・主に保育者へのインタビューなどを行い，これまでの考察の妥当性を確認しながら，研究をエスノグラフィー的にまとめていった。

てきた。より具体的には，事例を紹介する際に記していくことにする。

機材

　当初，筆者がビデオカメラを構えれば，子どもたちはそちらに興味を示し

て目の前の遊びをやめてしまうという状況だったため，ビデオ撮影での記録はほとんど行っていない。観察中は，可能な範囲で筆記のメモをとった。ただし，その様子を見た子どもの気がそれないようにするため，すべての場面でメモはとれなかった。そのため，実践の記述や解釈の際には，筆記できたメモをもとに保育者に確認をとり，逐一妥当性を確認していた。保育者にインタビューをする際には，保育場面を離れた時にはICレコーダー等で録音が可能であったが，保育場面中の短時間で話を聞けた際には筆記で対応した。こうした制約の中で取得したデータをもとに語ることを断っておく。

(3) 観察の難しさを越えて

さらに詳しく説明をすれば，A幼稚園での参与観察の仕方は，筆者が意図的に設定した面もあれば，非意図的に別の方向へ導かれたという面もある。それには，次のような背景がある。

2008年度に参与観察を始めたときのことを，筆者自身は次のようにふりかえっていた（阿部2009，p.48）。Y先生とK先生とは，当時の担任保育者のことである。

> 初めて観察をした日から，年長の子のうち数名は，筆者の存在に興味を示したようで，すぐに「誰？」「何してるの？」と問いかけてきた。前述の方針から，子どもたちを無視するのは，園の雰囲気上不自然だと考え，「遊びに来てるの」，「見学しているの」など曖昧な返事をしておくこととした。なお，意図的にそうしたわけでないが，子どもたちの前に立ち，きちんと自己紹介をする機会はなかった。
>
> その後，4月と5月で計9回の観察を行ったが，園を訪問するたびに，筆者と年長の子どもたちの関係がみるみると変化していったように筆者には感じられた。筆者と年長の子どもたちのかかわりは，事後的に解釈するに，以下のような変化をしていた。4月のはじめ1，2回は数名がよって来る以外は顔見知り程度の関係である。その後，よって来る子が特定の子だけでなくなり，人数が増えてくる。5月に入る頃には，筆者が保育室に入ると「あべちゃん！　あべちゃん！」と，およそ全員

からコールを受けるようになり，5月の終わりには保育室に入るとたくさんの子が押し寄せてきて，大人の筆者でも押し倒されてしまうのではないかと思うほどの歓迎を受けるようになった。

　Y先生とK先生曰く，すわって先生の話を聞く「お集まり」の時間では，筆者がいないときは多くの子はすわっていられるが，筆者がいると「テンションが高く」なり，すわっていられず，筆者によって来る子がみられるようになるという。筆者においては，筆者が訪問することによる悪影響があると理解され，積極的な訪問がためらわれる気持ちであった。

　筆者は当初，積極的に自ら子どもとかかわろうとするのではなく，「消極的な参加者」としてできるだけ観察および記述に徹しようと考えていたが，そう簡単にはいかなかった。後にみていくように，A幼稚園では多くの時間を自由な遊びの時間にあて，保育室内を舞台に何ヶ月も続く連続した活動を行っている。その間，子どもたちは保育室内で積極的に他者[21]とかかわっていくことになる。日常の生活がそのようなものであるためか，見慣れない筆者が保育室を訪問すると，子どもたちの方から積極的にかかわってくることが多かったのである。当時A幼稚園の主任という立場であった新垣[22]は，筆者の悩みに対して「ここだと子どもたちがおもてなししようとしてくれちゃうんだよね。居場所をつくってくれちゃうというか。その時にもよるけど，なんとかしなきゃって」と話していた。筆者のかかわり方が悪かったという可能性もあるが，A幼稚園での宿命であった可能性もある。

　いずれにせよ，こうした事情もあり，2008年度は「消極的な参加者」であり続けることはできず，「積極的な参与者」側の極にかなりよった立場で観察することが多くなった。筆者は，筆者が観察することによる悪影響を懸念していたが，保育者らはむしろ子どもたちと密にかかわることを歓迎してくれていた。ただし，A幼稚園の保育を体感できたことは有意義であったが，この時はまだ実践の全体像をつかめていない時期でもあり，具体的に研究に用いることができるようなデータは取得できなかった。

　翌2009年度以降は，2008年度ほどの歓迎を受けることはなかった。毎

年，積極的なかかわりを望もうとする子は数名いた[23)]が，全体からコールを受けるというようなことはなく，その時々に応じて，「積極的な参与者」であったり，時に「消極的な参加者」であったりすることができた[24)]。そのため，本論文で具体的な実践を紹介する際には，2009 年度以降のものを取り上げる。その中でも，頻繁に A 幼稚園を訪問した 2009 年度と 2011 年度の実践を取り上げる。

4. 本書の構成

ここまで，A 幼稚園のごく簡単な紹介，なぜ A 幼稚園に注目しようと考えたのか，どのような方針でこの探究を進めようとしているのかなど，研究の背景となることを述べてきた。次からはいよいよ，より詳しく A 幼稚園について考えていく。長年，「遊びこむ」ことを追い求め続けた先に，一体何があるのだろうか。A 幼稚園の保育を一緒に見ていこう。

この後の本書の構成は，次のとおりである。

第 I 部　A 幼稚園を読むフレームを探る――その独特の実践を読むために

第 I 部では，一体どのようなフレームでこの独特の実践を読み解いていけばよいか考えていく。

まず第 1 章では，A 幼稚園の基礎知識と言えるような，園の成り立ちの経緯や，村谷の理念，象徴的な実践例などを紹介する。そして，本研究では実践例のひとつである「おみせ」での活動を主たる考察対象とすることを予告する。

第 2 章から第 4 章までは，先行研究との差異を探りながら，適切なフレームを探す作業を行う。研究論文っぽく言えば，先行研究のレビューということになろう（小難しいことはいいから早く実践の具体例を知りたいという方は，第 II 部に飛んで読み進めてください）。

第 2 章では，A 幼稚園の保育実践はこれまでの保育実践研究の枠組みからいかに捉えられうるか，また，捉えられえないかということを考える。その考察から，遊びを諸要素に切り分けての解釈ではなく，保育実践を包括的に

捉えられるような言葉・観点からの解釈が必要だという方向性を導く。

　第3章では、保育実践を包括的に捉えられるはずの言葉であり、A幼稚園が理念として明示している「自由保育」という言葉を選択し、「自由保育」としてA幼稚園の保育実践はどう捉えられうるかということを考える。ただし、「自由保育」という言葉の意味は拡散してしまっており、この言葉からの解釈は難しいということを確認することになる。

　第4章では、より具体的な言葉として、「ごっこ遊び」という言葉からの解釈の可能性を探る。A幼稚園の保育実践は特徴的なものではあるが、素朴な意味では「ごっこ遊び」と捉えられるという仮説にもとづく試みである。最終的には、これまで「ごっこ遊び」研究で示されてきた「現実世界」と「虚構世界」の二重構造では捉えきれないような複雑な構造が、A幼稚園の保育実践の特徴としてあるのではないかという仮説を導く。そして、その複雑さを「リアリティ」と「ファンタジー」というあまり手垢のついていない言葉で語っていくことを、実践を読み解くフレームとして設定する。

第Ⅱ部　A幼稚園での参与観察事例——リアリティとファンタジーの多層構造を読む

　第Ⅱ部では、リアリティとファンタジーの構造という観点をもとに、筆者による参与観察事例を取り上げながら、A幼稚園の保育実践について具体的な考察を行っていく。

　第5章では、A幼稚園の「IKEA」という活動を事例として、A幼稚園におけるリアリティとファンタジーの基本的な構造について検討する。

　第6章では、「メディア遊び」を事例として、A幼稚園における子どものリアリティ追求のあり方と、そこでの保育者の役割について検討し、前章で示した基本構造を拡大していく。

　第7章では、「しんぶんしゃ」「アナウンサー」の活動を事例として、プロの新聞記者や、アナウンサー志望の大学生とのかかわりを読み解き、リアリティとファンタジーの構造をより複雑な視点から捉えていく。

第Ⅲ部　総合的考察——「遊びこむ」保育を捉える視座

第Ⅲ部では，本研究のまとめと今後の展望を示す。

第8章では，これまで各章で導き出してきたA幼稚園の〈リアリティ—ファンタジー〉構造を整理して示し，その構造が既存の保育実践研究にいかに示唆を与えうるかと考える。

第9章で，本研究の成果をまとめ，今後に向けた展望を示す。

補論　A幼稚園におけるタブレットPC導入期の記録——新しい道具をどう使うか

上記の内容までが本論となるが，最後に補論としてA幼稚園にiPadが導入された時期の出来事についての論考を付す。道具の扱い方には，各園の保育理念が現れるはずである。iPadというこれまでにない新しい道具がA幼稚園にどう需要されたかを追うことで，A幼稚園についての理解や，保育実践のあり方についての考察が深まると期待する。

注
1) 「A幼稚園」という呼び名は，仮名である。後に取り上げるが，A幼稚園に関する数少ない研究として，新垣（2006）による研究がある。新垣がこの仮名を用いているということをふまえ，本書でも「A幼稚園」と表記する。なお，新垣は，村谷夫妻の娘である。
2) 筆者が探し出せたものは，次の文献である。
村谷壮一郎（1989）「家づくりからひろがっていったもの」，東京都私立幼稚園協会編著『新幼稚園参考書—その教育と運営—』フレーベル館，pp.229-233
3) 1971年頃，白梅学園短期大学で教鞭をとっていたそうである。
4) レッジョ・アプローチとは，イタリアのレッジョ・エミリア市で行われている幼児教育である。市内の各園には，「アトリエリスタ」という芸術の専門家と「ペダゴジスタ」という教育の専門家が配置され，少人数での「プロジェクタツィオーネ」（プロジェクト学習のようなもの）を中心に保育が展開されている。アートやデザイン，ファンタジー性などが実践の中に柔軟に取り入れられている。日本においては，子どもたちの創造性や，実践のアート性，実践の記録である「ドキュメンテーション」などについて学ぼうとする論考が多くみられる。詳しくは，以下の文献を参照のこと。
レッジョ・チルドレン著・ワタリウム美術館編（2012）『子どもたちの100の言

葉―レッジョ・エミリアの幼児教育実践記録』日東書院

佐藤学監修・ワタリウム美術館編（2011）『驚くべき学びの世界―レッジョ・エミリアの幼児教育』ACCESS

森眞理（2013）『レッジョ・エミリアからのおくりもの～子どもが真ん中にある乳幼児教育～』フレーベル館

5) たとえば，ベネッセ総合教育研究所（2016）が，ある調査結果について「幼稚園や保育園で"遊び込む経験"が多いほうが「学びに向かう力」が高い」という見出しのプレスリリースを出している。

http://berd.benesse.jp/jisedai/research/detail1.php?id=4940 （閲覧日2016年11月11日）

6) たとえば，次の文献を見ると，保育士がどのように場をつくっていけばいいかということを学ぶことができる。

柴崎正行編著（2013）『子どもが育つ保育環境づくり―園内研修で保育を見直そう』学研教育みらい

7) iPadという新たな道具を導入した時期の様子については，補論で紹介している。

8) 「自由保育」については，第3章で詳しく論じる。

9) 逆に言えば，保育室を「まち」にする方法論が養成校で1から教えられることも少ないだろう。一体，どうやって実践を捉えたらよいのだろうか。

10) 近年，巷でよく聞く例としては「ガラケー」がある。日本独自の仕様で進化してきた携帯電話が「ガラパゴス・ケータイ」略して「ガラケー」と呼ばれるようになった。

11) Holloway（2000）による指摘が有名である。Hollowayについては第2章で取り上げる。

12) 余談であるが，日本では，「ガラケー」時代から「おサイフケータイ」「モバイルSuica」など日本独自のサービスを愛用してきた人が少なくない。他方，Apple社のiPhoneには，長らくそうした機能が付されていなかった。が，2016年に発売されるiPhoneから，類似の機能が付されるようになった。世界規模で売れるiPhoneさえも「ガラパゴス化」したのか，もっと別の意図があるのか，「ガラパゴス」から何かを学び得たのか，などと考えるとおもしろい。

13) 先に，A幼稚園は有名ではないということを述べたが，それでも関心のある方々が園に観察に訪れるということは度々ある。そうしたとき――筆者の主観的な理解であるが――「なんて素敵な実践なんでしょう」「でも，A幼稚園だからできるのよね」「うちでもやりたいけど，でもうちはちょっと違うから」という流れで話が終わることがほとんどであった。こうした実践に本気で取り組むためには，どうすればよいのか？　また，そもそも「こうした実践」とはいかなる実践なのか？　誰も問おうとしてないと感じていた。

14) 佐藤（2006）によれば，フィールドワークとは，もとは「野外調査」の意味

であり，広義では文献研究や研究室での実験など，屋内での研究と対比される言葉である。野外に出て調査をするという意味で，地学系・動物系・植物系の調査もフィールドワークのひとつである。フィールドワークのタイプは，それら自然科学系のフィールドワークと，人文社会科学系のフィールドワークに分けられる。人文社会科学系のフィールドワークはさらに関与型フィールドワークと，非関与型フィールドワークに分けられ，参与観察は関与型フィールドワークにあたる。非関与型フィールドワークにあたるものは，「一回限りの聞き取り調査」やサーベイ調査，現地での資料収集などである。本研究は，もちろん人文社会科学系のフィールドワークであり，実践を長期間にわたり観察するという点において，関与型である面が大きい研究だと位置づけられる。

15） ただし，こうしたエッセイ的なエスノグラフィーには，研究としての厳密性からすると批判もあるようだ。

16） こうした点について，詳しくは阿部（2009）で論じた。
阿部学（2009）「ある自由保育幼稚園における参与観察の困難さについて－観察者が観察できるものは何か－」，授業実践開発研究，第2巻，千葉大学教育学部授業実践開発研究室，pp.43-52

17） 佐藤（2006）や箕浦（1999）の他に参考にした文献のいくつかを，引用・参考文献リストに挙げておく。またこの他に，現象学の文献をあれこれ読んでいたことが，実践の解釈に役立ったと思っている。

18） たとえば，幼稚園を研究対象とした結城（1998）は，10ヶ月間の観察をまとめている。

19） 当時，私は大学院生であったため，ある程度時間に余裕があった。

20） 本書後半に「補論」として掲載した論考も，2013年度の参与観察にもとづくものであるが，第Ⅲ部までの「本論」では，ひとまず「補論」の内容には触れないことにする。

21） A幼稚園の子どもたちは，クラスの子，他学年の子，担任保育者，それ以外の保育者など，クラス等の壁をこえて様々にかかわっている。詳しくは第1章で述べている。

22） 注1に記した新垣のことである。

23） 主たる研究対象である年長クラス以外の子から「あべちゃんでしょ」と声をかけられることもあった。また，年度をまたいで筆者のことを認識し続けている子もいた。ただし，2009年度以降は，そのことが観察に重大な問題を生じさせたということはないと考えている。

24） A幼稚園を観察するためのふるまい方を，筆者が暗黙のうちに身につけたと解することができるかもしれないが，検証が難しい。

第Ⅰ部
Ａ幼稚園を読むフレームを探る
──その独特の実践を読むために

第1章

A幼稚園の基礎知識

　それでは，現在のA幼稚園の保育実践に，その背景や周辺をめぐりながら少しずつ近づいていく。まずは，「基礎知識」として概要や象徴的な実践例などを紹介する。

　主に園史にかかわる部分は，創設者夫妻の娘でありA幼稚園の教諭でもある新垣［旧姓：村谷］（2006）による資料「A幼稚園が自由保育に至る変遷」[1]，2006年度に創設50周年を記念して関係者に配布された物語風の園史「50ページの物語」[2]，入園案内に付されている創設者・村谷が記した資料「「生活」ということばをめぐって」[3]などに断片的に記されていることをまとめたものが中心となっている。これらはすべて未公刊の資料であるが，「「生活」ということばをめぐって」は，本書末尾に資料として付している[4]。

1. A幼稚園の成り立ち

　はじめに，A幼稚園の成り立ちをみていこう。

　A幼稚園は，デザイナーであり画家でもあった村谷壮一郎［写真1-1］（以下，単に「村谷」と表記する場合は，村谷壮一郎を指す）・玲子夫妻によって1957年に創設された。厳密には，当初は幼児を対象とした画塾・A美術学園幼児部[5]としてスタートしている。

　村谷は，1952年に東京美術学校（現・東京芸術大学）の図案科を卒業し，デザイナーとしての仕事を始める[6]。村谷の名前が表立って知られることは少なかったようだが，担当した仕事の中では，たとえば株式会社文明堂のカ

ステラのテレビ CM（「カステラ 1 番，電話は 2 番，3 時のおやつは文明堂」という歌詞の CM ソングで知られている）は有名なものであろう。他に，株式会社泉屋東京店のクッキーのパッケージデザインは，今も採用され続けているものである。

そうした仕事をする傍ら，村谷は東京都内の幼稚園に「お絵かき先生」としても勤務していた。「お絵かき先生」となった経緯について正確な情報は残っていないが，どうやら在学中から手伝いをしていたようである。そしてそこで，村谷は子どもの創造性に感銘を受けることになる。「50 ページの物語」には，そのエピソードが綴られている。

> 子どもたちは，上手く作ってやろうなんて考えずに，ただ作りたいという気持ちだけでつくっている。こんなにも素晴らしいものを，果たして大人は作れるだろうか。若い画学生の誠実な目は，子どもたちの生み出す作品の本質にある「自分の大切なことを好きなように表現する」という人間としての根源的な力を，直感的に見抜いて感嘆しました。子どもの作ったものだから，と見下すことはできませんでした。きっとソウイチロウさんは，芸術家が本物の芸術作品に出会ったときに抱く素直な敬意を，子どもたちに対して感じずにはいられなかったのでしょう。

このように，子どもの世界のすばらしさに魅せられた村谷であったが，勤務していた園では画材などの使用に制限があり，自身が理想とする創作活動を行える環境ではなかったという。

そこで村谷は，当時その園の教諭であった妻・玲子とともに，「子どもたちが思いっきり表現できる理想の環境」をつくろうと決心する。資産家というわけでもなかったふたりは，苦労しながらも協力して資金をためていく。村谷はデザインの仕事，玲子は幼稚園での仕事，それぞれの給料から少しずつでも貯金をするようにしていた。

そして 1957 年。ふたりが 31 歳になる頃，当時はまだ畑が広がるようなのどかな風景の中に小さなアトリエを建設することができた。A 美術学園幼児部のスタートである。創立当時の園児は約 20 名，教師は村谷夫妻を含め

4名だった。

さらに5年後の1962年には、周囲や父兄らの要望により、認可幼稚園として、つまり「A幼稚園」として再スタートすることになる[7]。A幼稚園のスタート時には、園児は3歳児から5歳児までをあわせて32名であった。

創設時も、幼稚園としての認可後も、資金は決して潤沢ではなかったが、村谷のアートやデザインの素養により、そうした面を補いながらの保育実践や幼稚園経営が行われてきた。当初建設された小さなアトリエや、認可幼稚園化の際に増築された「ヨーロッパの山小屋」風の園舎は、村谷自身のデザインによるものであった［写真1-2、1-3］。園児が日常的に使用するテーブルやイーゼル、さらには土遊びの延長として取り組まれた陶芸のための窯なども村谷が手づくりしていたという。

村谷のこだわり、理念

「子どもたちが思いっきり表現できる理想の環境」をつくるため、活動内容や素材にも村谷らのこだわりがみられた。資金は潤沢でないながらも、用いる素材にはこだわりをみせていた。先に挙げた陶芸に加え、銅板彫刻、七宝焼き［写真1-4］、押し花の樹脂製ペンダントづくり、裁縫、印画紙でのクリスマスカードづくりなど、一般には教材と捉えられないような「本物の素材」をできるだけ子どもたちに与えようとしていた。

このような試みがなされる背景には、次のような村谷の理念があったようだ。「50ページの物語」から引用しよう。

写真1-1　創設者・村谷壮一郎

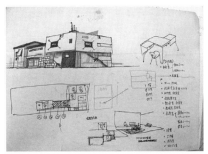

写真1-2　村谷による園舎のデザインスケッチ

写真 1-3 かつての園舎　　写真 1-4 ペンダントに加工される七宝焼

　自身はプロのデザイナーであり，念願の油絵も 40 歳を過ぎて本格的に手がけるようになったソウイチロウさんでしたが，A[8] という場所を，将来プロになるような絵の上手い子どもを養成する場所として考えていたのではありません。大事なのは，子どもが喜んで作ること。何かを作ることをきっかけに，子どもたちの生活が自信にあふれた楽しい毎日になること。それだけが，一番大切なことでした。「私が作ったペンダント，お母さんにプレゼントしたら，すっごく喜んで，お出かけに行くときに着けていってくれたの」「僕がお菓子屋さんで見たのはこんなのだったよ。これ本物のクッキーみたい」……そんな言葉が子どもたちから聞こえてくるときがなにより嬉しい瞬間でした。

　ここから読み取れる村谷の理念とはどういうものだろうか。まず，引用部分の前半に記されているとおり，村谷が「本物の素材」を用いるのは，デザインやアートに関する技能・知識を教え込むためではなかったことは確認できる。リアリティ志向の理念があるといっても，それはプロの芸術家養成という意味ではなかった。さらに，園での生活と園外での生活とのつながりについても，村谷なりのこだわりがあったと読むことができる。幼稚園にいる時間に表現活動をして，時間がくればそれで終わりということではなく，幼稚園でつくったペンダントをお母さんが外でも付けてくれて嬉しい気持ちになったり，園での制作をとおしてお店の商品を見る目が細かく豊かになったりと，園内外問わず，子どもの生活全体が豊かになることが目指されてい

る。

　そうした理念を具体化するための村谷の試みのひとつが、「本物の素材」を用いることだったのだろう。たとえば、お母さんのためにペンダントがつくられたとしても、それが色紙でつくった薄いペラペラとしたものであれば、どうしても外では身に付けづらい。幼稚園にいる一時のみ通じるファンタジーで終わってしまう。それが、七宝焼きや樹脂でできたものであれば、子どもなりの不恰好さが、逆によい味のものとなり、本当に身に付けられる・身に付けたくなるものになるかもしれない。あるいは、「これ本物のクッキーみたい」と本物のクッキーを連想させるためには、できるだけそれっぽい素材でクッキーを制作する必要がある。このように、「本物の素材」は、園内での生活と園外での生活をつなぐものになりうる。

　「本物の素材」を媒介としつつ、園内に閉じた創作活動をするだけでなく、園外の様々な物事との接点をつくりだし、子どもの生活全体を豊かなものにしようとする。短時間な「遊び」をするだけでなく、長時間的な「生活」の中で、「本物の素材」に触れながら。園内外を往復しながら、「次はこれをつくろう」「もっとホンモノみたいにしよう」と「遊びこむ」姿を。
　──そうした理念をもちながら、A幼稚園はスタートしていた。

　なお、このような創作活動が生活の中心となっていたのは、やはり創設者・村谷自身が創作活動を行う者であったからであろう。アーティストという存在の多くは、「偶然」を歓迎する者なのではないだろうか。村谷もきっと、杓子定規に教育効果を求めていたのではなく、様々な「本物の素材」をとりあえずは子どもに与えてみて、次に何が起こるか、子どもが何をつくってくれるかと、偶然を楽しんでいたのではないかと勝手ながら想像してしまう。そうしたアーティストとしての村谷の影響が、後に見ていく今現在の実践にも、息づいているような気がする。

2.「一斉保育」から「自由保育」へ

　A幼稚園の歴史においては、「一斉保育」から「自由保育」へと保育実践を転換したことが大きなターニングポイントであったと伝えられている。そ

こでは，保育のあり方についてかなりの試行錯誤があったという。次に，この転換期を追ってみたい。

　ただし，のっけからであるが，「一斉保育」「自由保育」という言葉については様々な議論があり，端的にその定義を示すことは難しい。この点については第３章で改めて取り上げることになるので，それまではさしあたり，田代（2008）が辞書的な意味として説明するように，「一斉保育」を「同年齢の子どもたちに同じことを，同じ方法で行うことによって，保育者が身につけて欲しいと願うことを子どもたちが効率よく身につけ，また指導の平等につながるという保育者の指導上の利点から発想される保育」（p.108）として，「自由保育」を「子どもの自由な活動を尊重するという保育理念に基づく保育」（p.108）として理解しておくことにする。

　さて，創設当初，A幼稚園では「自由保育」の理念は重視されていなかった。「自由保育」の理念を取り入れようとしたのは，1975年以降だとされる。それまでは，「一斉保育」的に，みなで同じものをつくろうとする活動が行われていた。

　「一斉保育」から「自由保育」への移行が検討されるきっかけとなったのは，村谷が，久保田浩［1916-2010］[9]の思想に大きな影響を受けたからだとされている。村谷は1975年に，久保田の主催する研究会に参加し影響を受け，「一斉保育」の見直しを検討し始める。前述のとおり，村谷は村谷なりに子どもの創作活動のため，様々に工夫を凝らしてきた。しかし，それらは「教師からの一方通行」[10]であり，子どもの主体性や創造性は育っていなかったのではないかという省察がなされたのである。もっと子どもの自由に委ねてみたら，どうだろう？

　妻・玲子による移行時の保育の様子についての回顧が，新垣（2006）「A幼稚園が自由保育に至る変遷」の中で紹介されている。

　　教師が何をすることもやめてみました。楽器や絵画制作などのさまざ
　　まなコーナーだけを設置し，教師は子どもの行いに手や口をださない。も
　　し今までの当園での保育が子どもたちの何かを育てているならば，楽器
　　のコーナーでは豊かな音を奏で，絵画制作コーナーでは力強い作品がで

きるはずだと考えたのです。でもその結果は惨憺たるものでした。子どもたちは，ガシャガシャと雑音を鳴らすと楽器をポイと捨て，次はクレヨンを持ちなぐり描きをしたかと思うと次へ，最後には先生何すればいいのと聞くのです。こんな日が何日も続きました。何にも育ってなんかいない。ましや[11)]創造性や主体性なんて…全く育ってなかったんです。

　玲子の発言は，村谷らが選択した「自由保育」の難しさを語ったものである。「遊びこむ」姿を追い求めてきた保育者らにも，ショックな出来事であっただろう。そして，A幼稚園に限らず保育実践一般を考える上でも，なかなか考えさせられるものである。

　たとえば，現行の幼稚園教育要領・総則において，「幼稚園教育は，学校教育法第22条に規定する目的を達成するため，幼児期の特性をふまえ，環境を通して行うものであることを基本とする」とあるように，「環境を通しての保育」という理念は，保育界に広く認知されているはずである。青井（2009）は，「環境を通しての教育」を行うためには，「幼児が自分から興味をもって環境と関わり，遊具や用具，素材などについてふさわしいかかわりができるように，園内の遊具や用具，素材などの種類，数量，配置などを考える必要がある。ただ楽しいだけの活動にとどまるのではなく，対象とのかかわりのなかで，その対象の潜在的な学びの価値が引き出されるような，幼児にとって意味のある体験ができるような活動が誘発される環境を構成しなければならない」（p.14）と説明をしている。こうした「環境を通しての教育」という理念や方法は，保育実践を考える上では確かに重要な観点となるはずだ。

　しかし，一方で村谷玲子の発言をふまえれば，それを実現するのは簡単なことではないとも言える。おそらく，村谷らの行ったコーナーの配置も，何の考えもなしに配置したということではないだろう。子どもの「遊びこむ」姿を求めてきた村谷らである。言語化されないまでも，それまでの経験から，子どもが興味を持ちそうな素材について何かしらの考えもあったはずだと推察される。しかし，結果は「先生何すればいいの」と子どもに問われるようなものとなってしまった。「幼児が自分から興味をもって環境と関わ

り，遊具や用具，素材などについてふさわしいかかわりができる」ということとは，簡単なことではない。

　また，入園案内に付された資料で村谷は，保育の難しさを次のようにいう。ここでの「保育」とは，文脈からして村谷らの目指した「自由保育」のことだと解せる。

> もっと，受け身ではなく，自主的で，創造的な人間。…そんな人間育成…〔中略〕／このことに対応できる保育がまことにむつかしい。／当園としても，このことは創園からの課題でした。／自分たち[12]が，生活を作り，生活者であること。教師たちは，どうしたら，そんな保育ができるか，いろいろと考えてきました。／教師の作ったカリキュラム通り，子どもたちが活動することも必要です。でも，そればかりでは，教師からの一方通行。

この後みていくような現在の保育実践の背景には，「受け身ではなく，自主的で，創造的な人間」を育てたいという村谷の理想や悩み，そこから想像される試行錯誤があったということをひとまず留めておきたい。

　なお，この村谷の文章からもわかるとおり，A幼稚園のいう「自由保育」がいわゆる「放任保育」とは異なるものであることも確認しておきたい。村谷らにとっては，「教師の作ったカリキュラム通り，子どもたちが活動することも必要」である。新垣（2006）はこうした点をふまえ，A幼稚園の保育を「一斉的活動形態もその中に含んだ自由保育」（p.117）と評している。村谷が目指していたのは，何がなんでも子どもの自由に委ねるということではなく，「自分たちが，生活を作り，生活者であること」をいかに成立させられるかということであった。そのねらいに近づくのであれば，保育者が「本物の素材」を与えたり，後にみていくような様々な工夫をしかけたりということも歓迎されることになる。

　では，様々な試行錯誤を重ね，現在のA幼稚園は，どのような姿となっているのか。

3. 現在のA幼稚園の概要

　まずは，現在のA幼稚園の概要を記す。基本的に，観察の最終年度であった2013年度の情報をもって，現在の情報とする。

(1) 立地環境

　幼稚園の所在地は，千葉県市川市某所である。園舎は時の流れの中で増築や改装などが行われているが，所在地自体は基本的に変わっていない。

　創設以来，通園バスは運行していない。そのため，基本的には徒歩圏内に住む子たちが通園していることになる。

　その徒歩圏内に高層マンションなどが建ち並んでいるといったことはないが，園から最寄りのショッピングモールまでは2kmほどの距離という環境である。ショッピングモールが遠くないということは一つの特徴かもしれないが，大都市の中心部の幼稚園でもなく，農村部の幼稚園でもないという意味で，立地については他に特筆すべき特徴はないと言える。村谷（1989）自身は，ある原稿中で「川一つ越えれば東京，典型的なベッドタウン，当園はそういうベッドタウンの中にあります。保護者の職業は，大部分東京に通うサラリーマン」(p.229)と記していたが，この言葉は現在においても概ねあてはまる。

(2) クラス構成

　主たる学年は，年少・年中・年長の3つである。1学年は2クラスで構成されている。近年は，20～35名ほどで1クラスが構成されることが多い。2013年度の在園児数は，年少2クラスが各22名（計44名），年中が24名と23名（計47名），年長が26名と25名（計51名）である。この時は，例年と比較すると若干少ない人数となっている。

　この他に，2010年度から段階的に未就園クラスの運営が始まっている。2013年度は，1歳児クラス（13名）と，2歳児クラス（15名と16名の2クラス）という規模である[13]。未就園クラスは2週間に1日行われており，時間は午前中のみである。発達段階を考慮し，基本的には保護者が同伴のも

と，一斉的な活動が多く行われている。内容としては，簡単な歌や体操，造形活動などが多い。

なお，本研究では年長クラスでの保育を主たる研究対象としている。

(3) 保育者の配置

次に，保育者についてである。各学年にはクラスに1名の担任がいる他，2クラスをまたいで担当する「フリー」の保育者が1名から2名ほどいる。大まかな説明としては，3から4名の保育者が2クラスをまとめて担当しているということになる。年齢としては，担任は，20代から30代が多い。「フリー」の保育者は，担任よりも年配であることが多い。さらに現在の「フリー」の保育者の中には，ピアノ演奏や電子機器の操作などに他の保育者よりも長けているという者もいる[14]。また，2013年度，未就園クラスは「フリー」の保育者のうち2名が担当していた。その他，近年は預かり保育[15]などを担当する非常勤の保育者が若干名いる。2013年度は3名である。

2013年度を例にして，クラス構成と保育者の配置を［表1-1］にまとめる。保育者名はアルファベットで記す。本書の他の部分のアルファベットと対応はしていない。表中に同じアルファベットの人物が複数いるのは，その人物がクラスを兼任していることを意味する。預かり保育はのぞく。

表1-1　A幼稚園の保育者の配置（2013年度）

学　年	クラスの人数	担　任	フリー
年少	22名	A（20代・女）	G（50代・女） H（40代・男）（兼任）
年少	22名	B（20代・女）	G（50代・女） H（40代・男）（兼任）
年中	24名	C（30代・女）	I（40代・女）
年中	23名	D（20代・男）	I（40代・女）
年長	26名	E（30代・女）	J（40代・女） H（40代・男）（兼）任
年長	25名	F（20代・女）	J（40代・女） H（40代・男）（兼）任
未就園1歳児	13名	I（40代・女）（兼任） J（40代・女）（兼任） ※隔週・午前のみ	
未就園2歳児	15名	I（40代・女）（兼任） J（40代・女）（兼任） ※隔週・午前のみ	
未就園2歳児	16名	I（40代・女）（兼任） J（40代・女）（兼任） ※隔週・午前のみ	

(4) 現在の園長と保育理念

村谷が 2000 年に逝去したすぐ後には，妻・玲子が園長となり，さらに 2003 年に現在の園長と交代している。

幼稚園における園長については，「園長（所長）はその施設を代表するいわば施設の顔でもあり，園長（所長）の姿勢によって，その施設のイメージがつくられる。したがって，保育の理念をしっかりともつと同時に，それを全職員とともに実践していくコーディネーターとしての役割もになう」（森上 2008a，p.170）ということが指摘されている。そのため，現・園長についての紹介も付しておきたい。なお，現・園長は，姓を新垣という。本書ですでに紹介している新垣理佳（村谷夫妻の娘，旧姓・村谷）の夫である。

現・園長がＡ幼稚園と出会ったのは，縁あってＡ幼稚園の夏の恒例行事である「林間保育」を手伝ったときだった。現・園長自身は 1990 年のことだったと述べている。「50 ページの物語」には，その時のエピソードが以下のように記されている。なお，以下の文章で「そのひとり」と記されているのは，長年続く「林間保育」を手伝ってくれた多くの人の中のひとりという意味である。「くさぶえの丘」は「林間保育」の舞台となる宿泊施設である。

> 遠く沖縄から教師になろうと東京の大学へやってきたアラカキ君もそのひとりです。アラカキ君は 1990 年頃のくさぶえの丘で初めて，Ａ[16]の楽しさに取り付かれた世代になります。

短い文章であるが，この記述が示しているのは，現・園長は，Ａ幼稚園に魅力を感じ，Ａ幼稚園の保育者となったということである。出会いのきっかけは「林間保育」であったが，その後，他の行事や日常の保育の手伝いにも来るようになり，その流れでＡ幼稚園の保育者となった。見ず知らずの園の採用試験にたまたま合格したということではない。言い換えれば，村谷の理念に魅力を感じ，それを踏襲するかたちで保育者としての経験を重ねてきたということになろう。

もともと，現・園長は保育者志望ではなく，中学・高校の家庭科の教師を

目指し，出身である沖縄から東京の私立大学に進学していた。ところが，在学途中でA幼稚園の保育実践に触れ，結果として千葉で保育者としてのキャリア[17]を歩んでいくことになる。ある時，筆者がこうした経緯について問うと，「空間っていうんですか。何かを教えるとか，教えられたことをするだけとか，そういうことじゃなくて，生活ということを中心にして，子どもの興味から色々やっていくその空間がいいなあと思って〔筆者注：幼稚園教諭になることにした〕」と話していた。

そうした背景もあり，A幼稚園では園長以下によって，現在も村谷の理念を踏襲した保育実践が行われている。もちろん，時代の流れによって，見掛けの変化は細々あるはずだが，後に示す「おうち」づくりなど，A幼稚園の保育実践の基盤をなすような実践は変わらず行われてきている。筆者が「現在のA幼稚園の保育というものは，基本的には村谷夫妻の理念を引き継いだものなのでしょうか？」と問うた際には，「少なくとも私自身はそう思っているし，細かい制度的なところを変えるってことはあるけれど，保育の内容はそのままだね。そこを変えようってことは，ないです」と答えていた。

こうした背景をふまえ，本書では現在のA幼稚園の実践も村谷の時代とつながったものとして捉えていくことにする。

4. 象徴的な実践例：「おうち」「おみせ」「まち」

では，現在において毎年行われている，A幼稚園を象徴するような実践および関連する諸要素についてみていこう。

取り上げる実践は，毎年年長でみられる「おうち」「おみせ」「まち」に関する実践である[18]。この「おうち」「おみせ」「まち」は，保育室をいっぱいに使いながら，年度をとおして行われる。A幼稚園を訪問すればいつも何かしらの状態を観察できるという意味からも，象徴的な実践だと言うことができる。本書・第Ⅱ部でも，これらの実践を考察の対象とする。

なお，その年によって実践の細部は違っている。ここでは共通要素として抽出することが可能な実践の大筋を記すことになる。また，参与観察研究においては観察者のフィールドでのあり方が関心事となりうるが，共通要素を

抽出するという意味において，本節では筆者のあり方は特に明示しない。実践の記述の妥当性については，保育者らに確認をとっている。

(1) 保育室，保育時間

「おうち」「おみせ」「まち」を追うためには，A 幼稚園の保育室の特徴と，保育時間内の子どもの遊び方，遊びの支援のあり方などについて知っておく必要がある。遠回りのようであるが，少し説明をしておこう。

まず，保育室についてである。先に記したように，近年の A 幼稚園は各学年が 2 クラスずつで構成されている。1 クラスは 20 から 35 人ほどの規模である。当然，各学年には 2 クラス分の面積の保育室があるのだが，その 2 クラス間を区切る壁はない。厳密には，アコーディオンカーテンで適宜仕切ることができる。しかし，2 クラスを仕切り，クラスごとにまったく異なる活動する様はほとんどみられない。

そうした様子を［写真 1-5］で確認してみよう。この写真の左端と右端に確認できる白い蛇腹のものが，アコーディオンカーテンである。本来であれば，このアコーディオンカーテンより写真奥と写真手前で，それぞれ 1 クラス分の保育室ということになるが，このアコーディオンカーテンが閉じられることはほとんどない。この写真でも，中央から右側にかけて，2 クラスの子どもたちが一緒に昼食の準備をしている様子が写っている。

壁がないことにより，子どもたちはクラスの枠をこえて思い思いに遊ぶことができる。多くの時間，子どもたちはそれぞれが好きな者と好きな場所で

写真 1-5　年長の保育室の様子

遊んでいる。園舎や園庭が広大というわけではないので，学年間でタイミングの調整が必要ではあるが，基本的には保育室外で遊んでもよいことになっている。前節「保育者の配置」において，「3 から 4 名の保育者が 2 クラスをまとめて担当している」と述べたのは，このようにクラスに関係なく子どもたちが園内のあちらこちらに散らばって活動をするためである。保育者は，自分のクラスの子に限らず，たくさんの子とかかわっていくことになる。

　また，A 幼稚園の時間の流れを，新垣（2006, pp.40-41）は次のように説明している。

　　　基本的に登園と降園の時間以外はだいたいの流れであって，その日によって多少の違いは出てくる。朝登園してきた子どもは，おたより帳にシールを貼り，コップ・タオルを所定の場所にかける。そして通園カバンを個人ロッカーにしまえば，何をするのも自由な時間となる。

　この説明に補足を加えておこう。基本的に，登園時間は 9：00 であり，降園時間は 14：00 である。また登園後，通園カバンをしまった後には，全員で「お集まり」をして，出欠確認などが行われる。その後が自由な遊びの時間となる。大体，11：30 頃には再び「お集まり」となり，昼食の準備をして，皆で一斉に「いただきます」の挨拶をする。昼食終了後の 12：00 から 12：30 頃には，再び自由な遊びの時間となる。13：30 頃には最後の「お集まり」をし，帰りの支度ができたら，並んで園庭に出て，迎えに来た保護者等とともに降園となる。毎日，午前中の約 2 時間と午後の約 1 時間の，計・約 3 時間が自由な遊びの時間ということになる。こうした時間の流れを［表 1-2］に示す。

　新垣が言うように，これは大体の流れであって，その日によって異なった時間の使われ方がなされることもある。たとえば，運動会の前には競技の練習のため学年で一斉に行動することもある。雨が続いた後の晴れの日には，皆で外に出て遊ぶこともある。「お集まり」時に歌を歌うこともあれば，歌わないこともある。自由な時間は多いが，すべての時間が自由でなくてはな

第 1 章　A 幼稚園の基礎知識

表 1-2　基本的な時間の流れ

時　　間	活動内容
9：00 ～ 9：30	登園，「お集まり」
9：30 ～ 11：30	自由な時間
11：30 ～ 12：30	「お集まり」昼食
12：30 ～ 13：30	自由な時間
13：30 ～ 14：00	「お集まり」，降園

らないということでもない。

(2) 追い求める子どもの姿

　A 幼稚園には自由な時間がたくさんある。保育者らは，その時間を子どもにどう過ごしてほしいと思っているのだろうか。

　この問いに対する回答のひとつは，前述の「遊びこむ」ということになろう。自由な時間を持て余すのではなく，それぞれがやりたいことをとことんつきつめる，つまり「遊びこむ」時間にしてほしいと願っているはずである。

　A 幼稚園における「遊びこむ」保育の探究が，村谷の言葉や理念に端を発するものだということは先に述べたが，新垣（2006）も——経験則を論拠としていると断った上ではあるが——「「遊びこむ」子どもの姿，「やりとり」する子どもの姿こそ，当該園が追い求める子どもの姿なのである」(p.9) と言っている。現在の A 幼稚園について理解するために，新垣の説明をもう少し詳しく追ってみよう。

　新垣は，より詳しく A 幼稚園における「遊びこむ」ことについての考え方を説明しようとしている。曰く，現在「遊びこむ」とは，「一人もしくは小集団で，ある特定の関心事に，周りの者との関係性を維持させつつ，意識を集中させているということ」(p.9) だと共有されているはず，とのことである。村谷の短い言葉では，集団および他者とのかかわりといった観点には触れられていなかったが，幼稚園という集団生活を行う場を想定すると，そうした観点が「遊びこむ」という考え方に含まれることは，ごく自然なことだと納得できる。他にも，「子どもが，自らの「遊び」を保ちつつ多くの他

37

者と，物や言葉をかわすこと〔筆者注：が目指されている〕」（p.10），「子どもたちが，自分と他者との考えの違いに気付いたり，他者のもつ気持ちを理解したりなどの人間関係を学習したりするには，多くの他者とかかわりをもつことが望ましい」（p.9）といった理念も述べられている。

さらに，「遊びこむ」保育を実現するためには，「ある程度の時間を要する。すなわち，「遊び」がある程度の時間的な連続性を持って継続して行われないと，実現化できないということが当該園では経験的に認知されている」（p.10）とも付されている。

かくして村谷や新垣の言葉から，A幼稚園における自由な遊びの時間では，子どもたちが自分のやりたい遊びを見つけ，他者とかかわりながら，それを長期間かけて追求するという姿が望まれていることが，まずは理解される。

さらに，新垣は，「当該園では，「遊び」が行われない，もしくは，「遊び」を短時間でやめてしまうような状態が生じたときに，その全てを単に受動的に容認し，そのままの状態でよいとは考えていない。その原因を探り，その理由の如何により，それぞれの必要に応じて，教師は子どもの「遊び」に関与すべきであると考える」（pp.8-9）とも述べている。「遊びこむ」姿が見られない場合には，保育者による何かしらのかかわりが必要だと考えているということである。そのかかわり方については，遊ぶことを無理強いするような仕方は望まれていないであろうことは想像できる。無理強いはせず，子どもが遊びたい遊びをみつけられるようにサポートすることが，A幼稚園が理想とする保育者のかかわり方なのであろう[19]。

(3)「倉庫」

子どもの「遊びこむ」姿を実現するためには，保育者という「人的環境」だけでなく，園の施設面などの「物的環境」も重要となるはずだ。

「物的環境」についての最大の特徴は，〔写真1-6，1-7，1-8〕のような「倉庫」があることだ。「倉庫」は年長の保育室のすぐ隣にある。A幼稚園は敷地が広大ではないので，他の学年の保育室からも遠くはない。

この「倉庫」には，創作活動に用いられる可能性のある多種多様な素材

第1章　A幼稚園の基礎知識

写真 1-6，1-7，1-8 「倉庫」

が，大量に保管されている[20]。たとえば，布に限っても「短く切断された状態ではなく，20mほどの巻きの状態で保管され，布地の種類は数種類，ある一種類の布地についての十数色が常に用意されている」（新垣2006，p.47）のである。

　このように豊富な素材を用意している理由は，子どもが何かをつくりたいと思った時にすぐに対応することが可能になることと，豊富な素材から最も用途に合った素材は何かと子ども自身が試行錯誤できることにある。子どもが何かを「つくりたい！」と強く思った時，その思いに適した素材がなく，「来週までに先生が用意しておくね」なんてことになれば，子どもの夢は休日のあいだに消えてしまうかもしれない。しかし，すぐに適した素材に出会うことができれば，遊びが続いていく可能性は高まる——「遊びこむ」姿に近づくことができる。種類も豊富であるため，造形物のイメージにあったものは何かと自分自身で探究することが可能になる。子どもたちは，この「倉庫」へは保育者に頼めばいつでも入室することができる。

(4)「おうち」「おみせ」「まち」づくり

　では，ここまで紹介してきたような環境の中で，一体どのような保育実践が営まれているのだろうか。年長の保育室で毎年みられる，「おうち」「おみせ」「まち」づくりの実践についてみていこう。この実践は，日常的に紆余曲折を経ながら，1年間かけて行われるものであり，年長クラスの保育実践の基盤となるものである。また「おうち」「おみせ」といった言葉は，後に説明していくように，「お店やさんごっこ」など特定の活動を捉える言葉であるだけでなく，たくさんある様々な活動を総合的に捉える言葉でもある。

なお，この後，学期の区別が記述されていくが，A幼稚園は3学期制である。

「おうち」「おみせ」「まち」とは何か

　年度の始め頃，年長の保育室にはほとんど何も置かれてない。［写真1-9］は，2クラス分ある保育室の全景が映るように隅から撮影したものである。この写真に示されるとおり，右隅や左隅に映るロッカーなど生活上必要なもの以外は，何もない。多くの幼稚園では，壁面が色画用紙などで装飾されていたり，子どもがすぐに遊びに向かえるよう絵本コーナーやおもちゃコーナーなどが設けられたりするかもしれないが，そうした一般像とは異なっている。

　この保育室は，1学期の終わり頃には［写真1-10］のような光景となる。右側に何かが建ち始めたのがわかるだろうか。それが「おうち」である。［写真1-11］は，より近くから撮影したものである。木材でできたものであり，そのほとんどは子ども数人が容易に入り込めるサイズである。

　この「おうち」は，年長の子どもたち自身の「手」によって建てられる。安全面以外で，保育者が手出しをすることはほとんどない。［写真1-12, 1-13］は，子どもたちが「おうち」をつくる様子である。金槌と釘を使い，平板と角棒を組み合わせていく。概ね平板は幅10cm，角棒は3cm角である。

　「おうち」をつくりたいという要望は子どもたちから出される。子どもたちから「おうち」を建てたいという発想が出てくるのは不自然だと思われるかもしれないが，前年の年長が「おうち」をつくっていたことから，自分たちも年長になったら「おうち」をつくれるのだという認識をもっていてのことである。なお，「おうち」づくりが始まったのは1975年から1978年頃のことであり，以降，子どもたちによって毎年継続され，年長の子が行う伝統の活動になっている[21]。年度によっては，4月になってすぐ，とりあえず「おうち」をつくってみたいと言い出す子がいる場合もある。

　例年，一軒目の建設には苦労する。多くの場合，ストローやアイスの棒を使い，どうやったら「おうち」になるのかとシミュレーションする［写真1-14］。そしていざ釘と金槌を使おうとしても，なかなか思うようにはいか

写真1-9　年度始めの保育室

写真1-10　1学期終わり頃の保育室

写真1-11　「おうち」

写真1-12, 1-13　「おうち」を建てる様子

ない。途中で断念して他の遊びを始める子もいる。上手な子が先導したり、教え合ったり、あるいは不器用ながらも闇雲に釘を打ち付けたりしながら、なんとか一軒目を完成させる[22]。もしかしたら、幼児に釘や金槌を使わせることについては、それは危険だと反対する意見や、幼児だけで使えるはず

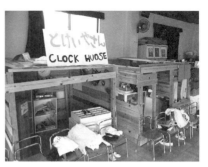

写真 1-14 アイスの棒でのシミュレーション

写真 1-15 看板のついた「おみせ」

がないという意見もあるかもしれないが，A幼稚園ではこれを是とし，事実，ほとんどの場合，幼児だけで「おうち」を建ててしまう。一軒目の「おうち」の建設には数日かかるが，慣れてくれば1日もあれば一軒建ててしまう。自由な遊びの時間は1日約3時間なので，その時間内で建ててしまうということである。

　そしてこの「おうち」は，ほとんど場合，「おみせ」としても機能していくことになる。たとえば，［写真1-15］の「おうち」は，屋根の上に看板[23]がついているように，「とけいやさん」という「おみせ」となっている。大抵の場合，「おうち」と「おみせ」は概念的に不可分である。子どもたちは同一の建物内で，「おうち」として昼食をとったり，「おみせ」として商品を売ったりする。

　「おみせ」が成立するまでの過程は，概ね2種類ある。

　ひとつは，それまで「おうち」「おみせ」とは別に行っていた創作活動を経て，創作物すなわち商品が蓄積されてきたから「おみせ」をひらいてしまおうと考え出すという経緯である。たとえば，ビーズなどを使ってのアクセサリーづくりに熱中していた子たちが，アクセサリーが増えてきたので，それを売ろうと「アクセサリーやさん」を始めようと，「おうち」および「おみせ」づくりに乗り出すという経緯である。

　もうひとつは，「おうち」を建てること自体に興味のある子たちが，何かの「おみせ」にしたいという意図をもたず，とりあえず建設を始めるという

経緯である。そうした場合は，建設中に「○○やさんにしたいな」という声が聞かれ，実際にそのように機能することもあれば，しばらく「空き家」のようなかたちで放置されるということもある。「空き家」となっている場合でも，最終的には誰かがそこを「おみせ」として使い出すことになる[24]。粘土などで野菜をつくっていた子たちが，たまたま誰かが建てていた「空き家」に入り，「スーパーマーケット」を始めるといった具合である。

　この2種類の過程を経ながら，最初は何もなかった保育室に少しずつ「おうち」「おみせ」が建ち並んでいくことになる。筆者が参与観察した中で，たとえば2011年度は，1学期終了時点で3軒［図1-1］，2学期終了時点で大小10軒［図1-2］の「おうち」が完成していた。なお，物理的に離れた複数の「おうち」が集まって，ひとつの「おみせ」となることもある。［図1-2］の点線で囲まれた部分は，それがひとつの「おみせ」であることを示している。また，「おうち」は，その大きさにもよるが，大体は大人2〜3人の力で動かすことができる。途中，より活動しやすい場所へ移動することもある。園内では，「お引っ越し」と呼ばれている。

　そして，3学期の終わり頃になると，保育室は［写真1-16，1-17］のような光景となる。いくつもの「おみせ」が建ち並び，さながら「まち」のようになる（筆者は最初，まるで大型ショッピングモール「ららぽーと」[25]のようだと感じた！）。2枚の写真は，別の年度の光景である。からっぽの状態から，その年の子どもたちの活動に応じて「まち」が生まれていくため，個々の「おみせ」は異なっている。それでも，毎年「まち」のような光景となることは変わらない。そして，この「まち」では，園をあげての「おみせやさんごっこ」[26]が連日行われるようになる。年中・年少の子が年長の保育室を頻繁に訪れるようになり，年長の子らは熱心に勧誘や接客などをするようになる。お客さんが来てくれることで，「おみせ」での活動はさらに盛り上がっていく。そして，年中・年少の子らは，将来自分はどういう「おみせ」をつくろうかと夢を膨らませていく[27]。

　また，子どもたちは皆でひとつの「おみせ」を担当するわけではない。それぞれ自分のやりたい「おみせ」を選択しており，その年の子どもの関心によって「おみせ」は多様につくられる。たとえば，2011年度には，アクセ

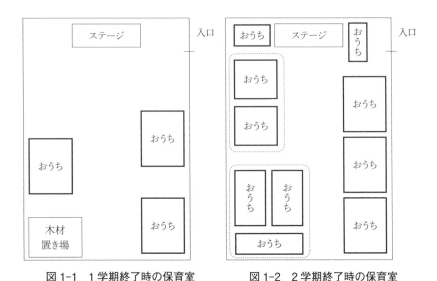

図1-1　1学期終了時の保育室　　　図1-2　2学期終了時の保育室

写真1-16, 1-17　3学期終わり頃の保育室

サリーやドレスを制作・販売する「プリンセスファッション」，実際のドーナツ屋さんであるミスタードーナツ[28)]を模した「ミスタードーナツ」，人形劇や自作のコマ撮りアニメを上映する「Tシアター」[29)]，園通貨を管理する「A銀行」[30)]，家具店IKEAを再現する「IKEA」，新聞を発行する「T新聞」[31)]，ステージでのショーを企画・運営する「ドリームステージ」が生まれた。ひとつの「おみせ」に所属する子の数には幅があるが，概ね4～8人ほどになる。また，この年度，この「まち」は「Tタウン」[32)]と名付けられてい

た[33]。

「自治運営」

　「おうち」を中心とした年長の活動の深まりについて，保育者らはよく筆者に，「自治運営ができるようになるといい」と語っていた。この「自治運営」という言葉は，「おみせ」側と「お客さん」側双方が，この「まち」の仕組みを理解し合い，保育者の具体的な援助がなくとも，自分たちで活動が進められるということを指している。保育者らが「今日は，皆で○○やさんへ行きましょう」と誘導するばかりではなく，子どもそれぞれが登園時からすでに「今日は○○をつくって売ろう」「今日は○○やさんへ行きたい」と思い描き，自ら行動していくということや，さらに個々のそうした行動が「まち」全体を機能させるようになることを指しての「自治運営」という言葉である。

　そうした「自治運営」の姿がみられるようになったと保育者らに認識されるようになるのは，例年，3学期になってからのようである。この時期になると，「卒園するのがもったいない」と保育者が思うほど「自治運営」が進むようになる。

　「自治運営」として語られるような保育実践の理想像は，先にみてきた村谷による「自分たちが，生活を作り，生活者であること」と目指すところは同じであるように思われる。子どもたちが，自分のつくった「おみせ」「まち」の中で，「生活者」として存在することが，A幼稚園では望まれている。

「グループ分け」

　ここで，時間が前後するが，「おうち」「おみせ」の概要を理解するために，例年11月頃に行われる「グループ分け」というイベントについても述べておきたい。「グループ分け」とは，自分が主にどの「おみせ」にかかわるかを，子ども自身が選択するというものである。この「グループ分け」によって，すべての子がいずれかの「おみせ」に所属することになる。先に，ひとつの「おみせ」に所属する子は4〜8人ほどになると記したが，その人数は，「グループ分け」後の人数である。

「グループ分け」は，保育者からの提案によって行われる。例年11月頃になると，たくさんの「おみせ」ができてきて，［写真1-16，1-17］に示したような，その年度の保育室の全体像がみえてくる。そのタイミングで，保育者から「グループ分け」の実施が，子どもたちに提案されるのである。
　2009年度から2013年度現在まで年長の担任をつとめていた保育者は，「グループ分け」の具体的な進め方についての筆者の質問に，次のように述べている。発言中の「みんな」という言葉は，年長クラスの子どもたちという意味である。

> 年によって細かいとことかは違うんだけど……大体，私のやり方だと……私の方でそろそろかなって思ったら，みんな去年までの年長のことみて「おうち」決めるって結構分かってるから，とりあえず，そろそろ「おうち」決めよっかって話して……「グループ」って言わないで「おうち」っていうんだけど……「来週くらいに「おうち」決めたいんだけど〜，どこいってもいいよ〜，選んどいて〜」って言って，1週間くらい後に，みんなで集まって「この「おうち」がいい人〜？」って聞いてく感じかな。……それで，それぞれの「おうち」に自分のロッカーもっていったりして，「これからどんな「おみせ」にしよっか〜」ってちょっと話し合う時間とったり。顔合わせみたいな？

　このように，近年では，「グループ分け」の実施が保育者から提案され，1週間ほどたった後に，「お集まり」の場などで，子どもたちの希望を確認する。そして，「グループ分け」が終わり，自分の所属する「おみせ」が決まると，その後は自分の「おみせ」の中にロッカーを移動してそこに通園カバンをしまったり，「おみせ」の中で一緒に昼食をとったりするようになり，グループごとに過ごす時間が増えることになる。保育者もどの子がどの「おみせ」の子かとはっきり認識するようになる。
　A幼稚園では，基本的には子どもたちの自由な遊びを認めているものの，「グループ分け」はこのように保育者主導で行われる。保育者主導であり，全員が例外なく行うものではあるが，新垣（2006, p.74）によれば，子ども

から「グループ分け」を行うことについての異論が出されたことはないという。前出の保育者も同様に語っていた。

　また，「グループ分け」の実施に際して，子ども同士の人間関係に関するトラブルはないかということも保育者に問うてみた。たとえば，「グループ分け」によって，それまで一緒に活動していた子どもたちの中に新たな子が急に加わって，何かいざこざが起こることも想像されるからである。

　　〔筆者注：人間関係のトラブルは〕ほとんどないかなあ。う〜ん，ないなあ。むしろ，受け入れ体制はいいけど，活動が充実したところに急に入ってくると，仕事がもう決まってるから……。一緒にいるのは全然いいんだけど，一緒にいるけどやることがないって時はあるから，そういうときは援助するかな。〔毎年〕何人かはいるんだけど。たとえば，一瞬，〔保育者である〕自分もグループに入って，仲間っぽくして，「何したらいいかねえ」って相談してみたり。〔子どもたちが〕自分の居場所が決められるように。

　保育者によれば，新たに「おみせ」に入ろうとする子を前から「おみせ」にいた子が排除するようなことはほとんどなく，むしろ，新たに「おみせ」に入りたいという子自身が，そこで自分の役割をすぐに見つけられるかどうかという課題が出てくることがあるようだ。活動が充実している「おみせ」では，ひとりひとりが自分のやりたいことに継続的に取り組んでいることが想定される。その中に急に入ったときに，すでにいる子たちと同様のペースで活動していくことが難しい子もいるということである。

　そして，そうした様子がみられた場合には，保育者が「一瞬自分もグループに入って」など，積極的な援助をすることがあるとも語られている。この保育者は，「○○をしなさい」と指示するのでもなく，「みんなで一斉に○○しなさい」と「おうち」の足並みを強制的にそろえさせるのでもなく，「何したらいいかねえ」と一緒に相談するという援助を基本的には行っているという。また，こうした相談は，新たに入った子と保育者のみで行われるときもあれば，「おみせ」の他の子も交えて行われることもあり，そうした相談

の仕方についての判断は，その子自身や「おみせ」の状況などによって，その場ごとに判断するという。

　なお，「グループ分け」で自分の所属する「おみせ」を決めたからといって，その「おみせ」でしか活動できなくなるということはない。一度所属を決めた後であっても，他の「おみせ」の活動にかかわることや，所属する「おみせ」を変更することは認められている。また，はっきりと「おみせ」に所属したからといって，子どもたちは幼稚園にいるすべての時間をその「おみせ」の店員として過ごすわけではない。子どもたちは，時に「おみせ」の中の人であったり，時に他の「おみせ」のお客さんであったりする。他の「おみせ」を手伝うようなこともある（保育者が「アルバイトに出かけてる」と言うこともある）。その日の気分によっては園庭に出て遊ぶこともある。

　さらに，「グループ分け」の意義を保育者らがどう捉えているかについては，新垣（2006）による説明がある。まず，新垣は，「グループ分け」以前の保育室での子どもの遊び方を，次のように3つのタイプに分類している。

> この時期まで，子どもたちは自由に，さまざまな「活動」とかかわっている。したがって，主に一つの「活動」を中心にして他の「活動」にかかわる子どももいれば，全ての「活動」に積極的に参加する子どももいる，しかし中には，どこかの「活動」に携わってはいるものの，いま一つ自分の居場所が「活動」に見つけられない子どももいる。(pp.73-74)

　ここでの「活動」という言葉は，「おみせ」と同義と捉えられる。A幼稚園の年長クラスでは，「おうち」「おみせ」が日々の活動の基盤となってはいるが，そこでの活動の仕方には上記の3タイプがあると捉えられている。
　そして，「グループ分け」によって，主に2つめと3つめのタイプの子どもたちに次のような変容がみられるという。

> さまざまな「活動」に少しずつ参加していた子どもは，ある一定の「活動」にじっくり参加するようになり，物事に対する責任感や探究心が以前より出てくる姿が見られる。また，内向的な性格ゆえ自己の居場所を

しっかりみつけられなかった子どもたちは，このグループ分けにより，以前は入りたいと思っていても実は入れなかったという「活動」に，公の席で皆に認可されて「活動」に入ったのだと思うようになり，積極的に「活動」を行うようになる。(p.74)

このように，多様な活動をしてきた子たちがまとまって，さらに活動を深めていけるようになるためのきっかけとして，「グループ分け」の意義は捉えられている。A幼稚園では自由な遊びの時間は多いが，すべての時間を子どもに委ねているわけではなく「遊びこむ」ことが難しい子が「遊びこむ」ことができるようしかけもあることが分かる。

「まち」の中でのかかわり合い

　以上，「おうち」「おみせ」「まち」の展開を追った。ここでその概要をまとめておきたい。子どもたちは，1年間という長い時間をかけ，最初は何もない保育室を「まち」のような場所としていく。また，ひとつひとつの「おみせ」は異なるものであるが，それらにはそれとなくかさなりが見られる。時に，「おみせ」同士が協力し合うこともあれば，複数の「おみせ」をかけもつように活動する子もいる。「おみせ」同士の積極的なかかわりが見られないと思われる時であっても，それらが同じ場所にあるがゆえか，何かしらの影響は与え合っているはずである。たとえば，急に大きな看板が建てば，皆が注目するだろう。「まち」の雰囲気ができていくのである。また，子ども自身，「おみせ」の店員であるとともに，「まち」の消費者でもある。あるいは，ひとつの「おみせ」が「お引っ越し」をしようとすれば，物理的にも他の「おみせ」は影響を受ける。A幼稚園の年長は，「自由保育」として皆が個別に活動しているようにみえても，俯瞰的には，ひとつのある種の共同体として成立していると捉えることができる。

(5)　「おみせ」をのぞいてみると

　さらに，いくつか具体的に「おみせ」を取り上げ，その実態に迫ってみたい。「おみせ」の実際の呼び名の中には，その実態がわかりづらいものが多

い。そうしたものは，筆者が便宜上わかりやすい名前に変えている。

　ひとつとして，現実の要素を子どもなりに精緻に再現しようとする「おみせ」が見られる。たとえば，「ケーキ屋さん」(2008年度) では，単にケーキをつくり並べて売るだけではなく，現実にあるようなショーケースも用意されていた［写真1-18］。「ミスタードーナツ」(2012年度) では，実際に販売されている様々な商品に対応したドーナツを制作していたり［写真1-19］，特徴的なロゴを再現した看板を掲げたりしていた［写真1-20］。「えいがかん」(2008年度) では，ドリンクホルダーが席に設置された［写真1-21］。このように，子どもたちは現実の世界にある何ごとかを模倣しようとするのだが，その対象において象徴的な点を子どもたちなりに選び出し，「おみせ」で再現しようとする。こうしたリアリティの追求とも言えるものは，村谷による「本物の素材」を接点として園外の生活と園内の生活双方を豊かにするという理念が実践に活かされてきた結果として，成立してきたものなのだろう。

　なお，こうした創作活動のたすけとなる要素のひとつは，先にみた「倉庫」にある豊富な素材である。ドーナツであれば，ミスタードーナツで売られる多様なドーナツを再現するため，ドーナツごとに様々な素材が用いられることになる。子どもたちは，ドーナツ1種類ごとに，「倉庫」内の素材から，適切な素材を探すことになる。

「*ガバチョ*」

　子どもたちの「おみせ」の発展や，そこでのリアリティの追求においては，園通貨「ガバチョ」の影響が大きい。「ガバチョ」は，村谷自身がデザインや質感にこだわって1978年に制作したものである。この「ガバチョ」は保育者らの判断によって，しかるべきときに導入される[34]。現在は，大多数の「1ガバチョ」紙幣［写真1-22］と，近年になって導入された「5ガバチョ」紙幣の2種類がある。

　「ガバチョ」が導入されると，年中・年少の子がそれを握りしめたり手づくりの財布に入れたりして，年長の保育室をより頻繁に訪れるようになる。お客さんが増えることで，「おみせ」でのやりとりは増え，結果として商品

第1章　A幼稚園の基礎知識

写真1-18　「ケーキ屋さん」のショーケース

写真1-19　本物らしいドーナツ

写真1-20　ロゴを再現しようとした看板

写真1-21　座席についたドリンクホルダー

などのさらなる工夫につながっていくことになる。新垣（2006, pp.28-41）は，「ガバチョ」の意義について，「ガバチョ」を使って金銭感覚を養うといったことが目的なのではなく，「ガバチョ」が他者とのやりとりを促進するひとつのツールであることを指摘している。

　園通貨はもちろん幼稚園の外で使える本物の紙幣ではない。それでも，子どもたちは「ガバチョ」を，園内においては本物の紙幣と同じように大切なものとして扱っている。「ガバチョ」には子どもたちなりの物の価値についての認識が現れていて興味深い。2012年度には，「でんきや」において，ダンボールなどを活かしてつくったスマートフォンが販売されていたが，多くの商品が1「ガバチョ」である中，近年急激に普及し始めたスマートフォンは2「ガバチョ」であった［写真1-23］。子どもなりのリアリティの認識の

51

写真 1-22 大量の「ガバチョ」

写真 1-23 高価なスマートフォン

あり方が窺える。

「ガバチョ」で購入された「おみせ」の商品は，基本的にはその日のうちに「おみせ」に返却される。ただし，映画を上映する「えいがかん」や，ショーを公開するような形態の「おみせ」の場合には，チケットが販売され，チケット自体は返却されないこともある。他に，「しんぶんしゃ」の新聞はコピーされたものが販売されることが多いので，こうしたものも返却されない場合がある

また，誰かが「ガバチョ」を貯めこむということはなく，ある期間ごとに回収され再分配される[35]。回収・配布の仕方や役割は，最初は保育者が考え行うことが多いが，その後は例年つくられる銀行の「おみせ」が担当していくことがほとんどである［写真 1-24］。

「おみせ」の終わり

例年 3 月上旬に 1 日かけて行われる「グランドバザール」というイベントの時には，購入した商品を家に持って帰ることができる。文字通り，在庫一掃，となる。この日，「おみせ」はからっぽになり，1 年かけてつくってきた「おみせ」での活動は，ここで基本的に終了となる[36]。

5. その他の実践例：「林間保育」

「おうち」での活動は，A 幼稚園の日常的な活動である。本研究でも，「お

第1章　A幼稚園の基礎知識

写真 1-24　銀行の「おみせ」

うち」での活動を主たる考察の対象とするが，A幼稚園全体を見渡すための補足情報として，行事での例もみてみよう。夏休みの末に1泊2日で行われる「林間保育」を紹介する。

　7月に入った頃のことである。子どもたちが登園すると，保育室の壁に何か大きな矢がささっている。子どもたちはそれを見て，朝から大騒ぎとなる。保育者らとともにその矢を抜くと，そこには何やら記号の書かれた手紙のようなものが付されている［写真1-25］。しかし，記号であるがゆえに，子どもたちには読解できない。園長先生に相談してみると「それに似たものが書かれた本が倉庫にあったような……」という話である。子どもたちは，さっそくその本を探し出す。その本には，園長の記憶のとおり，記号とそれに対応する日本語が書かれている。苦労しながら対応づけを試みると［写真1-26］，どうやら森に住む部族の「酋長」[37]が，森の祭りに招待してくれるという話のようである。保育者と子どもたちは相談の上，記号を使いながら返事の手紙を書いてみることにする。ワクワクしている子もいれば，怖がっている子もいる。保育室内にあるポストに投函し，それが届くことを願って，その日は降園となる。

　その後も，様々なことがしかけられる。何度かの手紙のやりとりがあり，祭りの最中に踊る踊りの手順なども暗号めいたかたちで送られてくる。子どもたちは「酋長」に会うことを楽しみに，森で一緒にやってみたいことを想像したり，踊りを練習したりする。夏休みに入ると，保育者からの暑中見舞

写真 1-25　ある日突然ささっていた矢　　写真 1-26　記号を解読する様子

写真 1-27　「酋長」との対面

いに変わって,「酋長」を連想させる羽の付いたパスポート代わりの手紙が届くこともある。「林間保育」前の登園日では,みな,そのパスポートを園にもってきて,驚きを共有する。

　「林間保育」の本番は,千葉県内にあるキャンプ等も可能な宿泊施設で行われる。当日,そこで待っているのは,［写真1-27］のような格好をした人物である。子どもたちは,この人物たちとともに冒険的な活動や祭りという名のキャンプファイヤーなどを行っていく。当日の諸活動にもファンタジーあふれる演出がなされている。

　これが,A幼稚園の「林間保育」である。この演出も長く続いているようだ。

　「林間保育」に一般像なるものがあるかはわからないが,おそらく他の園

ではこれほど導入やしかけにこだわり，かつ長い期間にわたって伏線をはることはないだろうと思われる。言い換えれば，これほどファンタジーの要素を積極的かつ継続的に取り入れることはないだろうということである。長い時では，実施日の2ヶ月ほど前からこうした伏線がはられていく。これも，「遊びこむ」ためのしかけなのだろうか。

付け加えれば，この「林間保育」での「茜長」とのやりとりは，2学期10月に行われる運動会への伏線にもなっていることも多い。たとえば，「林間保育」の帰り際，「茜長」に託された宝が，その後何者かに盗まれ，それを取り返すために，競技に向かうということが行われる。

＊　　＊　　＊

以上，本章ではA幼稚園の成り立ちから，現在みられる象徴的な保育実践までを紹介した。ここではさしあたり，様々な背景やしかけものもと，「遊びこむ」保育を探究している実践であることを確認し，さらにどうやらリアリティとファンタジーについての考え方に秘密がありそうだということを理解しておこう。この不思議な実践をどう読み解いていくか，以降で詳しく検討していきたい。

注
1) 新垣が自身の立場からA幼稚園について考察した修士論文に付されている資料である。新垣論文は，A幼稚園についての数少ない先行研究である。新垣論文の成果と課題については後に詳しく検討する。
   新垣理佳（2006）「幼児教育における「仕事」の時間のカリキュラム開発―芸術表現活動と経済活動に重点をおいたカリキュラム―」，千葉大学大学院教育学研究科カリキュラム開発専攻，修士論文．
2) 50年の園のあゆみをまとめたものである（下記，写真）。このときすでに村谷は他界しており，内容については妻・玲子（当時，理事長）や過去の教諭などへの聞き取りをふまえ作成されている。執筆は，過去の園の事務員であり，ライターとしての経験もある者が担当している。物語風になっており，ある程度の分量もあり，読み応えがある。
3) 行事の紹介文や写真なども含め，計19ページの資料である。未公刊である。

4) ただし，個人情報に関わる部分や，出典が不明な引用文は省いている。
5) Ａの部分は，「Ａ幼稚園」のＡと同じ言葉である。
6) もともと本人は油絵科の受験を希望していたようなのだが，戦後の時代背景の中，周囲から画家よりは食い扶持に困らなそうな道を進められ，図案科を受験することになったそうだ。
7) 時代性もあるのだろうが，周囲との関係にも特徴がある。当時のＡ幼稚園では，卒園生が休日に絵を描きに園を訪れることを厭わなかったり，父兄からの要望に応えて大人向けの陶芸サークルをつくったり，村谷が美術史講座を園で開催したりということもあったという。
8) 原文では，Ａの部分は幼稚園の名前である。本文にて「Ａ幼稚園」という表記を用いているため，変更して記した。
9) 和光学園や白梅学園などで教鞭をとっていた。著書に，『あそびの誕生』誠文堂新光社（1973年），『幼児教育の計画―構造とその展開―』誠文堂新光社（1970）などがある。久保田の思想について詳しくは第3章でも確認する。なお，新垣（2006）は，論文中で「Ｔ教授」と記して紹介しているが，直接確認したところ，誤表記とのことである。また，仮名としていることには特に意図はないとのことであったため，本書では本名を記すことにした。
10) 入園案内「「生活」ということばをめぐって」から引用。
11) 原文ママ。「て」が脱字で，正しくは「ましてや」だと思われる。
12) ここでの「自分たち」という言葉は，子どもたちのことだとＡ幼稚園では認識されている。新垣（2006, p.5）は，この段落の文章の意味は「当該園の子どもたちが，子どもたち自身によって主体的に築いた生活を，当該園で主体的に営めるよう，教師は考え実践を行ってきた」とＡ幼稚園の保育者に解釈されていると述べている。
13) その後，未就園クラスの規模は少しずつ拡大してきている。
14) たとえば，音楽の素養があり，子どもがうたう歌を自作できる保育者がいる。子どもの関心や，その時の活動内容にあわせた歌をつくり，子どもたちと

一緒にうたっている。
15) 当園時間（9：00）前や，降園時間（基本的に 14：00）後などに，希望者に対して延長して保育を行っている。希望者数は日毎に異なる。多い時は全学年あわせて 20 名ほどである。正規の保育時間内の活動とは異なり，全学年を集めて保育がなされる。
16) 原文では，「A」の部分は幼稚園の名前である。
17) 現・園長は村谷のようにアートやデザインの専門家ではないため，たとえば自ら園舎の設計図を描くといったことはない。他方，家政学や長年の保育経験をもとに保育者らの相談にのっている場面が筆者の参与観察中にもよくみられていた。
18) この実践は，ある時期から A 幼稚園で毎年みられる実践となっている。筆者が参与観察をした期間にも必ず行われていた。なお，「おうち」という呼称は，新垣（2006）にならったものである。「おみせ」「まち」は，保育者がそのような呼称を日常的に用いていたことにならっている。
19) 保育者の子どもへのかかわり方については，「センスとタイミング」（新垣 2006，pp.50-53）が重要だと保育者間で言われているようである。感覚的な言葉ではあるが，自由で長い時間の中で，子どもの遊びの流れを切らず，より「遊びこむ」ことを促すためには，いつ・どのような素材を提示すればよいのか（センス），いつ・どのような仕方で声をかければよいのか，あるいは今はかかわらないようにすべきか（タイミング），という即興的な判断が重要となる。子どもに遊び方を委ねつつ，要所要所で「センスとタイミング」を発揮した援助がなされることが理想的だということである。
20) 面積は 1 〜 2 クラスの保育室と同程度である。中二階のような部分もある。かつては保育室として使われたこともあったそうだ。ところせましと大量の素材が保管されているため，写真ではどの角度から撮っても全体像を示すことができない。
21) 「おうち」づくりの経緯については，村谷（1989）や，前掲「50 ページの物語」に詳しく記されている。要点のみ記せば，1975 年頃，迷い込んだ小鳥や，自作の人形のために木工のおうちづくりが行われ，それが転じて子どもたちも入れる現在のような「おうち」づくりが始まったとのことである。年長の保育室全体に「おうち」が建ち並ぶようになったのは，1978 年頃だとされている。
22) もちろん，保育者の援助がまったくないわけではない。言い換えれば，「絶対に手を出さない」というルールがあるわけではない。個々の子どもの様子を見ながら，時に板を支えたり，釘を打つべき場所を指示したりということもある。
23) 筆者の観察では，「おうち」が「おみせ」となると，すぐに看板もつくられるということが多かった。保育者らに確認をしても，やはり早い段階で看板はつくられるとのことである。看板をつくりたいという声は，保育者が誘導せず

とも，子どもたちから出てくる。その理由は，第一には，実際の店舗の看板を見て子どもたちがそれを再現しようと思うからであろう。第二に，園内の「おみせ」の影響が考えられる。例年，ほとんどの「おみせ」には象徴的な大きな看板がついている。観察者である筆者も，観察2年目には「おみせ」に大きな看板があるのは当たり前だと思うようになっていた。そうした「おみせ」のつくりを年少・年中児から見ているため，子どもたちは「おみせ」を象徴するものとして，看板をつくり始めようとするのだと思われる。ただし，看板の素材や色使いには，その時々の子どもたちなりのこだわりがある。そのため同じ種類の「おみせ」であっても，その年によって趣の異なる看板がつくられる。

24) こうした経緯が成立しうるのは，「おうち」が木でつくられているということの意義が大きい。もし，「おうち」がダンボールなどでつくられていたら，いつの間にか壊れてしまったり，容易に移動させられたり，ということが想像される。「おうち」が，基本的には壊れないものとしてその場にあり続けることで，様々な可能性が開かれることになる。

25) 「ららぽーと」については，以下の公式ウェブサイト参照のこと。
http://tokyobay.lalaport.net/（閲覧日2016年11月11日）

26) ここでは便宜上「ごっこ」という言葉を使ったが，これほど大規模で，毎日恒例で，継続的な活動を「ごっこ」と呼んでいいのかという疑問がある。こうした点については第4章で論じる。

27) 年中においては，木の「おうち」は建てないまでも，簡易的な「おみせ」をつくる活動がみられる。歴史の中で，木の「おうち」づくりは年長だけで行われてきている。年少では，ダンボールや，出来合いの木枠などを活用しての「おみせ」が多い。

28) ミスタードーナツについては以下の公式ウェブサイトを参照のこと。
http://www.misterdonut.jp/（閲覧日2016年11月11日）

29) 「T」の部分はクラスの名前である。

30) 「A」の部分は幼稚園の名前である。後述のように園通貨が使われることもあり，銀行は毎年つくられる。

31) 「T」の部分はクラスの名前である。

32) 「T」の部分はクラスの名前である。

33) 本書末に，1年間の遊びの過程を担任保育者らがまとめた資料を付しておく。この資料は，3月に保護者らを対象に子どもたちの遊びの様子を公開する「生活展」で配られるものである。2011年度の年長クラスのものを付す。

34) 「ガバチョ」の導入については，新垣（2006）に詳しい。子どもの遊びが盛り上がったところで導入することもあれば，子どもから「ガバチョ」はどこにあるのかと問われることもある。前年度から，保管や活用方法について何かしらの決め事がある場合もある。何れにせよ，その年の子どもの状況に応じて判断される。

35) どうしても購入した商品をもって帰りたいという子がいることも想定されるが、筆者の観察時にはそうした様子はみられなかった。そうした場合にどうするかを保育者に尋ねると「その時はその時か」という回答が得られた。必ず商品を返すという明示的なルールがあるわけではなく、臨機応変に対応していくということである。
36) たとえば、店舗や商品を必ずしも必要としない活動であれば、継続されることもある。たとえば、新聞づくり、ステージでのショウなど。
37) 「酋長」という言葉には一部で蔑称であるという指摘があるが、そうした意図はない。

第2章

これまでの保育実践研究と
A幼稚園

　第1章では，A幼稚園の象徴的な実践を見てきたが，そうした事例を示すだけでは，「めずらしいことをしている幼稚園もあるんだなあ」「あんなふうに「遊びこむ」ことができたら，理想的だなあ」と表層的な共感をされるに留まってしまうだろう。もちろん，「うちの園とは考え方が違うから，カンケイない」と思われることもあるだろう。

　本研究の目論みは，単におもしろい実践を紹介するということだけでなく，この特徴的な実践とこれまでの保育実践研究との差異を探ったり，これまでにない新たな視座を描き出したりすることである。そのため，ここからさらに，A幼稚園の保育実践の構造や意義について掘り下げていきたい。

　しかしながら，この独特の実践を他の文脈に絡ませながら，しかも第三者へ向けて語るということは，これまでほとんどなされてこなかった。A幼稚園の実践を特徴的なものとしている要素は多々ある。一体，どのようなフレームでそれらを捉えていけばよいのだろうか。

　まず，この第2章では，これまでの保育実践研究との関連について考える。これまでの保育実践研究の枠組みからA幼稚園の実践はいかに語られうるか，また，いかに語りえないものであるかということを考えていく。

1. A幼稚園に関する先行研究

　A幼稚園の実践を追った先行研究には，創設者夫妻の娘であり，A幼稚園の教諭でもある新垣による2つの論文（2006, 2008）しかない。新垣は，

担任経験などを経た後，論文執筆時には主任という全体を統括する役割を園内で担っていた。園の理念や内部事情に明るい人物である。

まずは，このA幼稚園に関する先行研究の成果と課題をおさえ，議論の方向性を見出したい。

2つの論文のうち，新垣（2006）は，修士論文としてまとめられた「幼児教育における「仕事」の時間のカリキュラム開発―芸術表現活動と経済活動に重点をおいたカリキュラム―」である。A幼稚園の教諭への聞き取り調査によって導きだされた内容を中心にして，年長児の一年間の保育実践がいかにして成立しているかということの体系性な記述を目指したものである。

もうひとつ，新垣（2008）は，この修士論文を補足するような意味をもつ紀要論文「自由保育と課業的な行いのかかわりについて―土粘土での制作活動を例にして―」である。土粘土での制作活動を事例として，課業的に土粘土制作を行わせることが，その後の「自由保育」場面においていかなる意味をもつのかということを考察したものである。

新垣（2006）による先行研究

ここでは，A幼稚園の保育実践がより包括的に語られている前者の論文（新垣2006）について検討したい。

新垣の研究の問題意識は，A幼稚園では理念がわかりやすいかたちで明文化されていないため，保育実践の意義を検証することや，保育者の行為の解釈をつきあわせることが難しいということである。A幼稚園には「保育実践に先立って教師が綿密に保育活動を順序立てて計画するという意味での狭義のカリキュラム」（p.1）は存在しない。しかし，だからといって，A幼稚園の保育はいわゆる「放任保育」ではない。日々の保育は，個々の保育者による「経験的な事実に基づいて得られた法則」（p.1）によって進められているはずだが，その経験則はそれまで暗黙のものとされていた。そこで新垣は，「教師が解釈や再解釈を行う出発点に立つ」（p.2）ことを研究の目的と設定した。

新垣は，村谷が過去に語った言葉や，保育者らへのインタビューなどをふまえ，いくつかのキーワードを創出しながら，保育実践を成立させる理念に

ついて説明している。

　たとえば，本書・第1章でも触れた「センスとタイミング」というキーワードがある（pp.50-53）。この「センスとタイミング」という言葉は，新垣によればA幼稚園の保育者らにとって頻繁に用いられる言葉であり，そもそもは村谷が「自由保育」移行後に好んで使い始めた言葉だという。新垣は，「子どもの遊びの流れ」をどのように教師が見るか，そして，その場面で，子どもたちがより成長をするためには何を必要とするのかということを見いだす教師の感性を「センス」と呼ぶ（p.52），「加えて，その教師が見いだした物事が，子どもの「遊び」に必要となる的確な時を「タイミング」」（p.52）と呼ぶと説明している。

　他には，「リアリズム」というキーワードがある（pp.13-28）。村谷が「本物の素材」にこだわっていたことは先に確認したが，この「リアリズム」はそうしたこだわりを表すような言葉である。新垣が事例として挙げているのは，寿司屋を真似て遊んでいた子たちのところに，本物の寿司桶を提示したというエピソードである（pp.15-16）。子どもたちがリアルな寿司をつくろうと日々没頭しているという話を聞いたある父兄が，本物の寿司桶を寄贈してくれるということがあった。子どもたちの創作だけでは到達できない「リアリズム」が提示されたのである。すると子どもたちは「わぁ〜本物の寿司みたい」（p.16）と感激し，創作意欲がさらに高まったという事例である。ただし，闇雲に「リアリズム」を提示すればいいというわけではないことも付されている。「リアリズム」の提示の際に重要となるのは，「センスとタイミング」だということである。

　このような新垣の試みは，これまで明文化されていなかった保育者の営みについて，前掲のキーワードなどを用いて語ることを可能にした。「教師が解釈や再解釈を行う出発点に立つ」という当初の目的からすれば，ある程度の成功を収めていると考えられる。筆者が参与観察を始めたのは新垣の論文が提出された後からであるが，学期末ごとに開催される反省会などにおいて，「センスとタイミング」「リアリズム」という言葉は時折耳に触れるものであった。新垣の研究によって，A幼稚園の保育者らが自らの保育実践を語る言葉を獲得したといえよう。

新垣（2006）の課題をどう捉えるか

　一方で，新垣は研究の課題をいくつか挙げている。

　そのひとつは，記述の不十分さ・不正確さである。新垣は，「筆者自身の力量不足から，当該園の保育実践を成立させている要素を十分に描ききれていなかった」(p.140) ということを示唆している。論文の草稿について，他の保育者から「文章にすると事実から遠くなる印象をもつ」(p.139)，「自分たちの経験した事実が，あたかも遠くで行われたよその人の出来事であるかのような印象を受ける」(p.140) という意見が一部寄せられたとのことである。また，さらに，「当該園の教師たちと筆者との間で，何らかの捉え方における差異があったことも理由の一つ」(p.140) とも述べる。

　新垣はこうした点を課題の筆頭として挙げているが，記述が不十分かもしれないという課題は，記述した後にしか見えてこないものである。たとえば「センスとタイミング」についての捉え方に差異があるということは，「センスとタイミング」という言葉が明示されて初めてわかることであり，その差異を「センスとタイミング」という言葉を用いて問えるようになったということ自体は，「教師が解釈や再解釈を行う出発点に立つ〔傍点筆者〕」という研究の目的からすれば，成果と捉えてよいはずである。日頃，園内での実践を進める上でも，大きな障壁となるような課題ではないはずだ。

　むしろ，私たちが理解すべき課題は，園内で起こる課題ではなく，園外で起こる課題である。

　新垣の目的は，あくまでＡ幼稚園の「教師が解釈や再解釈を行う出発点に立つ」というものであった。つまり，Ａ幼稚園によるＡ幼稚園のための研究という範囲を越える成果までは求められていない。実際，Ａ幼稚園の保育実践と，他の保育実践との接点や差異についてはほとんど言及されていない。事例や資料も，Ａ幼稚園関係者のみが真に解せるような言葉や史実をもとにしたものが中心である。

　そのため，せっかく示されつつあるＡ幼稚園の実践が，保育実践研究の中には位置づかないという課題が生じている。このことは，新垣自身も「自由保育をめぐる歴史的な議論などについても学び，このような実践の成立に至る歴史的な文脈にも目を向けるといった文献研究的な側面からの検証も，

本研究の課題として加えなければならない」（p.141）と論文末尾に付していることでもある。

　この課題の意味を，比喩的な物言いでも語ってみたい。A 幼稚園による A 幼稚園のための研究が進むことで，A 幼稚園ではその内で理解できる言葉の洗練が進む。しかし，外からはその言葉の具体的な意味が分からず，いわば A 幼稚園という「ガラパゴス」を発見できないということが起こる。また，このことは，A 幼稚園が独自に実践の解釈を深めすぎるということであり，外へ向けて A 幼稚園の実践を語る言葉を失い，再帰的に，A 幼稚園の実践の特徴を語れないということにも陥りかねない。

　新垣は他に，村谷の思想をさらに追うことや，過去の保育者への追加調査を行う必要があることも課題として挙げているが，こうした課題は，やはり園による園のための課題だと捉えられるものである。また，現状では，第三者が新垣以上に村谷についてのエピソードを集め，具体的に解釈することは困難であろう[1]。

　以上のことをふまえると，新垣の研究は，園内へ向けた研究としては大きな成果をあげている一方，園外へ向けた研究としては課題があるものだと解釈できる。したがって，議論の方向性としては，新垣の研究をひとつの成果としつつ，外側にあるより広い枠組み，すなわちこれまでの保育実践研究と A 幼稚園の保育実践との接点を明らかにしていくことが求められることになる。園の外にいる私たちは，新垣の設定した「出発点」から，新垣の想定しない方向へ進んでいかなければならない。

2. 保育研究における「実践性の高まり」

　では，これまで保育実践なるものはどのように研究されてきたのだろうか。広く，歴史的な流れから迫ってみたい。

　柴崎（1997）は，昭和 23 年（1948 年）に日本保育学会が設立されて以降の保育学の研究動向を，「客観的科学としての保育学の探求」と「人間学としての保育学の探求」に分けながら，過去の言説をまとめている。以下，柴崎によるまとめをたよりに確認していきたい。

「客観的科学としての保育学の探求」は，学会の創設から昭和50年代までの研究の方向性だったとされる。柴崎の紹介によれば，守屋（1985）は当時の保育学について，「従来，科学としての独自性および体系づけが不十分であった保育学が，学として体系づけられ，定着していくように，保育学の構築へ向けて論理的，実証的研究をつみあげていかなければならない」（p.4）と述べており，また，日名子（1991）は，「保育を経験的，試行錯誤的な日常的行為から次第に科学性を備えた行為へと改めて考えなおそうとする動きが生じてくるのは当然のことである」（p.16）と述べている。これらの言説から分かるように，「客観的科学としての保育学の探求」という方向性は，それまで保育者の経験則にもとづくような営みであった行為を，客観的・科学的に捉えなおそうとするものであったと言える。しかし，柴崎は，「この頃の保育学は科学性を唱えてはいてもまだ独自の方法論が確立されたわけではなく，教育学，心理学，医学などの方法論を乳幼児を対象に用いていたにすぎない」（p.141）と評している。保育という営みは，学問分野それぞれの関心や方法において切り分けられて探求されてきたということだろう。

　その後，「客観的科学としての保育学の探求」は，「人間学としての保育学の探求」へと転換していく。「西欧的科学中心主義の問題点が明らかになり，自然科学と人文科学ではその方法論的パラダイムが異なることが指摘されるようになると，乳幼児という人間を対象にする保育学の学問的な在り方をめぐる議論がなされるようになってきた。昭和60年代になり，ようやく保育学独自の方法論を探る動きが出てきた」（pp.141-142）とのことである。

　そこで柴崎は，その議論の中心的な役割を果たしたとされる森上（1987）の言説を紹介している。その森上は，「児童研究は"科学的に"ということだけに関心が向かい，実験法，観察法，調査法などにおいて，自然科学的な精密な方法がもちこまれるようになりました。しかも大量のデータを統計的に処理し結論づけるというようなやり方が一般的になり，次第に生きた子どもの姿から遠ざかっていきました。その結果，科学的研究が逆に保育を束縛し，制約するという珍奇な減少をまねいたのです」（p.11）と，「客観的科学としての保育学の探求」を批判する。その上で，「真の児童理解は，子ども

との関係の中に身を置いて,かかわりをもちながら,その中で子ども自身の枠組み(見方・感じ方)に従って理解する必要がある」,「子どもによって感じられている世界に接近していく方法を"現象学的方法"と呼んでいます。〔中略〕このような現象学的理解なしには,日常の子どもとのかかわりが,意味のある対応にはなり得ないのです」(p.11)といったことを主張している。

このように,保育に関する研究においては,諸科学の観点にあわせて子どもの様子を解していくような研究から,子どもとのかかわりの中から意味を生成していくような現象学的,人間学的な研究の方向性が志向されるようになってきた。こうした研究は,津守真らによって具体的に試みられてきたとされる[2]。また,榎沢(1994)が「保育の行われている状況を取り上げ,そこに実存する子どもと保育者との関係も含めて,研究者自身もその状況に身を置きながら分析することが必要」(p.53)と言うように,保育学独自の方法論が探られてきた。また,柴崎による記述には,榎沢の紹介部分から「保育実践」という言葉が見られるようになる。「客観的科学」として保育の場面を切り分けて論じるのではなく,「保育実践」を全体的,包括的に捉える視点が求められてきたのであろうか。

森上(1994,pp.61-66)は,こうしたパラダイム転換を受けての保育実践研究の方法について,「参与観察」「分厚い記述」「省察」の3点を挙げている。実践者だけでなく第三者に「参与観察」として関与してもらい,「特定の園文化の枠組み」[3]を解きほぐすということと,断片的な出来事ではなく,意味の脈略を捉えつつ「分厚い記述」を行い,それをもとに「省察」していくことが重要だと述べている。

しかし,柴崎はこうした方法論を評価しつつも,「具体的な検討の仕方ないし視点はまだ明らかにされていない」(p.144)と述べる。「人間学としての保育学の探求」という方向性には可能性があるが,その検討の仕方はまだ定まっていないということであろう。

さて,ここまで柴崎によるまとめをたよりにしてきた[4]。この内容は,柴崎独自のものというわけではなく,広く一般に認知されていることであろう。他にも,たとえば無藤(2003a)は,「実践性の高まり」という言葉を用

いながら，実践的な研究のあり方を説いている。無藤によれば，従来は教育史研究やカリキュラム研究などが保育研究の中心であったが，津守真らの研究が先駆となり，保育実践の現場を観察し，そこでの事例から理論をつくりあげていくというアプローチが確立してきた。その傾向を，無藤は「実践性の高まり」と表現している。

　このように，保育に関する研究は「客観的科学としての保育学の探求」から「人間学としての保育学の探求」へと転換し，保育実践そのものに焦点が当たるようになってきた。また，「参与観察」「分厚い記述」「省察」などをとおして，保育実践を可能にしている「特定の園文化の枠組み」を意識化していくことの重要性が認識されるようになってきた。

　こうした過去の研究の流れは，筆者によるA幼稚園での参与観察に合致するところが大きい。こうした保育実践研究の流れの延長として，A幼稚園での参与観察を位置づけたい。そのためには，パラダイム転換以降の保育実践研究の成果にならうべきことが多くあるはずだ。

3. 保育実践に関するエスノグラフィー

　しかしながら，保育実践に関する研究の中で，「特定の園文化の枠組み」にまでふみ込んでの「参与観察」「分厚い記述」「省察」を行った例は豊富とは言えない。独自性ある実践を取り上げた示唆深い文献[5]はいくつかみられるが，実践のエピソードを追うことが中心となっている。また，「参与観察」「分厚い記述」「省察」などと接点があると思われる質的研究の中には，柴坂・倉持（2009），関根（2010）などの研究があるが，柴崎・倉持においてはお弁当の場面における仲間関係，関根においては幼児の発話と身振りが関心事となっている。調査の場面は限定的であり，特定の園の保育実践の全体像を明らかにしようとすることを志向した研究ではない。

結城（1998）による先行研究

　そうした中，日本の幼稚園の保育実践の構造を明らかにしようとする研究としては，結城（1998）によるエスノグラフィーがある。結城は，都内に

あるS幼稚園において10ヶ月のフィールドワークを行い，「幼稚園生活を形成し維持する「仕組み」」(p.3)を明らかにしようと試みている。「あたりまえの風景を構成するこれら諸々の事象は，一見バラバラなもののようにみえるが，幼稚園では，それらの事象が整合性あるものとして成り立っている。そこには，どのような「仕組み」があるのだろうか」(p.2)という問いにもとづく研究である。「特定の園文化の枠組み」にふみ込もうとする研究だと言える。

この研究については，学会誌上で次のような書評が書かれている。たとえば，稲垣(1999)は，『教育社会学研究』上で，「近年，教育におけるエスノグラフィー研究が，方法論をめぐる議論から具体的な教育成果を提出する方向へと展開しているなかで，本書は，幼稚園を対象として行われた数少ない完成度の高いエスノグラフィーのひとつである」(p.232)と書いている。また，森上(1999)は，「『教育学研究』誌上に論文，もしくは書評としてとりあげられるものの多くは，教育史や教育思想，教育理論などに関するものであり，実践的研究に関するものが掲載されるということは稀である。その点で本書は久々に実践を対象にした研究であり，大きな期待をもって読ませていただいた」(p.124)と書いている。結城の研究の独自性や完成度が高く評価されていたことが窺える。

そこでまずは，この結城の研究を取り上げ，A幼稚園の保育実践を読み解く視座についての示唆を得られないか検討したい。

(1) 概要

結城は，自身の研究とその他の先行研究との相違点を「本書のねらい」(pp.1-7)の中で，次のように説明している。

まず，「幼稚園での生活の様子を記述し，その記述のなかから，幼稚園の生活を形成し維持している「仕組み」を探りだす」(p.3)といった研究は，それまであまり行われてこなかったとのことである。これは，「人間学としての保育学の探求」の難しさを示唆しているように思われる。

そして，そうした中でも，幼稚園生活に関する先行研究は以下の3つに大別されるという。それは，「教育学的研究」「発達心理学的研究」「教育社会

学的研究」の3つのタイプである。「教育学的研究」とは、「集団づくり」「環境づくり」に関する研究のように、教授・学習活動を充実させ教育効果を高めるための集団の形態や構造について検討するものである。「発達心理学的研究」とは、集団の形態や構造が子どものパーソナリティや学級の雰囲気に与えうる影響について検討するものである。「教育社会学的研究」とは、保育者が無意識的に用いている性別カテゴリが、子どもとのかかわりに与えうる影響について検討するものである。結城は、こうした諸研究について「学級や学校における集団編成の形態と機能について、それぞれに重要な知見を蓄積している」(p.3)と肯定的な評価を述べている。

その一方で、結城が自身の研究の独自性を主張するのは、これまで個別に研究されてきた「集団づくり」や性別カテゴリなどといった諸要素すべてを、幼稚園生活を構成する要素として捉えていくとする点である。すでに存在するある特定の概念に事象をあてはめていくのではなく、「先生が子どもを個人あるいは集団の一員として扱う様相を多角的かつ総合的に抽出し、それらの要素がひとつの仕組みのもとで相互に関連しながら、幼稚園生活を成り立たせていることを示す」(pp.3-4)という研究が志向されている。こうした研究の方向性は、「客観的科学としての保育学の探求」から「人間学としての保育学の探求」へのパラダイム転換によりそったものだと解することができよう。

そのために結城のとった方法が、エスノグラフィーである。結城自身も研究の方法を示す節で述べているが、エスノグラフィー研究では、現場にある様々な要素を総合的に解釈しながら概念をつくりあげていくことが重要であり(佐藤 2006)、「現場に根拠を置く理論(Grounded Theory)」(Glaser & Strauss 1967)の構築がなされることが目指される。具体的な方法については、「S幼稚園で平成2年度3学期から10ヶ月間のフィールドワークをおこなった。あるときは先生の手伝いをしながら、あるときは子どもと一緒に遊びながら、1日の保育の様子をできるだけ網羅的かつ詳細に記録をとった」(p.5)と述べられている。

なお、結城が「日本での一連の研究のなかで、幼稚園教育段階を研究対象とするはじめての研究となる」(p.4)と自身の研究について述べているよう

に，この研究は「参与観察」「分厚い記述」「省察」の方法をとった具体的な事例であると期待される。

（2）成果

結城は幼稚園での日常生活を成り立たせている「仕組み」はどういうものなのかという関心から研究を始めている。ただし，日常生活といっても様々な側面がある。結城が注目したのは，集団活動のあり方についてである。「あたりまえ」のように子どもたちは集団生活に馴染んでいくわけであるが，その集団を形成し維持する「仕組み」とはいかなるものなのかということが問題意識として記されている。

では，S幼稚園にはどういった「仕組み」があるのか。たとえば，入園式における保育者のねらいについてのインタビューや，子どもの様子のエピソードなどが例とされ，そこで「非日常的」な入園式を行うことの意義が考察されている（pp.10-30）。子どもたちは入園1日目から「ちゅうりっぷさん」のように自分の名ではなく，いきなり集団の呼称で呼ばれることになる。オリエンテーションのように具体的な手ほどきを受けて入園するのではなく，集団としての「シンボル」を与えられるというイニシエーションによって集団生活に誘われる「仕組み」があるということである。このように，集団生活を成り立たせている「仕組み」の解釈が続けられる。他には，「リトミック」「おはじまり」「ゲーム」などS幼稚園でルーティーンとなっている活動に焦点があてられていく。

結城の分析で特徴的なのは，S幼稚園の実態から次の概念を生成したことである。それは，「目に見える集団」と「目に見えない集団」という2つの集団を保育者が意識しているということである（pp.152-166）。「目に見える集団」とは，活動の単位として保育者が自覚的に設定する集団である。たとえば，ゲームをする際のグループ分けで，技能の差などを考慮して分けられた集団である。名札やはちまきなどの色で分けるなど，可視的である。「目に見えない集団」とは，主に逸脱行動をとる子を匿名にして非可視的に設定した手段である。「おまめさん」「お姿勢の悪い子」などのように，不特定多数の集合体として扱われ，自発的な行動修正へと促そうとするものである。

逸脱行動をとる子どもたちを暫定的に「目に見えない集団」として「排斥」し，「自発的」な行動修正を促し，「目に見える集団」に包摂していくというプロセスが集団形成のためにとられる。

　結城の研究の成果は，「目に見える集団」だけでなく「目に見えない集団」が集団の形成に大きく影響を与えうることを明らかにした点である。Ｓ幼稚園に限らずとも，保育実践を「あたりまえ」のものとして見ると，どうしても「目に見える集団」のあり方に注目が集まってしまうはずである。子どもの能力差をふまえどういう集団を設定したのかということや，人数やグループ数はどれくらいが望ましいのかということについつい関心がいってしまうだろう。しかし，そうした「目に見える集団」の形成には，「目に見えない集団」の「排斥」と「包摂」のプロセスが欠かせない。「目に見えない集団」は文字どおり「目に見えない」ものであり，保育者も暗黙のうちに設定していることが多いものである。そこで，「排斥」ひいては「排除」の要素が強くなってしまい，「包摂」までのプロセスを軽視してしまっては，一部の子どもたちは最終的に集団から逸脱しつづけることになってしまうだろう。「目に見えない集団」を暗黙のうちに設定していることに自覚的になり，「包摂」までのプロセスをとろうとすることが，集団生活の維持には欠かせない。それがうまく機能していることが，Ｓ幼稚園の保育実践を成り立たせる「仕組み」ということになる。

　このように，結城は保育実践中のエピソードや，保育者らへのインタビューをとおして，意識されづらい集団維持の「仕組み」を明らかにした。実践の場から意味を生成していかなければ見えてこないはずの点であり，その点に研究の独自性や成果があったと言えよう。

(3) 本研究とのフレームの違い

　「特定の園文化の枠組み」に迫ろうとする研究のひとつとして，結城の研究の成果に学んだ上で，本研究との相違点を探り，Ａ幼稚園の保育実践を読み解く視座を探っていきたい。

「同質原理」か「異質原理」か

　第一に，結城は，S幼稚園のことを，「「あたりまえ」の風景が日々くりひろげられる，日本の伝統的な幼稚園」（p.5），あるいは「長年の試行をへて，多くの日本の幼稚園を代表するまでになっている」（はしがき p.1）と捉えているが，S幼稚園が日本の代表的な幼稚園かということについては，一考の余地がある。

　一般に，日本の保育実践は多様だと言われる。たとえば，Holloway（2000）による指摘がある。Hollowayは，日本の幼稚園でのフィールドワークをとおして，園のタイプを「関係重視型」「役割重視型」「子ども重視型」の3つのタイプに分類している。それぞれのタイプは「教育方針とクラスの構造」に関する諸カテゴリにおいて，相違点や類似点がある。さらに，そうした違いを生み出す背景には「経済階層」「宗教」「経営母体（公・私立）」があると分析されている。

　Hollowayの訳者である高橋（2004, pp.5-6）によれば，Hollowayの指摘があった以前，1980年代から1990年代にかけて，日本の保育実践は欧米の研究者から次のようなイメージで語られてきたという。それは，自由遊びが中心，教科学習的なカリキュラムは少ない，教師はやさしく子どもを叱ることも少ない，子どもたちは楽しくのびのびとした幼児期を過ごすことができる，さらに小学校に上がれば一転して高い学力があることを見せる，といったイメージである。高橋はこうしたイメージを「単純化された図式」「バラ色のイメージ」だと表現している。一面的に，肯定的に捉えられてきたということである。

　Hollowayの主張は，実際には，日本の保育実践には「明るいバラ色もあれば暗い色もある」（高橋 2004, p.8）ということ，つまり多様性があるということを示すものである。「単純化された図式」「バラ色のイメージ」だけで語れるものではないというものである。Holloway自身は，こうした日本の保育実践の多様性を「しめ縄」と比喩する。しめ縄は，遠くから見れば一本の太く力強い縄であるが，近くで見れば細い藁紐の集まりである。日本の保育実践も，マクロレベルでは統一性ある「しめ縄」であっても，ミクロレベルでみれば，その実は一本一本の藁紐のように様々な姿を見せるものだと

いうことである。

　Hollowayの主張には，データが十分ではないという指摘や，解釈の妥当性についての懐疑といった批判が一部あるものの，日本の保育実践が多様であるということ自体には，多くの賛同を得られるのではないかと思われる。たとえば無藤（2003a）は，「日本の幼稚園・保育所について，国立大学附属幼稚園や公立幼稚園の一部しか訪問しただけでは見えない，多様性の実情に迫っている」（pp.104-105）と Hollowayを評している。日本の保育実践が多様性あるものであるならば，その保育実践の構造や意義を一般化して示すことには慎重にならなくてはならないはずである。

　また，森上（1999）は，結城への書評の中で，「むしろ，最近では幼児の発達的特性に即し，生涯発達的視点に立って幼児の発達を支援しようとする幼稚園が増加してきている。とくに現行の「幼稚園教育要領」ではその基本として「幼児の主体的な活動を促し」「幼児一人一人の特性に応じ発達の課題に即した指導を行う」ことを強調しており，そうした方向へと実践を改革していこうとする取り組みが全国的に増えてきている」（pp.125-126）という指摘をしている。

　全国的な増加傾向がどの程度なのかは正確にはわからないが，幼稚園界がこうした傾向にあることは想像に難くない。平成元年の幼稚園教育要領では，子ども中心の保育のあり方が打ち出され，子どもの主体的な遊びを重視するといった理念にもとづく保育のあり方が様々に議論された。また，イタリアの小都市であるレッジョ・エミリアで行われている，子どものアート活動を基盤としたレッジョ・アプローチが「世界最高水準の教育実践」として注目を集めたり，近年でも日本において「森のようちえん」のような自然体験や感性・創造性の育成を重視した実践が注目を集めたりしている。S幼稚園のような集団性を重視した保育とは異なる種類の保育の重要性が理解されてきている。

　さらに，S幼稚園の保育実践は，A幼稚園の保育実践とは特に大きく違っていると言える。結城は研究のまとめとして，S幼稚園には「「個人の差異を見せないで，どのような特性をもつ子どもにも平等に，活動の機会と学習の達成レベルを保証する」という平等主義的な教育理念」（p.185）があると

している。理想的なひとつの集団像が想定されており，社会ネットワーク研究でいうところの「同質原理（ホモフィリー）」[6]にもとづく集団を志向していると言えよう。一方，A幼稚園では第1章でみたように，子どもたちの小集団がそれぞれ違う「おみせ」をつくり，それぞれが必要に応じてゆるくかかわりあいながらひとつの集団を形成していく。「同質原理」に対応させて言えば，「異質原理（ヘテロフィリー）」にもとづく集団形成が望まれている。

　安田（2011）などによれば，「同質原理」にもとづく集団形成においては，その集団がいかに結束しうるかが注目され，「異質原理」においては，いかに小集団同士が「橋渡し」されているかが注目される[7]。結城が「目に見える集団」と「目に見えない集団」の概念から説明しようとしたのは，前者だと言える。同質的な集団結束メカニズムの理解のために，「目に見えない集団」にも陽をあてることが必要だということである。この集団理解の仕方は，「異質原理」的なA幼稚園の保育実践を取り上げようとする本研究の方向性とは異なるものである。本研究では，結城とはまた異なった分析のフレームを探らなければならない。

どのレベルで遊びを捉えるか

　第二に，遊びの様子を研究の対象とするか否かという違いがある。この言い方には説明が必要であろう。確かに結城は，「リトミック」や「ゲーム」など遊び（実践）の様子を記述している。

　結城の主たる関心は，S幼稚園の様々な活動を成り立たせている集団維持の「仕組み」である。そのため，保育者の行為や子どもの反応は，集団の維持のためにどう機能しているのかという観点から分析される。そこでは，遊びの中で，子どもたちや保育者たち個々が，何を楽しみ，何に驚き，何を面白いと思ったかといった観点については触れられていない。特に，子どもひとりひとりの興味・関心や，遊びの楽しみ方，遊びにおける試行錯誤の過程などについては，ほとんど触れられていない。

　結城の関心は，集団の維持に関する「仕組み」であるため，遊びの世界の解明までは求められない。研究のねらいに応じてのことなので，そのこと自

体は否定も肯定もできない。他方，A幼稚園においては，実践例自体に特徴があるものであり，その遊びの世界を解明することは避けられない。ここにも，本研究の文脈と結城の研究との違いがある。

本研究への示唆

さて，ここまでの考察をふまえると次のことが導かれる。結城の研究は，「参与観察」「分厚い記述」「省察」といった「人間学としての保育学の探求」「実践性の高まり」の先に位置づけられるものである。そうした方法論は，A幼稚園での研究にも参考になるものである。ただし，結城の関心が集団の維持に関する「仕組み」であったために，遊び（実践）成立の仕組みを説明しようとする本研究とは，実践を読むフレームが異なっている。本研究では，「参与観察」「分厚い記述」「省察」といった方法論は踏襲しつつも，A幼稚園用の新たなフレームを用意する必要がある。

4. 保育実践の多様性の中での独自性

結城の研究についての検討で，日本の保育実践の多様性という観点が導かれたり，A幼稚園の特徴ある遊びそのものに迫ることの重要性が示唆されたりした。ここで，A幼稚園の保育実践の特徴は，この多様性の中においてどう位置づくものなのかを確認しておきたい。

先に引用したとおり，Hollowayは幼稚園の多様性を「教育方針とクラスの構造」において特徴づけている。具体的には，「保育の単位」「発言の構造」「日常生活の決まった手順の利用」「行動をコントロールする方法」「教師・友達との情緒的な関係」「自己と集団の概念」というカテゴリが設定されている。

これらのカテゴリは，カテゴリ化されているという意味において当然のことではあるが，そのひとつひとつが保育を成立させている諸要素ということになる。保育全体を，「保育の単位」「発言の構造」などのある一面から切り取って，その面に関することのみを解釈したものである。こうした分類方法からすれば，日本の保育の多様性とは，それぞれの面において類似点や相違

点があるがゆえの多様性ということになる。

　他方，A幼稚園の保育実践は，こうしたカテゴリからでは語り尽くせないようなものである。もちろん，「保育の単位」「発言の構造」など各カテゴリにおいて，何かしらの傾向にあてはまるということはある。それでも，たとえば仮にA幼稚園が「関係重視」型だったとしても，他の「関係重視」型の園では，おそらく「おうち」を建てることも基本的にはないだろうし，ある日突然，保育室に矢がささっていることもないだろう。

　すなわち，本研究においては，A幼稚園の保育実践の特徴は，保育を切り分けた諸要素の組み合わせとしてではなく，保育実践として捉えられる事例そのものとして捉えられるべきである。実践を読み解くフレームとしては，保育実践を諸要素に分けたHollowayのような言葉を用いるのではなく，もう少し実践そのものを包括的に語りうる言葉を用いて具体的な検討をしていくのがよいのではないか……と思われる。

　では，それはどのような言葉だろうか？

注
1）　解釈の難しさについて補足する。新垣が「当該園の教師たちと筆者との間で，何らかの捉え方における差異があった」という課題を挙げていたことを先に確認したが，この差異の解釈も第三者には難しい。新垣は，創設者の娘であり，現園長夫人であり，主任という立場でクラスをもたず全体を統括する役割を担っていた。また，創設者である村谷はデザイナーであり，その村谷の思想がA幼稚園の理念の基礎となっていることを新垣は指摘しているが，新垣自身も芸術に造詣が深い（園の保育者らは，基本的には芸術の専門家というわけではなく，一般的な短大・大学の幼稚園教諭養成課程を出た者である）。加えて新垣は，本人が冗談めいて言うには，数年を海外で放浪して過ごすなど，破天荒な半生を送っているようでもある。新垣と他の保育者では，立場も異なるし，ものごとを判断する価値観も大きく異なっている可能性がある。だとすると，「当該園の教師たちと筆者との間で，何らかの捉え方における差異があった」という記述については，単純にものごとの捉え違いがあって，何度も反省を重ねれば本質へたどり着くということではなく，ものごとを捉えようとする思考フレームが決定的に異なっているのではないかという解釈も可能である。つまり，新垣は，研究の目的を「教師が解釈や再解釈を行う出発点に立つことを目的とする」としていたが，その「教師」とは，実質は新垣のことだったと解せる可能性もあ

る。
2）　たとえば，次の文献などを参照のこと。
　　津守真（1997）『保育者の地平―私的体験から普遍に向けて―』ミネルヴァ書房
3）　森上（1994）は，子どもの日常生活の文脈を詳しく知ることができるという意味では，実践者の立場から保育実践を研究することが望ましいが，一方で「実践者は特定の園文化の枠組みにしっくりはまって生活しているために，そこでの慣習や出来事について深く考えないで無意識に対応していることがあるかも知れません」（pp.65-66）と言い，「特定の園文化の枠組み」を解きほぐすという観点の重要性を示唆している。
4）　本書の執筆が終わった後に刊行された『保育学講座1―保育学とは　問いと成り立ち―』（東京大学出版会）に，より詳細な記述がある。
　　柴崎正行（2016）「保育内容とカリキュラムの変遷」，日本保育学会編『保育学講座1―保育学とは　問いと成り立ち―』東京大学出版会，pp.147-175
5）　例としては，次のような文献がある。
　　柴山愛子・青山誠（2011）『子どもたちのミーティング―りんごの木の保育実践から―』りんごの木
　　今村光章編著（2011）『森のようちえん―自然のなかで子育てを―』解放出版社
　　あんず幼稚園編・宮原洋一撮影（2012）『きのうのつづき―「環境」にかける保育の日々―』新評論
6）　「同質原理」および社会ネットワーク研究については，安田（2011）を参考にした。「同質原理」とは，「自分に似通った性質を好むこと」（安田2011，p.68）である。すなわち，「同質原理」にもとづく幼稚園では，子どもたちが同じような行動をとり，同じような価値観をもつ集団が形成されていくことになる。
　　安田雪（2011）『パーソナルネットワーク―人のつながりがもたらすもの―』新曜社
7）　「橋渡し」については前掲の安田（2011）に詳しい。「橋渡し」とは，同質的な集団同士を結ぶ役割の人やそのネットワークのことである。A幼稚園においては，個々の「おみせ」はある程度同質的な集団であるが，それぞれがまったくかかわらないということはなく，それとなく「橋渡し」されていると言える。

第3章

拡散する「自由保育」言説

　ここまでの議論で，A幼稚園の保育実践の特徴を語るには，保育を要素に切り分けて捉えるような言葉ではなく，実践そのものを包括的に捉えるような言葉を用いるのがよいだろうと示唆された。

　では，そうした言葉を選ぶとして「自由保育」という言葉はどうだろうか。

　「自由保育」に注目する理由は次のとおりである。ひとつは，「自由保育」という言葉が，辞書的な意味において「子どもの自由な活動を尊重するという保育理念に基づく保育」（田代 2008, p.108）と説明されるように，保育実践全体に通底するものを説明しうる言葉だと思われるものだからである。もうひとつは，A幼稚園の保育実践が「一斉保育」から「自由保育」に移行してきたものだとされ，その時期の試行錯誤が現在の保育実践にも大きな影響を与えているとされるからである。また，先に確認したように，新垣（2006）においてはA幼稚園が前提とする「自由保育」の理念が過去の「自由保育」言説とどう結びつくのか検討されておらず，その接点を探ることが課題とされている。これまでの議論の流れからしても，A幼稚園によりそった研究としても，「自由保育」の意味について検討しておくことは重要だと考えられる。

　ただし，結論から言えば，「自由保育」という言葉の意味は拡散しており，その言葉からA幼稚園の保育実践の特徴を理解しようとするのはなかなか難しい。以下，「自由保育」という言葉からの解釈の難しさについて考えていきたい。

1. 形態としての「自由保育」

　はじめに，辞書的な意味を再度確認しておこう。田代（2008）は，『保育用語辞典』の「自由保育」の項目において，次のような説明をしている。

> 　自由保育ということばは，子どもの自由な活動を尊重するという保育理念に基づく保育である。しかし，自由な活動，すなわち自由遊びという活動形態と混同されることによって，一斉保育との対比で用いられてきた経緯がある。(p.108)

　また，対比的に用いられるとされる「一斉保育」については，次のように説明されている。

> 　同年齢の子どもたちに同じことを，同じ方法で行うことによって，保育者が身につけて欲しいと願うことを子どもたちが効率よく身につけ，また指導の平等につながるという保育者の指導上の利点から発想される保育が一斉保育である。(p.108)

　「自由保育」を捉える上では，「一斉保育」との対比で捉えることが重要だと言われている。この対比が一般にも浸透していることは，様々に指摘されている。河邉（2005, p.8）は次のような例を挙げている。

> 　「自由保育」「一斉保育」という用語は一般社会にもかなり浸透していて，親が入園を控えたわが子の幼稚園を探すときにも「自由保育の幼稚園にしようか」「一斉保育の幼稚園にしようか」というのが１つの指標になっている。保育者を目指す学生も「私は自由保育の園に就職したい」とか「実習先の幼稚園は一斉保育だった」と言ったりする」と述べている。

　他にも，中坪（2009, p.66）が似た例を挙げている。

第3章 拡散する「自由保育」言説

わが子の幼稚園入園を控えた保護者がいう。「うちの子は、自由保育の幼稚園に入園させようかしら？ それとも一斉保育の幼稚園がいいかしら？」。幼稚園の先生をめざして勉学中の学生がいう。「私は、できれば自由保育の幼稚園に就職したいわ」「私が行った実習先は、一斉保育の幼稚園だったわ」。このように「自由保育」「一斉保育」という用語は、けっして「幼稚園教育要領」や「保育所保育指針」のなかで規定されているわけではないものの、日本の幼稚園の保育形態をさし示す言葉として定着しているように思われる。

このような同様の記述が複数見られることからすると、「自由保育」と「一斉保育」との対比で保育実践を捉えることは——その是非はあるものの——日本では広く定着していることなのだと理解していいだろう。

また、中坪が「保育形態」という言葉を用いているように、「自由保育」と「一斉保育」の対比に関する言説は、保育の形態（すなわち、外形、見てわかるもの）に関する言説として示されることが多い。たとえば、河邉は、「自由保育」と「一斉保育」の形態の違いを、園の一日の流れを例にして示している［表3-1］。こうした二項対立的な対比をみると、「自由保育」では子どもに委ねられる自由な遊びの時間が多く、「一斉保育」では集団単位で取り組む課業的な活動の時間が多いことがわかる。

このように、保育形態のひとつとして、「自由保育」が語られることがあ

表3-1 「自由保育」と「一斉保育」の一日の流れ

A園（自由保育）	B園（一斉保育）
・ 登園・遊び ・ 片づけ ・ 弁当・終わった子から遊び ・ 片づけ ・ クラス全体の活動 ・ 降園	・ バス登園、体操着に着替えて自由遊び ・ クラスの活動（英会話・体操） ・ 弁当 ・ 鼓笛指導 ・ バス降園 ・ 希望者は預かり保育（ピアノ教室・英会話・サッカー・体操クラブ等の外部団体主催の幼児教室）

出典：河邉（2005, p.9）を元に筆者が作成

る。

2. 理念としての「自由保育」

　形態ではなく，理念としての「自由保育」に関する言説もある。
　森上（1997）は，「自由保育ということばは十人いれば十通りのとらえ方があるといってよいほど曖昧な言葉」（p.71）とした上で，先のように形態や方法として「自由保育」を捉えることを次のように語っている。

> 本来の自由保育は，先に述べたように自由遊びとか，コーナー保育というような保育方法や形態のことではなく，子どもの自主性を尊重する保育の考え方を意味し，ある意味では保育の哲学といってもよいものです。しかも，自由保育は"一斉保育"や"設定保育"と対立するものではなく，自由保育の中でも一斉の形態がとらえられることもあれば，子どもが自発的に始めた活動ばかりではなく，保育者が投げかけたものでも自由保育になりうるということもあるのです。（p.232）

　この話では，形態や方法として「自由保育」を捉えることは否定的に述べられている。むしろ「保育の哲学」として捉えるべきとされている。ここでの「哲学」という言葉は，学術分野としての哲学ではないだろうから，これまでの本稿の文脈からすれば，「理念」と言ってもいいかもしれない。森上からすれば，「自由保育」は，1日の流れから判断できるものでもなく，子どもに遊びを委ねているかどうかから判断できるものでもない。保育実践のあり方を支える哲学・理念ということになる。
　こうしたことは，先に引用した河邉（2005）も述べていることであった。河邉は，ある保育者対象の研究大会にて，それぞれ「自由保育」と「一斉保育」の形態をとっているとする2つの園の実践報告を聞いて，次のような感想をもったという例を挙げている。

> 保育の形態は異なっているにしても，ある1人の子どもが自分のやりた

いことを実現していくために，保育者はどう協力・援助していけばよいか，という視点から見れば共通している点もあるように思う。しかし，当事者である両保育者にはその意識が薄かった。保育者自身が「自由」「一斉」という形態に縛られ，子どもにとって何が大切かという視点がどちらも欠けているように感じた。(p.9)

この例も，森上の批判と同様，形態にこだわらずに保育実践を捉えることが重要だと述べられたものである。きっと，形態に注目して「自由保育」を捉えるだけでは，見落としてしまうものがあるのだろう。

3.「自由保育」をめぐる混乱

このように，「自由保育」を形態でなく理念だと捉えるべきだという主張がなされる背景には，平成元年に改訂された幼稚園教育要領の影響があるとされる。

平成元年改訂の幼稚園教育要領は，「幼児の自発的な活動としての遊びは，心身の調和のとれた発達の基礎を培う重要な学習」とし，「幼児一人一人の特性」に応じた保育を行うべきだとしている。いわゆる，「子ども中心主義」と呼ばれるような方針にもとづくものだとされており，こうした方針にもとづく保育を指して，「自由保育」の言葉が用いられることもある。無藤 (2009) は，こうした平成元年改訂の方針については，「現在の幼児教育にかかわるほとんどの人はその元年度の改訂を支持している」(p.21) と述べている。

しかしながら，「自由保育」という言葉の受容のされ方は様々であった。森上 (1997) は，次のような話をしている。

最近，保育現場では新しい教育要領や保育指針になって「自由保育」に変わったととらえている人が沢山います。では「自由保育とはどんなことですか？」と聞いてみますと，実に様々な答えがかえってきて一定していません。(p.10)

このことによって，次のような問題も生じていた。続けて森上の話である。

　　自由保育を標榜している園の保育を見たことがありますが，園庭に子どもたちがひしめいて好き勝手なことをしているのですが，保育者は全く子どもとかかわろうとしません。ときどき遠くから「あぶないからそれはだめ」という声がとぶだけです。子どもたちは自由遊びという時間の枠の中だけ，ただ放任されているに過ぎないのです。子どもによっては何をしていいかわからず，ただうろうろしている子どももいます。（p.233）

　つまり，「自由保育」の理念が望ましくないかたちで現場に理解されているということである。「自由保育」が，いわゆる「放任保育」として解された実態があるということだ。
　さらに，このような「自由保育」に関する認識の問題は，改訂以降に広まった，「自由保育」が「小１プロブレム」や「学級崩壊」の遠因になっているのではないかという議論とも関連している。「小１プロブレム」とは，「小学校に就学した１年生が，授業中に立ち歩きや私語，自己中心的な行動をとる児童によって，学級全体の授業が成り立たない現象」（森上2008b, p.298）のことである。この問題は，かつて様々に議論されてきた[1]。
　それらの議論にふみ込むことは本研究の主旨ではないため，ここではさしあたり次のことを確認しておく。平成元年改訂の幼稚園教育要領における子どもの「自発性」「主体性」「ひとりひとりの特性」を重視した保育をすべきという内容が，時に「自由保育」というともすれば曖昧な言葉で語られていき，その「自由」という言葉が「放任」と解され，「放任」的な形態をよしとする幼稚園が現れたり，「小１プロブレム」との関連で問題視されたりしてきたということである。筆者には，当時の様子を観察することはできなかったが，文献からするとそうしたことが読み取れる。
　そのような「自由保育」という言葉の受容の仕方を，正しい方向に修正したいというのが，理念としての「自由保育」を語る論者の意図であろう。理

念としての「自由保育」論者からすれば，先にみてきた形態としての「自由保育」「一斉保育」のいずれにおいても，理念としての「自由保育」が存在しているかどうかが重要になるはずである。形態だけでなく，遊びや活動の実際をどう捉えていくかが求められる。

　しかし，理念としての「自由保育」というものは，具体的に語りうるものなのだろうか。

4.「本来の自由保育」とは何か

　近年，「自由」という言葉こそ用いられなくとも，「子どもを中心とした保育」という理念の重要性は様々なところで指摘されている。

　たとえば，2012年の日本保育学会第65回大会のテーマは，「Children First」である。このテーマ設定の理由を，実行委員長の網野（2012）は「"まず子どもを"という視点は，今世紀に至ってもなかなか浸透するには至っていません。本大会では，保育にかかわる私たちが，"子どもを中心におく保育"，"子ども主体の保育"という重要な観点をあらためて捉え，探り，深めていく重要な機会としたいと考えています」（p.4）と述べている。ここでは「自由保育」という言葉こそ用いられていないが，その内容は，理念としての「自由保育」と重なる部分が大きい。理念としての「自由保育」を具現化する方法を探ることは，今でも重要な課題となっているようだ。

　では，より具体的には，私たちはこうした課題について，どういう言葉を用いて，どのように語り合うことができるのだろうか。

　森上（1997）に帰れば，「自由保育という言葉は人によりあまりにも多用に用いられていて，一定のコンセンサスが得られていない。〔中略〕したがって，自由保育という言葉を用いて保育の議論をすることはほとんど意味がない」（p.232）。このように，「自由保育」という言葉の捉え難さから，「自由保育」という言葉を忌避する者は少なくない。

　それでも，一方で森上は「本来の自由保育」「真の自由保育」「本当の自由保育」〔傍点筆者〕という言葉も用いて何ごとかを何とか説明しようとしている。たとえば，次のような記述がある。

> 本当の自由保育というものは具体的な保育の方法や形態ではなく，子どもの自主性を尊重する保育のことで，ある意味では，保育の方法や形態が導かれる保育観もしくは保育哲学といってもよいものです。(p.11)
>
> 自由保育というものは，本来的にはそういうものではなく，子どもが「やらされている」といった束縛感や強制感をもたされることなく，自由感をもって「自分のもの」として活動に主体的に取り組んでいるという子どもの側の内面の気持ちが重要な意味をもっているのです。(p.71)
>
> 本来の自由保育は，先に述べたように自由遊びとか，コーナー保育というような保育方法や形態のことではなく，子どもの自主性を尊重する保育の考え方を意味し，ある意味では保育の哲学といってもよいものです。(p.232)
>
> 真の自由保育であるか否かを決めるのは，子どもが保育者に「やらされている」という強制感や束縛感がなく，やっている活動に"自由感"をもってとりくんでいるかどうかということです。(p.232)

　これらの記述は，これまでくり返し述べられていたような，「自由保育」を形態ではなく理念として捉えたものである。さらに，保育実践中の子どもの感じ方，保育者によるその内面の理解，意欲を喚起することなどが重要だと語られている点が特徴的である。

　こうした記述をふまえて森上の議論を見渡すと，子どもの内面や心理状態についての理解を「自由保育」の重要な要素とする記述は多いことに気付く。このような前提をもつ保育実践が「本来の自由保育」であるならば，「本来の自由保育」の実現のためには，何よりも保育者による子ども理解が重要だということになる。今，子どもは何を欲しているのか，子どもは自由感をもって活動しているのか，自分のかかわりで意欲は高まったのかといったことに留意していく必要がある。

　このような「自由保育」の理念は，心理主義的な理念だと言うことができ

ないか。形態ではなく，子どもの心理状態の方が重視されている。また，こうした発想は，加藤（1993, p.16）が「子どもの「今」に注目し，子どもが「おもしろい」と感じたその一つひとつの事実に寄り添いながら研究しようとする傾向」を「心理学的アプローチ」として表現したものに類似していると思われる。

　ただし，加藤は，「心理学的アプローチ」として，「〔保育者─子ども〕関係をいくらていねいに分析しても，そこから必然的に保育思想の全体像が浮かびあがってきたり，保育目標・内容構造が明らかになることはありえない」(p.161) とも述べている。

　たしかに，「自由保育」の実践のために，いくら子どもの心理を捉えたというエピソードを読んだとしても，それはその場にいる子どもやその園固有の話であり，個々の子どもの心理の捉え方を一般化して理解することは難しい。むしろ，そのように安易に一般化するべきではないということを「自由保育」では示したいはずである。もちろん，エピソードを読むことが日々の保育実践のたすけになることはありえる。しかし，それではいつまでたっても「本来の自由保育」のあり方までは伝わりづらく，いつまでもその特徴を伝え続けなければならないということにはならないか。ならば，「自由保育」の語り方を再考すべきではないか。

　さて，「自由保育」の良し悪しは別として，ここまでの議論において，「自由保育」という言葉の用いられ方が多様であり，意味が拡散してしまっていることが確認できた。「自由保育」として示されたかった理念は「子ども中心」という理想的なものなのかもしれないが，その実際を語るのはいまだ困難なことである。本研究の文脈からすれば，A幼稚園の保育実践を指して「自由保育である」（あるいは，「子ども主体である」「子ども中心である」など）と言うだけでは，残念ながら，実践像について共通の認識を得るだけの説明にならないのだろう。

　また，こうした課題は，「自由保育」という言葉が多様に解釈されてしまっているという課題であるだけでなく，「自由保育」実践そのものの特徴を語るという研究がなされてこなかったという課題でもあると指摘できる[2]。すなわち，形態としての「自由保育」実践であれ，理念としての「自

由保育」実践であり,「特定の園文化の枠組み」にまでふみこんで,その実際を解明しようとした研究はみられないということである。たとえば,前章で確認した結城の研究は,「参与観察」「分厚い記述」「省察」という方法論で「特定の園文化の枠組み」にふみこもうとする数少ない事例であったが,その対象は「一斉保育」を志向するような形態の幼稚園であり,「自由保育」的な幼稚園ではない。「本来の自由保育」実践の実態・構造の解明は,いまだ手つかずの課題だということになる。

だとすれば,本研究の試みは,「自由保育」という言葉を避けてなされる方がよいだろう。現状,「自由保育」という言葉を用いても,何も説明をすることができないからである。一方で,A 幼稚園が何かしらの「自由保育」を行っていることは確かであり,もし本研究の試みがうまくいったならば,「本来の自由保育」についての新たな語り方が示唆されるはずである。

5.「自由保育」と A 幼稚園

本章の最後に,A 幼稚園にそくしながらの考察をして,「自由保育」からの解釈の難しさを補足したい。

先に,創設者・村谷が「自由保育」への転換を目指したきっかけとなったのは,久保田浩 [1916-2010] の思想に影響を受けてのことだと確認した。

しかし,当の久保田が「自由保育」という言葉を論じた文献は,管見の限り見られない。むしろ,久保田の保育論においては,「三層構造論」がよく知られている[3]。「三層構造論」においては,「生活を充実したものにし,その中で子どもが主体的に行動する」(久保田 2003, p.77) ということが重要だとされる。もっとも,こうした言説が指し示すものは,理念としての「自由保育」と似通ったものであろう。それでも,厳密には久保田が語ったのは「自由保育」ではない。もちろん,久保田が口頭レベルで「自由保育」という言葉を使っていた可能性はある。しかしそうした点を検証するのは私たちには難しい[4]。

しかも,「自由保育」に関する議論の盛り上がりの大きな要因となったのは,平成元年改訂幼稚園教育要領である。村谷と久保田の交流は 1975 年頃

のことであり，なおさら検証が難しい。

また，そもそも「自由保育」という理念の起源は倉橋惣三にあるという指摘はとても多い（大須賀 2008，森上 1997）。他方，A 幼稚園においては，久保田の名はたびたび聞かれるが，倉橋の名が聞かれることはない。久保田の思想，倉橋の思想，村谷の思想など，故人である彼らの思う「自由保育」を，厳密に区別して理解することは難しい。

それでも，A 幼稚園における「自由保育」の位置づけは，新垣（2006）において，「自由保育の保育理念に基づき保育実践が行われている」（p.1）とはっきり明示されている。一体，A 幼稚園の「自由保育」とは何なのだろうか。

いずれにせよ，「自由保育」という言葉にどれほどの夢や希望が込められていたとしても，その言葉だけで A 幼稚園の保育実践を語り尽くすことはできないことはわかった。様々な試行錯誤を経た，現在の実践そのもの自体をみていくことが必須となるのだろう。

注
1) たとえば，次の文献を参照のこと。
　新保真紀子（2010）『小 1 プロブレムの予防とスタートカリキュラム―就学前教育と学校教育の学びをつなぐ―』明治図書
　酒井朗・横井紘子（2011）『保幼小連携の原理と実践―移行期の子どもへの支援―』ミネルヴァ書房
2) 「自由保育」という言葉を用いながら，保育中のエピソードを語った文献は多くみられる。たとえば以下の文献がある。
　立川多恵子・上垣内伸子・浜口順子（2001）『自由保育とは何か―「形」にとらわれない「心」の教育―』フレーベル館
　友定啓子・山口大学教育学部附属幼稚園編（2002）『幼稚園で育つ―自由保育のおくりもの―』ミネルヴァ書房
　ここでは後者の文献について指摘する。この文献にはいくつものエピソードが記されている。学術的な研究を志向しての文献ではなく，次のような特徴がある。ひとつは，判断の分かれそうな言葉が用いられての記述がなされていることである。たとえば，「自由保育」の定義が「子どもたちの自由で自発的な遊びを保育の中核にすえて，子どもたちを育てていくという意味」（p.10）だとされている。「自由」の説明に「自由」という語が使われていたり，「自発的」と

いう多様に解釈されそうな言葉が用いられたりしている。「主体的」という語も多い。また，実際のエピソードの記述においては，特定の遊びの場面，活動の場面についての記述がなされている。記述という特性上，ある程度場面を切り取らなければならないことは分かるが，エピソード間の関連は理解しづらい。さらに，そこでは，子どもの葛藤や成長の過程が記されているが，「自由保育」だからという観点が十分に押さえられていないように思われる。単に一時の「自由遊び」の時間であっても成立するエピソードのように思われる。研究的には「自由保育」が何なのか，よくわからない。

3) 「三層構造」（久保田2003）とは，「基底になる生活」「中心になる活動」「系統的学習活動」の三層のことであり，その三層の構造から保育を捉えていこうというのが久保田の論である。「基底になる生活」とは，日常生活のことである。食事，睡眠など，人間として生活していく上で欠かせない活動である。「中心になる活動」とは，「基底になる生活」を土台として営まれる，何かしらの目的をもった活動である。幼児の場合は，主として「遊び」となる。「系統的学習活動」とは，様々な活動を効率よく進めるために，系統的に教えられる活動のことである。

4) 久保田は，「三層構造論」ですらそもそもは自身で言い始めたのではないと次の文献で語っている。他方，『幼児教育の計画─構造とその展開』（誠文堂新光社，1970）では，三層それぞれに該当する概念の解説はなされているのだが，「三層構造論」という言葉そのものを言っていないという意味なのだろうか。理解が難しい。
白梅保育構造研究会（2011）『保育構造を考える』白梅学園大学，p.28

第4章

「ごっこ遊び」のリアリティと
ファンタジー

　A幼稚園を読み解くのに役立つよい言葉はないかと探してみたが,「自由保育」という言葉については,その言葉からA幼稚園の保育実践を語ることの難しさが導かれてしまった。「自由保育」という意味の拡散してしまった言葉からではなく,もう少し,包括的かつ具体的に保育実践を指し示すような言葉で,本研究の試みにフィットする言葉はないかと探る必要がある。
　そこで次は,「ごっこ遊び」という言葉でチャレンジをしてみたい。

1. なぜ「ごっこ遊び」に注目するのか

　包括的かつ具体的に保育実践を指し示すような言葉——考え出せばいかようにも捻出できるように思われる。その中でも,一般的な保育実践でもある程度は用いられている言葉であり,かつ,A幼稚園の保育実践の特徴に近い言葉であることが望ましい。たとえば,結城(1998)が考察の対象とした「リトミック」は,前者の意味ではひとつの切り口にはなりうるものの,A幼稚園では「リトミック」はほとんど見られない。では,どうするか。
　第1章で紹介したA幼稚園の保育実践を振り返る。その典型例のひとつは,子どもたちが何もない保育室に「おみせ」を建て,「まち」のようにしていく活動である。この活動は,保育界一般の言葉を用いるならば,「ごっこ遊び」だと言うことはできないか。現実にあるお店を模倣し,保育室で虚構のお店を展開する。自分は店員やお客になりきって,架空世界での遊びを楽しむ。そうした,素朴な「ごっこ遊び」像から,A幼稚園の「おみせ」を

語ることはできないだろうか。

　もちろん、「ごっこ遊び」は保育研究上、大いに注目されてきた遊びである。2歳頃から始まり幼児期にもっとも頻繁に行われる、幼児期の代表的な遊びのひとつだとされる（岡本2005）。本章で触れていくように、様々な先行研究がなされてきた。

　ただし一方で、A幼稚園の「ごっこ遊び」が、一般的な意味での「ごっこ遊び」だとどこまで解せるかはわからない。多くの「ごっこ遊び」では、1年をとおして卒園間近まで行われることもないだろうし、「おみせ」をあのように自作することもないだろう。あのような伝統の園通貨を使うこともないだろう。「おみせ」の種類としても、様々な種類があったり、現代社会的なリアリティがあったりする。一見すると「ごっこ遊び」であるが、その実は「ごっこ遊び」では捉えられない部分があるかもしれない。

　このように、「ごっこ遊び」には、引っかからなそうで引っかかりそうな、良い具合の可能性があるように思われる。

2.　「ごっこ遊び」に関する先行研究とその課題

　「ごっこ遊び」に関する先行研究を概観し、特にA幼稚園との接点を探ってみよう。

（1）リアリティとファンタジーの構造

　多くの論者は、「ごっこ遊び」を現実と虚構の二重構造から捉えるべきだと言う。たとえば、今井（1992, p.153）は、「ごっこ遊び」は「虚構と現実を行きつ戻りつして遊ぶ」ものだと言う。八木（1992, p.66）は、「ごっこ遊び」を構成する「虚構世界と現実世界は、互いに高め合い、発展する弁証法的な関係でもある」と言う。高橋（1993, p.11）は「想像の世界は、現実世界についての認識が前提となって発生する」、「想像世界・虚構の世界は、現実世界からの検閲を受けて、そのありようをチェックされる」と言う。現実と虚構の2つの概念が「ごっこ遊び」の理解には重要であるようだ。

　言い換えれば、リアリティとファンタジーの関係から「ごっこ遊び」をみ

ていくことが重要だということになる[1]。そして,「ごっこ遊び」のリアリティとファンタジーの関係は次の2つの方向性で論じられてきている。

子どもの認識の仕方について

　ひとつは,子ども個人のリアリティとファンタジーについての認識の仕方に注目した論がある。たとえば高橋(1993)は,『子どものふり遊びの世界―現実世界と想像世界の発達―』という著書において,「本書の課題は,現実とのかかわりにおいて,イマジネーションの発達を吟味することである。とくに子どもの遊びにおける空想性を中心にこの問題を考察することにしたい」(pp.14-15)として,子どもの認知能力や記憶力といったものについての発達を論じている。発達心理学の立場からの研究だと言える。

　このような発達心理学的な立場からの研究は多い。麻生(1996)は,「ごっこ遊び」までを視野には入れていないが,子どものサンタクロースの認識などをもとにリアリティとファンタジーの認識のされ方を論じている。麻生の論は,リアリティは「複数存在する」(p.25)というものである。たとえば,テレビを見ているときに,テレビに映る他国のニュースも現実であるし,まさにその国の現地での出来事も現実である。このことを麻生は「第一のリアリティから見れば,もう一つの第二のリアリティは,単なるファンタジーに過ぎない」(p.25)と述べる。また,このような「「多元的」思想を抱けるようになることは,子どもが同時に複数のグループ(共同体)の中で生きることができるようになることとおそらく密接に関連している」(p.200)とも言う。

　こうした麻生の論は,「異質原理」的な集団を構成していくA幼稚園の保育実践にも大いに示唆を与えうるものだと思われる。しかし,麻生においては,個人の認識の仕方が関心の中心となっている。「「多元的」思想」の重要性は主張されているが,そうした思想にもとづいての協同的な保育実践のあり方までは言及されていない。麻生や高橋による子ども個々の認識の発達を捉えようとする方向性と,集団での保育実践におけるリアリティとファンタジーの構造をみようとする本研究の方向性は,似ているようで異なるパラレルのような関係にあるように思われる。

「ごっこ遊び」の構造について

　もうひとつは，八木（1992）による論である。八木は，「ごっこ遊び」中の子どもの心理状態ではなく，「ごっこ遊び」の実践としての構造を明らかにしようと試みている。八木は，考察の手法について，「心的事象の発達などを扱う発達心理学的な手法は取らず，あくまでも遊びの事実にある意味や価値の読み取りを実践的に行う方法を取りました」（p.63）と述べる。

　そうした方法によって示された「ごっこ遊びの基本構造」（p.62）の理解のための中心概念は，「現実世界と虚構世界の関係」（p.63）である。「現実世界と虚構世界の関係」とはどういうものか。次のような説明がある。

　　「ここは病院です」という子どもたちの見立てにより，保育室の一角は病院になります。これは，現実に存在している空間が，病院ごっこをする子どもたちによって見立てられ，彼らによってしか理解されない空間として特別な意味をもって，現実の世界から虚構の世界へと転化された場になったことを示しています。（p.63）

　　このように，保育室という現実的な空間は，遊ぶ主体である子ども自身の創造的な想像により，自由自在に意味化され，現実とは異なる虚構の世界となるのです。（p.64）

　これらの記述からは「現実世界と虚構世界の関係」とは，子どもたちが普段生活している保育室などが「現実世界」の場であり，その「現実世界」の場が，「ごっこ遊び」においては「病院」などの「虚構世界」として見立てられるという関係があることがわかる。この説明では，「現実世界」の場も「虚構世界」の場も物理的には同じ場だということになる。

　この関係は，［図4-1］のように図式化されている。下部の楕円が「現実世界」すなわち幼稚園における保育室を示すものであり，その中の道具や場所などの一部が「虚構世界」として，たとえば「病院」などに見立てられる。八木によっては，「二重構造」（p.66）と表現されている。

　このかさなりあう「現実世界」と「虚構世界」は，八木の言葉で言えば

第 4 章 「ごっこ遊び」のリアリティとファンタジー

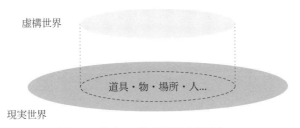

図 4-1 「ごっこ遊びの基本構造」
出典：八木（1992, p.66）を元に筆者が作成

「互いに高め合い発展する弁証法的な関係」にもある。保育室を「病院」と見立てて「ごっこ遊び」をすることで子どもたちの人間関係が変化したとして，その変化はかさなっている「現実世界」にも影響を与えうるということである。その結果，「ごっこ遊び」以外の「現実世界」での人間関係が変わるかもしれないし，「虚構世界」での遊び方が変わるかもしれない。すなわち，「現実世界」とは，保育室内のスペースのみを指すのではなく，そこでの人間関係や，個々の知識や技術の高まりなどの見えないものも含めた広義の場ということになる。八木による「ごっこ遊び」の構造図を用いることで，保育実践の構造が見やすくなることが期待される。

「ごっこ遊び」構造図の課題

ただし，八木においては「現実世界」にはもうひとつの捉え方がある。この点は八木自身の記述にも現れることがあり，［図4-1］とはまったく異なる図で示されなければならないものであるが，区別して論じられる部分はなく，あまり重要な点として意識されていないように思われる。たとえば，次のような記述がある。

> 現実世界から虚構世界をつくりだす子どもたちは，現実世界の全てを捉えてごっこ遊びを始めるのではなく，興味や関心をもったある一部の環境に刺激されて遊び出していくのです。そこに，虚構世界は誕生していくのです。（p.65）

子どもたちも，広い現実世界の中に暮らしているわけですが，ごっこ遊びをイメージしていくテーマや空間は，子ども自身が意識している世界の中からしか捉えられないのです。例えば，家から園までの間を通る間にスーパーマーケットやケーキ屋などの商店，また，畑があったとします。（p.64）

　ここで用いられている「現実世界」という言葉は，先の「現実世界」とは異なる。後者の「現実世界」は，保育室といった幼稚園内の話ではなく，むしろ幼稚園を飛び越えた実社会とでも言うべきものである。子どもたちの模倣の対象となる実在のスーパーマーケットなどのことである。子どもたちは実在のスーパーマーケットを見て，それに憧れ，幼稚園の保育室を虚構の「スーパーマーケット」として見立てていくことになる。
　こうした「現実世界」についての多義的な語られ方をふまえれば，［図4-1］の構造の層のあり方には一考の余地があることになる。「ごっこ遊び」のリアリティとファンタジーの構造は，一見整理されているように見えていて，課題が残っている。
　また仮に，［図4-1］の範疇からA幼稚園を捉えるとしても，その構造を再検討する必要性を指摘することができる。
　たとえば，A幼稚園の子どもたちは，「おみせ」での活動において，長い時間をかけて実社会のリアリティを追求していく。後に詳しくみていくように，おそらく一般的には幼児がこだわらないであろうところまで追求をしていくこともある。そうした活動を進めていくためには，そのリアリティの追求の程度が，子どもにとっても保育者にとっても関心事となる。子どもであれば，ひとつ何かを再現した後に，さらに別の何かも再現しようと思ったり，その再現したものの完成度を高めようと考えたりする。保育者は，そうした子どもの要求をできるだけ制限することなく援助しようと腐心する。このような状況からすると，単に子どもが何かを「虚構世界」と見立てたか／否かという二元論的な発想では，実践の全体像を捉えきれないことになる。子どもたちが，何を，どこまで，どのように見立てたのか，あるいはその見立てに満足しているのかどうかといったことを，より詳しくみていく必要が

第 4 章 「ごっこ遊び」のリアリティとファンタジー

ある。言い換えれば，八木による後者の意味での「現実世界」と子どもの遊びとを関連づけてみていかなければならないのである。

　また，八木においては，「子どもたちが展開するごっこ遊びが，その盛り上がりを見せる時，なんの前ぶれもなく一気に高まることが多い。しかし，それが終わる時は，実にあっけないこともまた多いのです」(p.62) と語られているように，「ごっこ遊び」はある一時に盛り上がり，そして終わっていくようなものだと捉えられている。八木による「ごっこ遊び」は，ある一時の「虚構」の世界での出来事である。すなわち，遊びが終われば「虚構世界」は消えることになる。他方，A 幼稚園の「おみせ」の活動は，1 年という長い時間をかけて，紆余曲折を経ながら営まれる。その過程で，ある「おみせ」の活動がなくなることもあるが，そのことも，他の「おみせ」や子どもたちに影響を与えていく。「おうち」「おみせ」は，1 年のあいだ何かしらのかたちで常に保育室にありつづける。すなわち，長い目で A 幼稚園の実践をみれば，八木のいうような意味で遊びが「終わる」ことはない。また，子どもたちも，長い子ではほぼ 1 年間，短い子でも「グループ分け」後の 4 ヶ月ほど，誇り高き「おみせ」の店員であり続ける。このように A 幼稚園の実践では，長期的に活動を追っていくことが重要になるのだが，先の二重構造からだけでは，そうした時間的な幅は捉えきれない。

　さらに，[図 4-1] では，保育室全体が「現実世界」で，その一部が「虚構世界」に見立てられるとのことであるが，A 幼稚園では保育室全体が「まち」となっていく。保育室の一部が何かに見立てられるという捉え方は馴染まない。「おうち」の建っていない場所は，「まち」の中の空き地として，後の建設場所候補と位置づけられたり，「まち」の通路や広場と位置づけられたり，そのすべてが「虚構世界」的に見立てられるという捉え方もできよう (逆に，すべてが「現実世界」とも言える)。一部分を見立てるとか見立てないとか，そうした捉え方が馴染む空間ではないのである。

　ここまでの検討から，保育実践における「ごっこ遊び」の構造を理解するには，リアリティとファンタジーの関係に留意する必要があるが，これまで示されてきた構造論には限界があることがわかった。特に，A 幼稚園との接点においては乗り越えるべき壁は大きい。では，A 幼稚園の保育実践にはど

ういうリアリティとファンタジーの構造があるのだろうか。

(2) リアリティへの関心の低さ

ここでもうひとつ，また少し異なった角度から「ごっこ遊び」研究について確認をしておきたい。

たとえば，引用されることの多い研究として，Garvey（1977）による研究がある。心理学者であるGarveyは，主として子どもが発する言葉に注目しながら，「ごっこ遊び」の構成要素について検討し，「役割」「プラン」「物」「状況設定」の要素があることを示した［表4-1］。日本においては，主に発達心理学者らによって，Garveyと関連した研究が進められてきた（師岡1992）。

一方，多田ら（2009）は，Garveyをはじめとした既存の「ごっこ遊び」研究が，子どものみを分析の対象としていることを問題と捉え，「ごっこ遊び」に向かう保育者の役割についても考察している。こうした試みは，「ごっこ遊び」をより多面的に捉えようとする試みだと言えよう。

その他にも，現象学の立場から「ごっこ遊び」における他者了解や演技といった側面について考察する研究（西村1989）や，「ごっこ遊び」を事例としつつ，保育における身体性について考察する研究（砂上2000）などもなされている。このようにみると，「ごっこ遊び」は多面的に研究されてきているように思われる。

表4-1　Garvey（1977）による「ごっこ遊び」の構成要素

構成要素	発言例
役割	・私はお仕事中の人よ。 ・お嫁さんになるの？
プラン	・ショッピングセンターまで運転していかなくちゃ。 ・君は小魚がきらいなふりをして。
物	・これは電車なの。 ・さあ，これがチーズケーキでこれがアイスクリームね。
状況設定	・今，私たちお医者様の診察室にいるの。ここは私たちのおうちよ。

出典：Garvey（1977, pp.149-150）を元に筆者が作成

さて，「ごっこ遊び」が多面的に研究されてきたということは確かにそうなのだが，一方で社会の変化などの現代的な課題をふまえつつ「ごっこ遊び」のあり方を捉えようとする試みが少ないことは気がかりである。

　概観した諸研究は，「ごっこ遊び」として捉えられる，ある現象における言葉や身体などに注目をしているものであり，そこでは，「ごっこ」として模倣される対象すなわち「現実世界」の側面についての理解は自明のものとされているようである。言い換えれば，「お店やさんごっこ」をしていると言うときの，その「お店やさんごっこ」時の言葉や身体といったいくつかの現れは注目されているが，その「お店」とはそもそも何なのかということは熱心には検討されていないということである。

　たとえば，Garveyが注目したのは「ごっこ遊び」時に発せられる言葉である。Garveyは研究の中で，「ショッピングセンターまで運転していかなくちゃ」という子どもの発言を一例としているが，Garveyの関心事は，この発言が「ごっこ遊び」の遂行においてどういった役目をもつ要素なのかといったことである。一方，当時の，おそらくはアメリカのショッピングセンターがいかなるものであるかといった点は考察されない。しかし，いざ目の前の保育実践について細かに語ろうとするのであれば，子どもの見ているショッピングセンターがどのショッピングセンターなのかということは重要な観点となりうる（八百屋か，スーパーか，ららぽーとか，コストコか，六本木ヒルズか？）。

　こうした先行研究の傾向は，子どもの「ごっこ遊び」の「虚構世界」としての側面に，実践者・研究者が惹きつけられての結果ではないかと推察される。実在のお店ではない虚構の「おみせ」を子どもたちがいかにイメージし，そのイメージを共有し合い，遊びとして成立させうるのかという点は確かに興味深い。一方，実在のお店について，私たち大人は何かしらの了解をもっている。そのお店とは何かと問うことは，改めて行うまでもないことのようにも思われる。

　しかし，実在の世界の側面についての議論の欠如は，子どもの発想と大人の発想にずれを生じさせる危険をはらんでいる。たとえば，一口に「おみせごっこ」と言っても，子どもの想像しているものが2017年現在の日本にお

ける特徴的なお店であり，一方で保育者が想像しているものが従来的でステレオタイプ的なお店であるということはありえる。さらに，この結果として遊びの展開が滞ってしまうことがあるかもしれない。架空の話ではあるが，子どもの遊ぶ様子を見て，保育者がそれを「パン屋さん」と概括的に捉えたとしても，子どもにとっては，それはカフェチェーン店かもしれないし，ファミリーレストランかもしれない。カフェチェーン店を目指しているところに，個人商店的なパン屋として成立するような援助をされるだけでは，子どもの意欲は高まらないかもしれない。特にA幼稚園では，「おみせ」へのこだわりは諸事例からもわかるように際立っており，こうした観点の相違は大きな問題となりうる[2]。

　保育者による綿密な計画をそのまま遂行していく仕方での保育ではなく，子どもの発想を活かしながら遊びを発展させていく仕方での保育実践を考えるのであれば，子どもの模倣の対象になっている園の外の「現実世界」の側面を軽視してはならないはずである。保育実践・研究においては，「子どもの願いや思いを大切にしよう」「子どもの生活に根ざした保育を」といった子ども主体の保育実践像がしばしば語られるが，ステレオタイプ的な「ごっこ遊び」像，社会像，子ども像を念頭におくばかりでは，そうした保育実践を達成するのは難しいのではないか。

　ここで検討から，リアリティの追求ということを中心に，子どもの「ごっこ遊び」の構造をみていくことの重要性が示唆された。

＊　　＊　　＊

　さて，第Ⅰ部では，A幼稚園の実践をみていくために，どのようなフレームを用いることが有効かと探ってきた。さしあたりのところ，A幼稚園の保育実践を「ごっこ遊び」と仮定して捉え，そこでのリアリティとファンタジーの関係に留意しながら検討をしていくことに可能性を見出すことができた。次からは，そうしたフレームを装着し，具体的な実践例を取り上げながら，A幼稚園の実践の特徴を明らかにしていく作業を始める。

注

1) 「ごっこ遊び」を捉える現実／虚構という二項の概念を指し示そうとする具体的な言葉は，各論者によって「現実世界」「実世界」「虚構世界」「想像世界」など様々である。また，本論では以下，既存の現実／虚構の二項の概念からだけでは「ごっこ遊び」は捉えられないという議論を進めていく。そのため，「ごっこ遊び」についての既存のイメージや先入観を排除することをねらい，上記のような手垢のついた言葉でなく，「リアリティ」と「ファンタジー」というあまり耳慣れない言葉を採用してみる。あえて新たな言葉をもって解釈を繰り返し，曖昧さや捉え難さを前提としながら，多層的な意味世界を読み解こうとする方が，「ごっこ遊び」ひいては A 幼稚園の保育実践の複雑さをうまく捉えられるのではないかというのが，筆者の仮説である。ただし，そうした仮説にもとづく解釈の場面以外では，素朴にリアリティを現実のこと，ファンタジーを虚構のことと捉えても大抵は差し支えない。

2) 他にも例を挙げれば，最近の博物館には体験的・演出的な要素が積極的に取り入れられている場合がある。ステレオタイプ的に「地味」な博物館を想像していてはいけないかもしれない。また，流通というものに関して，最近は Amazon などの大手ネット通販が台頭している，モノの売り買いについて，子どもはどう認識しているだろうか。さらに，IC カードが主流となっている今，切符というものをどれほどの子どもが認識できるのだろうか。等々のことについての考えなしに，「ごっこ遊び」の援助はできないはずだ。

第Ⅱ部
A幼稚園での参与観察事例
──リアリティとファンタジーの多層構造を読む

第5章

事例①――「IKEA」にみる
リアリティとファンタジーの基本構造

　第Ⅱ部では，筆者による参与観察でみられた事例を取り上げ，リアリティとファンタジーというフレームをたよりとしながら，A幼稚園の保育実践の特徴を少しずつ読み解いていく。

　まず，リアリティの側面に注目しよう。A幼稚園の「ごっこ遊び」は，実際に存在しているお店を模したものが多い。その種類も，個人商店のようなお店だけでなく，近年見られるようになった様々な形態のお店であることが多い。リアリティを積極的に追求しているようにみえる。リアリティの側面から，A幼稚園の保育実践を詳しく検討してみたい。

　他方，いつの時代もそうであるが，私たちの生活する社会の変化は様々に指摘されている。たとえば，携帯電話の普及（藤川2008），ソーシャルメディアの利用拡大（津田2012），正規雇用と非正規雇用の関係などの労働環境の変化（本田2009），若者の就労や消費に対する意識の変化（古市2011）など，様々な例を挙げることができる。最近でも，人工知能，IoT，ビッグデータなど，また新たな用語が飛び交い始め，教育との接点が探られようとしている（阿部2016a）。

　直接的なのか間接的なのかはよくわからないが，子どもたちもこうした社会を生きているということは事実である。はたして，こうした社会の変化をふまえたときに，すなわち今現在の子どもたちの感じるリアリティを重視したときに，子どもの「ごっこ遊び」のあり方はいかに捉えうるのだろうか。

　ただし，現代の社会の諸側面すべてをふまえることは不可能である。そこで，本章ではひとつの試みとして，消費社会の変化に大きな影響を受けたと

思われる実践事例を取り上げたい。

1. 消費社会の変化と「遠足型消費」

　まずは，消費社会の変化について確認しておこう。消費社会の変化としてしばしば言及されるのは，商店街の衰退（久繁 2010，新 2012）とショッピングセンターあるいはショッピングモールの普及（三浦 2004，速水 2012）である。

　日本において，長らく地域の生活インフラとして機能してきた商店街は，スーパーマーケットとの対立，零細小売店のコンビニへの転換，その他の政治的・経済的な要因などによって，衰退の道をたどることになる（新 2012）。

　商店街に代わって普及したのは，ショピングセンターやショッピングモールと呼ばれる大型商業施設である。三浦（2004）は，外食産業のファストフードに掛けた「ファスト風土」という言葉で状況を説明する。1980年代以降，新幹線や道路の整備が進み，地方に大型商業施設が普及し，結果として地域の固有性が失われ，地域の商店街もシャッター街化し，全国均一的な消費社会が生まれたとのことである。

　このような消費社会においては，野菜を買いたいから近所の八百屋に行くということよりも，車に乗ってあれもこれも揃っているショッピングセンターへ行き，そこで様々な商品を物色したり，その他の娯楽もあわせて楽しんだりということの方が，多くの人にとって身近だという可能性が高くなる[1]。また，大人がこうした環境にいれば，その子どもたちも同様の環境に親しんでいる可能性は高い（もしかしたら，一店に一ジャンルの商品しかない傾向にある個人商店型の「ごっこ遊び」だけでなく，多様な店舗，多様な商品，多様なサービスがあるショッピングセンター型の「ごっこ遊び」が志向されるかもしれない）。

　こうした傾向について，より具体的にみていこう。中沢・古市（2011，pp.23-41）は，会員制の大型スーパーであるコストコ[2]や，ファストファッションメーカーと呼ばれるH&M[3]，その他いわゆるショッピングモールに

第5章　事例①──「IKEA」にみるリアリティとファンタジーの基本構造

おいて，日常生活で「必ずしも必要ではないもの」や「特に高品質ではないもの」が，「女こども」に人気の傾向にあると指摘している。さらにそれらの施設には「小さな非日常」としての「お店全体の雰囲気」の演出があり，その場へ行くこと自体が楽しくなり，「特に目的がなくても，行く」ことになるのだと指摘している。

このように，海外旅行に行くでもなく，ブランド品を買うでもなく，「小学校の遠足のように，日常の延長として消費やレジャーを体験型で楽しむスタイル」(p.19)のことを，中沢・古市は「遠足型消費」と呼ぶ。たとえば，コストコでは，一般的なスーパーよりはるかに高い位置まで，まるで倉庫のように商品が積み上げられており，その陳列の様には圧倒されるという。また，海外製品が多く，時に思いがけない商品が見つかるという楽しみもあるという。このように，コストコでは「非日常感」や「宝探し感覚」が演出されており，体験的に買い物を楽しむことができる。コストコに訪れる人は，「実はそんなに安くない気がするけど，とにかくワクワクする」「楽しいから来た」と話すという[4]。まさに，コストコへ行くことは，「消費やレジャーを体験型で楽しむ」「遠足型」の消費行動だと言えよう。

中沢・古市が指摘するように，「遠足型消費」が「女こども」に人気なのであれば，子どもへの「遠足型消費」の影響についても考えたくなる。

「遠足型消費」型の「ごっこ遊び」があると仮定してみよう。「遠足型消費」では，「必ずしも必要ではないもの」が売られていたり，「特に目的がなくても，行く」ことがあったりする。そうした消費のあり方を模倣するならば，八百屋における野菜をつくるといった概念的にも見た目的にもわかりやすい活動とは異なった活動が行われるかもしれない。また，「遠足型消費」においては，「非日常感」の演出や「宝探し感」を生む体験的な要素も重要となる。具体的な個物を制作するだけでなく，その場自体をプロデュースしていくことが求められるかもしれない。

このように，「遠足型消費」型「ごっこ遊び」の仮定や疑問は様々浮かぶが，実際には，「遠足型消費」の影響を受けた子どもの遊びはどのようなあり方をしているのだろうか。

2. 2011年度の「IKEA」の展開

　筆者の参与観察中,「遠足型消費」の影響を強く受けたような「おみせ」はいくつか見られていた。ここではその中から,中沢・古市が「遠足型消費」の舞台の代表例のひとつとする大型家具店であるIKEAの模倣を試みた「おみせ」を取り上げる。IKEAとは,スウェーデン発祥の家具店であり,低価格でありつつデザイン性に優れた商品で人気を集めている[5]。大きな倉庫のような建物が店舗であり,その中に大量の商品が陳列されている点に特徴がある。

　リアリティ追求の向かう先として,「八百屋さんをやりたい」[6]ということと,「IKEAを再現したい」ということは,異なることなのだろうか。異なるとすればいかなる点が異なっており,保育者の役割や,それら全体の構造はどのようなものとなっているのか。

　なお,IKEAの特徴を模倣することを追求していた点において,この遊びを「遠足型消費」型「ごっこ遊び」とさしあたり仮定して語っていくことにする。

　では,子どもたちの「IKEA」を見ていこう。

(1) 前提

IKEAおよび「IKEA」の呼称

　「IKEA」という「おみせ」は,2011年度に年長の保育室でみられたものである。ここでは,かぎ括弧付きの「IKEA」をA幼稚園でつくられた「おみせ」を指す表記とする。単にIKEAと表記した場合は,子どもたちの模倣の対象である千葉県船橋市などに店舗を構えるIKEAとする[7]。子どもや保育者らには,この「おみせ」および活動自体は,「IKEA」あるいは「IKEA…」(…の部分は園の名前)と呼ばれていた。

2011年度の年長クラスの概要

　「IKEA」の実践を追う前に,2011年度の年長の概要について記しておく。年長は,2クラスをあわせて男子23名,女子23名で年度スタートし,途中

転入で男子が24名に増えている。最終的には合計47名であった。

また，2011年度に他にどういった「おみせ」があったかについては，すでに第1章で紹介しているが，確認のため改めて記しておく。他には，アクセサリーやドレスを制作・販売する「プリンセスファッション」，実際のドーナツ屋さんであるミスタードーナツを模した「ミスタードーナツ」，人形劇や自作のコマ撮りアニメを上映する「Tシアター」，園通貨を管理する「A銀行」，新聞を発行する「T新聞」，ステージでのショーを企画・運営する「ドリームステージ」が運営されていた。ひとつの「おみせ」に所属する子の数には幅があるが，最終的には6〜11人となった。また，この年度，この「まち」は「Tタウン」と名付けられていた。なお，実際には「T」の部分はクラスの名前，「A」の部分は幼稚園の名前である。

参与観察の概要

「IKEA」の記述は，第一には，筆者が年度をとおして不定期に観察してのフィールドノートをもとにする。ここでの筆者の立場は次のようなものである。長期間の観察により，子どもたちは筆者の存在について名前を呼べるくらいに認識はしているが，本年度においては，筆者が子どもの活動の進め方に具体的に口や手を出すことはなかった。ただし，子どもとまったく会話はしないと決めるなど，不自然にかかわりを避けるものでもなかった。ところどころで引用する保育者の発言は，実践中や実践後に筆者が聞いた話である。必ずしもインタビューの場を設定していたわけではない。それ以外にも，特に筆者が訪問できなかった時の事実を確認するためのインタビューは度々行っていた。

また，参考にした保育記録が2種類ある。ひとつは，担任の保育者が1年間の活動をエピソードとしてまとめた保護者向けの冊子「A Journal」[8]である。A幼稚園では制作が恒例となっているもので，遊びの中でのエピソードがいくつか選ばれて記されている。保育者らはそういう言葉では呼ばないが，「ドキュメンテーション」のようなものだと言えるかもしれない。これは，本書末に資料として添付している。もうひとつは，学期ごとに行われる反省会用の資料である。こちらはエピソード的な記述ではなく，遊びのきっ

かけや展開の関係性を時系列に明示することが中心となっているものである。過去の資料は園に保管されているが，子どもが特定されてしまうため，本書では添付しない。どちらの保育記録も，記述内容については複数の保育者で検討し合っており，事実とまったく違うことが記されていることはないと思われる。これらを事実の確認のために参考にした。

さらに，どの子がいつ頃から「IKEA」に参加しているのかという目安を［図5-1］に記しておく。この図は，筆者のフィールドノートをもとに原案をつくり，担任保育者と直接話し合って修正をしながら制作したものである。上から下へかけて，時間が流れている。アルファベットは子どもひとりひとりを指す。後に「A児」「B児」と表記していくが，それはこの図のアルファベットと対応している（念のため言うが，A幼稚園の「A」とは対応していない）。実線の矢印は，「IKEA」での活動を継続していることを意味する。点線の矢印が用いられる子は，矢印の終わりで「IKEA」での活動から離れた子である。濃色の円（A，B，E，F，L，M，P，Q）は男子，淡色

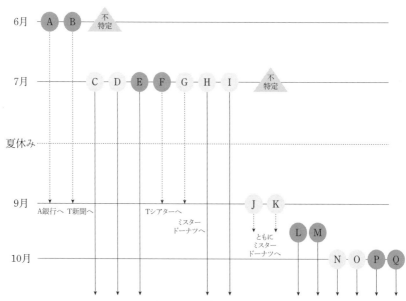

図5-1　子どもたちの「IKEA」への参加期間

の円（C, D, G, H, I, J, K, N, O）は女子を意味する。三角は、「IKEA」に専念はしていないが、時折顔を出す子が複数いることを意味する。「IKEA」に限らず、2学期の中盤以降になるまで、このようにあちこちの活動に出たり入ったりする子は少なくない。

　それでは、次の項目から「IKEA」の実践を記述していく。先に示した方法をもとに、できるだけ客観的な事実を記すよう努めるが、記述の仕方には次の制約があることを断っておきたい。ひとつは、記述のところどころに、筆者による注釈や解説をはさんでいることである。その理由は、この活動が「おうち」を基盤としたA幼稚園特有の長期にわたるものであり、かつ、IKEAを模すという他にはみられないような実践であるためである。IKEAの実際のことがわからなければ、「IKEA」の実際も理解し難い。そのため、IKEAについての情報を書き加えながら記述していく。また、A幼稚園特有の長期にわたる活動をひとつの流れとして追うため、細かいエピソードをすべて記しきることが難しい。加えて、その場で起こったことや、そこでの会話だけを記述するだけでは、前後関係がわからなくなる場合がある。そのため、別の文脈の事情や、個々の子どもについての情報などを補足していくことにする。

　なお、文献をまとめて引用する際と同様の表記（引用部分の全体を2マス下げで記す）で示しているものは、フィールドノートなどの記録をもとにした「観察した事実」として記すことが可能なものである。わかりやすい表記とするために、事実を曲げない程度にフィールドノートの内容の修正は行っている。

(2)「IKEA」展開の過程

1学期

　「IKEA」の活動が始まったのは6月頃である。A児とB児および保育者と、その周囲にいた計5、6名での何気ない会話がきっかけであった。その会話は次のようなものであった。

　　A児　「ニトリ[9]知ってる？　おれ行って来たんだよ」

>保育者「あ〜，家具売ってるんだよね。イスとか，テーブルとか……」
>B児　「僕も家具買いに行ったことあるよ。ぼくIKEA行ったことある」

子どもたちが，休日の間に家族と出かけたことを言い合うということは，どこの園でもよく見られる光景であろう。この時は，自由な遊びの時間において，その場にいた保育者とともに偶然こうした会話が行われていた。ここではまず，A児が休日に家族と家具店であるニトリに行ってきたことを話し始めている。

その時，すぐに保育者が会話に介入したことについて，保育後に保育者に尋ねると次のように話していた。

>保育者「〔筆者注：その場にいた子の中には〕ニトリに行ったことない子もいるかなと思って。単純にイメージできないかなと思って。深く考えてなかったけど」

この言葉からすれば，保育者は，これからすぐに家具店の「おみせ」を始めようと思い，意図的に話を膨らませようとしていたのではなく，単に周りの子とも会話を共有しようとしていたのだと解せる。

保育者の発言の後に，B児が家具からIKEAを連想している。B児は，家族でIKEAに行った経験があったとのことである。細くは記せないが，その後はIKEAにどんな物が売っているのかということや，どんな体験をしたかということを矢継ぎ早に語っていた。その後は次のような展開となる。

>A児とB児は「IKEAつくろう」と合意し，その日のうちに活動を始める。最初は，IKEAのモデルルームを再現しようと，それらしい素材のイスなどを探して「おうち」の中に並べてみるということなどを行なっていた〔写真5-1〕。

こうして，A児とB児を中心に，子どもたちの「IKEA」がつくられ始めた。

第5章　事例①──「IKEA」にみるリアリティとファンタジーの基本構造

写真 5-1　「IKEA」の「モデルルーム」[10]

　実際のIKEAでは，店舗ディスプレイの仕方に特徴がある。単純に家具が陳列されているのではなく，生活スタイル別のモデルルームとしてディスプレイを行っている。客は，そのモデルルームで実際に生活している気分に浸りながら，家具を吟味することができる。子どもたちがイスやテーブルを並べたのは，こうしたモデルルームを模してのことだと思われる。なお，ここで「IKEA」が入った「おうち」は，別の活動がうまくいかずに空き家となっていた「おうち」であった[11]。また，A児とB児以外に，数名の子がその日の興味に応じてこの活動に出たり入ったりしていた。
　その後，7月頃になると，C児とD児が「IKEA」での活動に加わってくる[12]。C児とD児は，それぞれIKEAに行ったことがあった。最初の様子は次のようなものであった。

　　C児が「ソフトクリームつくりたい」と保育者やA児・B児に言い，「IKEA」に加わってきた。C児と仲がよかったD児も一緒に加わってきた。C児とD児は，「倉庫」などで素材を探し，紙粘土などを用い，ソフトクリームをつくり始めた。一方，A児とB児は「IKEA」を一緒にやることを了承しつつ，自分たちは変わらずモデルルームの再現に取り組んでいた。

　ソフトクリームは，IKEA内の売店で販売している商品である。IKEA内で食べることができる。このC児は，父親とソフトクリームを食べるため

113

だけにIKEAに行くことがあるのだという[13]。保育室に「IKEA」ができたことで，そうした経験を連想し，活動に参加し始めたのだろう。この後，C児とD児は，ソフトクリームや，他に売られているホットドッグなども，制作していく。ひとつの「IKEA」内で，複数の活動が進められることになった。家具店でありながら，こうした食べ物が食べられる点は，IKEAの「遠足型消費」がなされる場所としての特徴であると言えよう。

するとさらに，D児と仲のよかったE児，F児，G児，H児，I児なども「IKEA」に参加し始めた。個々の参加のタイミングははっきりと観察できていないが，保育者は次のように考えていた。

> 保育者「みんな，D児とかと仲がいいから。D児と一緒に集まってきたのかな」

保育者の認識では，E児らは，D児との仲をきっかけにして「IKEA」に参加してきた。A幼稚園では，このように人間関係をきっかけに活動に参加することも歓迎されている。なお，保育者の認識では，G児以外はそれまでIKEAに行ったことはなかったとのことである。また，確認できている限りでは，H児は「IKEA」での活動を始めてからIKEAに行ってみたとのことである[14]。

1学期は，このような流れでモデルルームの再現や，アイスクリームやホットドッグの再現などを行い，終了となった。1学期の様子を見ての感想を，保育者は次のように語っていた。

> 保育者「大人もどうやってIKEAやったらいいから分からないからさあ。だって家具屋だよ。最初は見通せなかったよね。とりあえず一緒にイスを並べてみたりとか。あとは〔筆者注：2学期以降，活動が停滞してしまうなら〕あわよくば幼稚園にある素材を売っちゃえばいいかなあと思ったり。ガムテープとか売ってればいいかなって。でも，まあ1学期だからなんとかなるでしょう」

何気ない会話から始まった「IKEA」は，大型家具店というこれまで取り組んだことのない「おみせ」であり，保育者も少し戸惑ってはいたようだが，上の話にあるとおり，まだ1学期だったこともあり，もう少し子どもたちに委ねて色々と試行錯誤をしてみればいいだろうと楽観的にも考えていたようである。

2学期

　さて，2学期に入っても，「IKEA」の活動は継続して進められていた。ただし，夏休みをはさみ興味が別のところへ向かったのか，最初に「IKEAをやり始めたA児は「A銀行」へ，B児は「T新聞」へとそれぞれうつっていった。また，F児は「Tシアター」へ，G児は「ミスタードーナツ」へうつっていった。
　2学期が始まって数日のうちは，1学期のような活動を続けているだけだったが，その後，次のようなことがあった。

　　それまでは別の活動をしてたJ児が，「昨日ね，IKEAに行ったの。そしたらレジで買ったものが流れてきたんだよ」と言い，「IKEA」にかかわってきた。J児と仲のいいK児も一緒であった。

　J児が言っているのは，IKEAのレジにあるベルトコンベアのことである。実際のIKEAでは，会計時に自分で商品をベルトコンベアに乗せるシステムになっている。そのベルトコンベアを再現しようという提案であった。そして，J児とK児は次のような仕方でベルトコンベアの再現を試みる。

　　この案を言い出したJ児とK児の女子ふたりが中心となり，ダンボールの下にタイヤを置くという方法や，紐を自分で引っ張るという方法など，身近にある素材を用いて，ベルトコンベアの流れる様子を再現しようと試行錯誤が始められた。

　ただし，J児とK児は紐で引っ張るという方法などをいくつか試すとそれ

で満足をしたのか,すぐに別の活動にうつっていった。「ベルトコンベア」づくりは,その後に興味を示し始めたL児とM児の男子ふたりによって続けられた［写真5-2］。

　このような流れで少しずつ「IKEA」の活動が進んでいく一方,次のような出来事があった。9月下旬頃の状況である。

> 「ベルトコンベア」や「ソフトクリーム」をつくってみたものの,「お客さん」はほとんど来ないという日が続いていた。子どもたち自身が「お客さん来ないねえ」という言葉を発していた。するとそのうちに,「IKEA」で活動する5～9人ほどで,会議が頻繁に開かれるようになっていた。たとえば,午前中の自由な遊びの時間が始まると,「IKEA」の建物内に子どもたちが集まり,会議を始めるという姿がみられた。主にC児やD児が「今日何つくる～?」と話を切り出し,それぞれが意見を出し合うということが行われていた。

「IKEA」では,前述のとおり少しずつ活動が進んでいたが,「お客さん」はほとんど訪れず,そのことを子どもたちは課題と感じていた。A幼稚園では一般に,試行錯誤して商品をつくっていても,「お客さん」がそれを買ってくれるという過程がなければ,活動は盛り上がらない。そのことを何とか解決しようと,会議を開くようになったのだろう。

　なお,子どもたちだけで集まって,「今日何つくる～?」「〇〇つくろっ

写真5-2　「ベルトコンベア」づくり

第5章 事例①――「IKEA」にみるリアリティとファンタジーの基本構造

か？」と話し合うようなことは，他の「おみせ」でもみられるよくある光景であり，そうした光景は「IKEA」でも当初からたびたびみられてはいたが，そのうちに，誰が言い始めたのかは確認できていないが，こうした会議は「IKEA会議」と呼ばれるようになっていた。

いつ，どういう経緯で「IKEA会議」という呼称が用いられるようになったのかは確認できないのだが，保育者は次のように認識を語っていた。

　　保育者「自分たちでやれるようになったけどね。大人の真似をしてるんじゃない？」

この話にはふたつの意味がこめられている[15]。ひとつは次のような意味である。「IKEA」に限らないことだが，特に活動が始まった頃に，何をつくればいいかわからない子が多くいた場合，保育者が「会議しよう！」と介入していくことが時折ある。そういうことを真似しているのではないかという意味である。もうひとつは，IKEAの店員の真似だという意味である。IKEAでは，店員が店舗内のお客さんに見える場所で会議をすることがあるそうである。これは，筆者が直接確認したわけではないが，D児とその保護者が語っていたことである。筆者は保育者をとおして，その話を又聞きした。それがどういった会議だったのかはわからないし，もしかしたら偶然の出来事かもしれないが，そうした様子を見たD児にとっては，IKEAの店員の真似をしているということになっていたのかもしれない。実際，D児によって「IKEA会議」が呼びかけられることは多かったと，保育者は自身の認識を筆者に話していた。

この頃，何度も「IKEA会議」が開かれ，お客さんを集めるための方針が検討されてきた。たとえば，次のような言葉が発せられていた。具体的にどの子が発したかは記録できていない。

　　「IKEAには，ぬいぐるみも，写真立てもあったよ，いろんな物が売ってるよ」
　　「みんなが使う物を売ろうよ」

このふたつの発言は，後の活動の方向性を象徴する発言である。前者の発言は，ぬいぐるみや写真立てなど，実際のIKEAにあるものを売ろうという方向である。後者の発言は，実際のIKEAにはなくとも，「みんなが使う物」を売ろうという方向である。前者の方向としては，ぬいぐるみ，時計，シャンデリアなどを模したものを手づくりするということや，絵画が販売されていることを模して，子どもたちの絵を展示することなどを行っていった。こうした中，年中時に時計の造形が得意だったQ児が活動に参加し始めるということもあった。後者の方向性としては，他の活動をしている子たちや保育者もよく使うものとして，紙粘土，画用紙，折り紙などを商品として扱うことにした。

　「みんなが使う物」が売られるようになると，「お客さん」も少しずつ集まるようになった。お客さんが増える中で，途中，年少の子が「シャンデリア」を買うということもあった。家具というものは，子どもの遊びの文脈では買う目的の見えづらいものである。そこで，年長の担任と年少の担任が相談し，間接的な援助をすることになった。年少でダンボールなどを用いて「お城」をつくって遊んでいたことと関連させて，「「お城」に「シャンデリア」あったらいいね〜」と年少の保育者が年少の子たちに話をもちかけ，購入させるということが行われたのである。よい「タイミング」での援助だったと言えよう。また，活動が盛り上がると，さらに数人の子が「IKEA」に惹かれ，参加し始めた。10月以降に活動に参加していた子たちは，年度末まで「IKEA」で活動をし続けた。

3学期

　3学期以降の様子は，次のようなものであった。まず，3学期になると，商品をつくったり用意したりということだけでなく，場自体の改良も進められるようになった。

　　すでに1学期に「ホットドック」などはつくられていたが，さらに商品を追加し，「IKEAレストラン」として施設の増設をしたり，家具を売る部屋も一室だけでなく，「女の子ルーム」「男の子ルーム」「リビング

ルーム」とテーマごとに趣向を変えてモデルルームとして成立するようにしたり，子どもが遊ぶスペース「キッズルーム」［写真5-3］を子どもである彼・彼女ら自身がつくったりしていった。さらに，規模が大きくなってきたため，動線を検討するということもなされた［写真5-4］。

　その他にも，年度末が近づくに従い，様々なものが次々とつくられていった。大量のものが同時的につくられていったため，個々のタイミングは特定できていないが，たとえば，家具を測るための「紙製のメジャー」［写真5-5］，「色見本」［写真5-6］，「会計前用の黄色い袋と会計後用の青い袋」，「案内図」，「カタログ」などがつくられていた。

　これらは，もちろんIKEAにもあるものであり，大型家具店であるIKEAを象徴するようなものである。たとえば，「八百屋さん」を行ったとした

写真5-3　「キッズルーム」の案内

写真5-4　動線の工夫

写真5-5　「紙製のメジャー」

写真5-6　「色見本」

写真 5-7　年度末頃の「IKEA」

ら、「紙製のメジャー」や「色見本」はつくられていないだろう。筆者が訪問するたびに、こうした具体的な物品が増えていった。

　こうした出来事を経て、最終的には、子どもたちの「IKEA」にはところせましと商品が並び、実際のIKEAに行ったことがある子もない子も楽しめる大きな「おみせ」となっていた［写真5-7］。

3.「遠足型消費」型「ごっこ遊び」としての「IKEA」

　IKEAを模倣しようという遊びは、一般的にはなかなか見られるものではないだろう。A幼稚園の「IKEA」はいかにして成立していたのか。「遠足型消費」の概念や、一般的な「ごっこ遊び」像との関連から考えていこう。

(1)「遠足型消費」の身近さ

　まず、A幼稚園に限って言えば、IKEAという「遠足型消費」の舞台が距離的に近かったことが、この「遠足型消費」型「ごっこ遊び」が成立した大きな要因であったと考えられる。IKEA自体が子どもに馴染みのないものであれば、当然、IKEAを再現しようということにはならないはずである。A幼稚園付近から最寄りのIKEAまでは、車で20〜30分程度の距離である。これは、車をもつ家族が行こうと思えば気軽に行ける距離であろう。

　ただし、保育者の見立てでは、活動前にIKEAに行ったことのある子は多くなかったようである。最終的に「IKEA」を中心的に行っていたメンバー

は 11 人であったが，当初から IKEA に行ったことがあったのは，そのうちの半数ほどだろうとのことである。学年全体ではさらに割合が減るだろうとのことである。また，「IKEA」が始まってから保護者にお願いして実際の IKEA に行った子もいるようであり，正確な数は分からないとのことでもある。

それでも「IKEA」は，紆余曲折を経ながらも，この年にできた「ミスタードーナツ」「T シアター」などと同様に，保育室の一角をしめる人気の「おみせ」となっていった。園が「遠足型消費」の舞台に距離的に近いという要因があることで，「遠足型消費」は子どもたちにとってリアリティあるものとなっていた。園の立地によっては，個人商店的なお店よりも，こうした「遠足型消費」の方が，子どもたちにとってリアリティがある場合があるということである。さらに，保育理念や園の環境などによっては，そうしたリアリティを追求した「遠足型消費」型「ごっこ遊び」が進められうることが示された。

(2)「必ずしも必要ではないもの」をつくる

中沢・古市の言う「遠足型消費」では，日常生活において「必ずしも必要ではないもの」が売れるという特徴があると指摘されていた。では，こうした指摘を子どもたちの「IKEA」にあてはめると，どのようなことが考えられるだろうか。

なお，ここでの日常生活という言葉は，研究の対象となる A 幼稚園の保育室における生活という，限定的な意味で用いることにする。すなわち，子どもが保育室内で主に「お客さん」側として過ごす時の振る舞いのことを指す。A 幼稚園で子どもが「お客さん」となる場合には，その「おみせ」の商品を購入し，その商品なりの遊び方で遊ぶことになる。また，何かを上映・上演するタイプの「おみせ」であれば，チケットなどを購入し，その催しを楽しむことになる。このように，「おみせ」のつくる商品の特性や「おみせ」内でのルールにもとづいて，何かしらの振る舞いをして遊ぶということが，子どもたちの「お客さん」としての自然で日常的な振る舞いということになる。

さて、「IKEA」の初期からみられた「モデルルーム」は、「お客さん」側の子どもたちからすれば、「必ずしも必要ではないもの」にあてはまるのではないか。「IKEA」初期には、「モデルルーム」には「お客さん」はほとんど来なかった。それは、「モデルルーム」での自然な振る舞い方を、「お客さん」側の子が想像しづらかったからだと推察される。また、当初から「ソフトクリーム」「ホットドック」づくりも行われていたが、その時点ではつくったものが積極的に遊びに活用されることはなかった。仮に、「スーパーマーケット」の店構えの中に、大根や人参など野菜がたくさん置いてあれば、それらはスーパーマーケットの野菜として魅力を発揮するかもしれないが、「モデルルーム」に「ソフトクリーム」という状況は、多くの子にはスーパーマーケットの野菜ほどわかりやすくはなかったのではないか。他の要因との関連によって、初期の「ソフトクリーム」「ホットドック」は、「お客さん」としての日常生活を送る上では「必ずしも必要ではないもの」としての面が大きくなってしまい、存在感が希薄になっていたと推察される。

　なお、仮に、「ソフトクリーム屋さん」において、バラエティ豊かな「ソフトクリーム」づくりが進めば、遊びの展開はまた違っていたかもしれない。「ソフトクリーム屋さん」で「ソフトクリーム」を買うということは、イメージしやすいことだからである。ただし、単純に遊びが停滞したから悪いということではない。停滞していた時期があっても、課題を乗り越えるべく試行錯誤していくことが重要ではある。

　さて、こうした状況からは、次の2点を押さえておくことが重要であろう。

　ひとつは、「必ずしも必要ではないもの」であっても、それを再現したいと思う子はいるということである。スーパーマーケットの野菜＝食べるものという遊び方のわかりやすい物だけでなく、何に使うかわかりづらいものについても、子どもたちは子どもたちなりに意味を見出している。そして、よほど突飛なものでない限り、そのものの制作に取りかかることも可能である。

　もうひとつは、「IKEA」を行おうとする側によって「必ずしも必要ではないもの」の制作が進められるということがあっても、その制作物での遊び方

がそれを受け取る側には伝わりづらいという課題があることである。1学期のあいだは，「モデルルーム」の制作などは熱心に行われ，「IKEA」を進めようとしている側の子の活動はそれなりに深まっていた。一方，他の子たちにはその「IKEA」の意味は伝わりづらかった。「モデルルーム」に入ってみたものの，何をすればいいかわからず，しばらくして立ち去るという様子もたびたびみられた。モデルルームの再現という遊びは，野菜を買って調理の真似や食べる真似をするといった遊びとは異なり，遊び方を想像しづらい。単純な「おうち」ではない「モデルルーム」の中で何をすればいいかということや，そこで家具を売っているということは，多くの子にとってわかりづらいものであったはずだ。現に，「お客さん」となろうとする子は少なかった。

　子どものつくろうとするものが「必ずしも必要ではないもの」であっても，その制作活動自体は成立する。ただし，その制作物を用いて周囲を巻き込みながらの活動を展開していくためには，幾許か困難が伴う場合がある。個人の感じるリアリティを追求することの多様性と可能性と，それを共有していくことの難しさが示唆される。もし保育者側が「遠足型消費」型の「ごっこ遊び」を継続させたいと願うなら，こうした課題を乗り越える必要がある。

(3)「雰囲気」づくり

「遠足型消費」においては，単純に商品を陳列・販売するだけでなく，「非日常感」や「宝探し感」の演出，広く言えば「お店全体の雰囲気」の演出が重要である。

　1学期のあいだは，上記のことに取り組むところまでは活動が発展していかなかった。その結果からか，「お客さん」は少なく，A幼稚園の慣例からすれば，「IKEA」が終息し，跡地に別のテナントが入るといった可能性もあった。

　それでも，「IKEA」が発展していったのは，たとえ意図的でなかったとしても，「IKEA会議」を契機としてIKEAらしい場づくりが進んだことが一因だと思われる。「IKEA会議」によって示された活動の方向性は，(1) 実際

のIKEAにあるものをつくって売るということ，(2) IKEAになくとも「みんなが使う物」を売るということである。この後に活動が深まっていったことはすでに記したが，この「IKEA会議」の意義についてもう少し考えてみたい。

まず，(1)と(2)のふたつの方向性には共通していることがある。それは，現状はとにかく物が少ないという問題意識である。「IKEA」を「遠足型消費」の舞台とするのであれば，物が少ないことは大きな問題である。ところせましと物が並ぶことは，「非日常感」や「宝探し感」を演出するひとつの要素になりうる。

ただし，「ごっこ遊び」のためにものをたくさんつくるということは，他の一般的なごっこ遊びにおいてもありえる。野菜が少ない「八百屋さん」よりも，野菜が多い「八百屋さん」で遊ぶ方がおそらく楽しいはずである。そのため，ものをたくさんつくるという発想自体は，「遠足型消費」型「ごっこ遊び」特有のものではないと言える。

それでも，ものがたくさんあるということは，大型店舗であるIKEAをIKEAたらしめている特に重要な要素ではある。「八百屋さん」にものがたくさんあるか否かというレベルよりも，もっと大きな影響を実践に与えうるはずだ。

かくして様々な物がつくられていくことになるが，(1) としてつくられたものは，確かにIKEAにあるものではあるが，ひとつひとつのものを個別に取り上げれば，「必ずしも必要ではないもの」が多い。たとえば，「紙製のメジャー」もそれ単体では扱いづらいものである。

ところが，そうした扱いづらいものであっても，ひたすらに数が増え，売り場が工夫されるに従い，それらは総体としてIKEAにあるものとして意味を持ち出したように見える。「お店全体の雰囲気」がつくられるようになったとも言える。活動が深まるにつれ，保育者が「IKEAっぽくなってきたでしょ」と筆者に嬉しそうに語ることも何度かあった。「紙製のメジャー」も，本来の（？）用途のように商品を測るために用いられることは少なかったが，最後まで制作は続けられ，壁の一角に飾られ続けた。「雰囲気」をつくるのに一役買っていたのだ。

第5章 事例①——「IKEA」にみるリアリティとファンタジーの基本構造

　また,「雰囲気」について一点付け加えておく。年度末頃にはたくさんの商品が並ぶようになっていたが,それらは乱雑に並べられているのではなく,子どもたちなりにカテゴリ化されて並べられていた。子どもたちが個物の制作活動のみに没頭していたのではなく,IKEAらしいの雰囲気を再現しようとしていたことが窺える。

　「お客さん」の様子を見ていると,具体的にねらいを定めて買い物に来るだけでなく,なんとなくぶらぶらして商品を眺めたり,時に「モデルルーム」を居場所としたりと,思い思いに「IKEA」で過ごす様が見られるようになっていた。保育者はこうした様を,「〔筆者注：子どもたちが〕IKEAっぽい雰囲気を楽しむことができるようになった。前〔1学期ころのモデルルームなど〕はさ,何したらいいかわからなかったと思うんだけど」と捉えていた。こうした行動は,ただぼうっと過ごしているだけと見ることもできるが,実際の「遠足型消費」の特徴にあてはまるものであり,その枠組みから解釈するならば,ここにきてそれぞれが「遠足型消費」的な行動をとれるようになったと見ることができよう。

　次に（2）の方向性について考えてみよう。子どもたちは,「お客さん」を集めるため,「みんなが使う物」を置くという発想に至った。ここでの「みんなが使う物」とは,紙粘土,画用紙など,まさにこの保育室で「みんなが使う物」であった。当然,子どもたちは必要に応じて「IKEA」に集うようになる。この過程はつまり,リアリティあるIKEAを再現しようとしているところに,IKEAにはない要素が取り入れられたということである。「IKEA」の場に異なる複数の異なるリアリティが混在するようになったということだ。

　本事例に限って言えば,IKEA以外の要素を取り入れたことは功を奏し,「お客さん」は増加した。もし（1）と（2）の方向性のどちらかが出されなかったらどうなっていたか,という仮定をすることは難しいが,実際のIKEAに行ったことのある子が少ないという状況では,よりわかりやすくこの遊びに参加できる入り口を用意するということがあってもいいはずである。IKEAらしいものをたくさんつくることで,IKEAらしさを演出することは可能で,それに魅せられた子が集まるということもありえるが,一方

で，IKEAらしさを追求するだけでは難しい面もあるとも思われる。(1)の方向性だけでは，ごく一部の子のみが参加する遊びになっていたかもしれない。

「IKEA」においては，大別すれば，IKEAとしてのリアリティを追求する子と，IKEAにこだわらずに複数のリアリティが混在した（大人からすれば）ヘンテコな空間を楽しむ子がいて，そうした多様な子たちが集まって独自の「IKEA」というひとつの場所が生まれていたと，その構造を読むことができる。

(4) 体験的な要素

「IKEA」が進むにつれ，IKEAらしさの再現として，体験的要素の工夫もみられるようになった。

まず，「IKEA」をつくる側について考察したい。たとえば，「キッズルーム」［写真5-3］，動線の工夫［写真5-4］などが自ずとかたちづくられていたが，こうした活動の意義を真面目に語るならば，個人商店における野菜などの個物に注目するだけでなく，大型施設としてのIKEAという場の役割までを再現しようとする試みだと言える。こうした活動を進めるためには，つくりたいものをただひたすらつくり続けるという発想だけでなく，「お客さん」にいかに体験的に楽しんでもらうかという発想をすることが必要になる。

次に，「IKEA」で遊ぶ側についても考察したい。最終的に「IKEA」にはたくさんの部屋ができ，商品もたくさん並ぶことになった。その中では，「モデルルーム」で休憩することもできるし，「キッズルーム」で遊ぶこともできる。もちろん，商品を選ぶこともできる。「IKEA」はひとつの「おみせ」ではあるけれど，そこでの体験の仕方は多様である。多様な楽しみ方があるという「遠足型消費」的な特徴が「IKEA」では用意されていた。そしてその中で，「お客さん」の子らは多様な楽しみ方を実践できていた。保育者は，「IKEA」が広く親しまれるようになったことについて，「それぞれが「IKEA」なりの遊び方がわかってきた」からだと話していた。「IKEA」を見渡すと，一見，子どもの動きはバラバラである。買い物をしているのか，ぼ

第5章　事例①——「IKEA」にみるリアリティとファンタジーの基本構造

うっとしているのか，全体として何をしているかが捉えづらい。しかしその内実は，それぞれがそれぞれの楽しみ方で過ごすという「遠足型消費」のあり方を実践していたということなのであろう。

　この事例をふまえれば，「遠足型消費」型「ごっこ遊び」においては，「八百屋さん」だから野菜を売り買いするという一面的な遊び方だけでなく，多様な遊び方が用意され，実際に多様な遊び方が見られること，あるいは保育理念としてそうした遊び方を良しとみなすことが，活動の展開を支えるものになると示唆される。保育者がリアリティを追求した活動として「遠足型消費」型「ごっこ遊び」を援助しようとするならば，子どもが「遊んでいる」という状態についての多様な認識が必要になる。ステレオタイプ的な遊び像だけでは不十分である。その際の多様な認識の仕方は，「IKEA」の「お客さん」であればIKEAのお客さんに学ぶという志向が重要であろう[16]。

4.「IKEA」の構造を読む
——リアリティとファンタジーの多層性

　ここまでの「IKEA」についての考察から，園の所在する周囲の環境によっては「遠足型消費」型の「ごっこ遊び」なるものが成立しうることが示された。この時代なりのリアリティを追求した場合における，保育実践のひとつのあり方ということになろう。

　また，それだけでなく，「IEKA」の構造は，「ごっこ遊びの基本構造」（八木1992）［図4-1］として示される「現実世界」と「虚構世界」の二重構造からだけでは説明し尽くせないものだと読むことができる。どういうことか？

　A幼稚園の「IKEA」では，確かに保育室の一角がIKEAに見立てられる。しかし，その「IKEA」では，1年ほどの長い期間をかけて，IKEAにはない要素も取り入れられていく。だからといって，その「IKEA」はIKEAから遠くかけ離れたものだと子どもたちに認識されているわけではなく，何人もの子が「IKEA」からIKEAを思い浮かべ，さらに新たなIKEAの要素を取り入れようと腐心していく。他方「IKEA」は，ほぼ1年かけて試行錯誤の上

運営されていくものであり、保育室内に存在しつづける確かな物体でもある。一時だけIKEAに見立てられ、すぐに片付けられるというものではない。そうした存在は、単に「現実のIKEAを「虚構世界」として見立てた」という語り方だけでは捉え尽くせないものではないか。八木が「ごっこ遊び」の意義として語っているように、子どもたちは「IKEA」での活動をとおして人間関係や知識を深めていたはずだが、そうした経験の背景には、二重構造よりもさらに複雑な構造があるはずである。

　では、「IKEA」の構造はどのように示すことができるだろうか。まず、実在[17]のIKEAがある。IKEAの諸要素を、子どもたちはA幼稚園の「IKEA」として再現しようとする。子どもたちは「IKEA」という「おみせ」で活動するにあたって、IKEAにある多様で複雑な要素の中から、再現しようとするものを意図的にも非・意図的にも、選びとっている。その認識が子どもたちの「IKEA」に反映される。もちろん、「IKEA」は実在のIKEAではないので、すべての要素が再現されるわけではなく、選ばれない要素もある。また、「IKEA」の店員や「お客さん」の中には、「IKEA」に再現された要素を理解できる子もいれば、そうでない子もいる。ただし、子どもの「IKEA」に取り入れられるのは、現実のIKEAの要素だけではない。IKEA以外の要素も「IKEA」には取り入れられる。IKEAを理解できなくとも、それら別の要素であれば理解できる子もいる。子ども個々の「IKEA」での楽しみ方は異なっているが、それが「おみせ」「まち」というひとつの空間において、時と場所をともにしている。「おうち」での活動は長期間継続し、商品なども増え、「雰囲気」がつくられていく。すると、諸要素について何もわからなくとも「雰囲気」自体を楽しめるという子もでてくる。IKEAというリアリティは、要素や認識の濃淡によって、「IKEA」というファンタジーある空間が成立していく。IKEAを目指しているからといって、やみくもにリアリティ追求を徹底すればいいわけではない。

　こうした構造は、［図5-2］のような概念図として示すことができる。「IKEA」は、こうした複雑的な構造において展開していたことになる。この実践には、「現実世界」を「虚構世界」として見立てるという単純な構造では捉えられない複雑さがあることがわかる。

第5章　事例①――「IKEA」にみるリアリティとファンタジーの基本構造

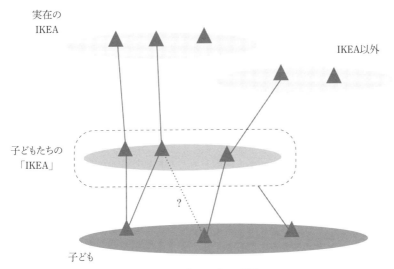

図 5-2　「IKEA」の構造

　さらに，保育者の役割について考えるのであれば，[図5-2]のような構造を捉えつつ，多様な認識をする子ども個々にどう応じていくかが関心事となりうる。A幼稚園では，「センスとタイミング」という言葉で保育者の援助の仕方が語られていたが，「センスとタイミング」が発揮される時には，子どもの遊びがこうした構造として理解されているのではないかと想像することができる。「遊びこむ」姿が継続される場合には，リアリティとファンタジーがうまくかさなりあっているのだろう。一方，「センスとタイミング」の発揮に困難を感じる際，「遊びこむ」ことを子どもが止めてしまう際には，こうした構造を参考にすることができよう。子どもが認識しているリアリティは何か，共有できていないリアリティは何か，などと考えるのである。どこか，噛み合っていないところ，足りない要素があるのではないか。

　また，これまで個別に論じてきたことであるが，たとえば子どもが「IKEAを再現したい」といったときに，保育者が当のIKEAについて理解しておくこととは重要だといえる[18]。「遠足型消費」型「ごっこ遊び」のようにリアリティを追求する方向で活動を進めた場合，「おみせ」としての「ごっこ遊び」は単に売り買いのやりとりからだけでは捉えられない。「必ずしも必要

ではないもの」や「雰囲気」づくり，体験的要素などを重要なものとして捉えていく必要がある。

＊　　＊　　＊

　以上，A幼稚園の「IKEA」を，既存の「ごっこ遊び」の構造よりも複雑なものとして捉えてきた。A幼稚園の「IKEA」には，「現実世界」「虚構世界」の二項からでは捉えられない特徴，構造がみられた。次章では，このリアリティとファンタジーの構造を基本としながら，また別の事例を取り上げて考察を深めたい。

　なお，筆者の主張は「遠足型消費」型「ごっこ遊び」が成り立ちうるからといって，すべての園でこうした遊びに取り組むべきだというものではない。理解すべきことは，その園の文化，その園周辺の環境によっては，子どもがこうした活動を志向しうる場合があり，その際，従来の「ごっこ遊び」とは異なる特徴が示されうるということである。それでも，いつ何時，子どもがこうした「ごっこ遊び」を志向するかはわからない。子どもの発想の芽を摘まないよう，リアリティとファンタジーの複雑な構造に常に留意しておく必要はある。

5.　リアリティとファンタジーという言葉

　ここで，「IKEA」の構造についての考察をふまえ，定義をはっきりさせないまま用いてきたリアリティとファンタジーという言葉が指し示すものについて，いま一歩近づいてみたい。

　ここまでの考察から導くことができる仮説は，ある事実や物体などにおけるリアリティやファンタジーについての言及の仕方は，その人の立場によって変わりうるということである。

　たとえば，A幼稚園を知らない第三者の大人からすれば，千葉県船橋市などにあるIKEAこそがリアリティの世界の存在であり，子どもの世界の「IKEA」はファンタジーの世界の存在だと，おそらくは捉えられるだろう。第三者の大人にとって，IKEAと「IKEA」はリアリティの下に同列ではない

第5章　事例①──「IKEA」にみるリアリティとファンタジーの基本構造

はずである。このように外部から実践を眺めれば，リアリティとファンタジーの区別は容易である。また，これは八木（1992）のいう「ごっこ遊びの基本構造」に類似した捉え方だとも解せる。

　他方，A幼稚園の子どもにとっては，リアリティとファンタジーはそれほどはっきりとは分かれていないのではないか。子どもたちはリアリティの世界のIKEAに憧れて，自分たちの「IKEA」をできるだけそれに近づけようとする。大人には，それはファンタジーあふれる微笑ましい行為だと捉えられるかもしれないが，その時「遊びこむ」当の子どもたちは真剣であるはずである。その子らにとって「IKEA」の運営は，自分たちの日頃の生活の多くの時間をしめる，リアリティある行為以外の何ものでもないであろう。それが自分たちにとってリアリティある行為でなければ，「お客さん」を集めるために，来る日も来る日も頭をひねることもないだろう。また，「遊びこむ」ことを目指す保育者らも，「IKEA」が子どもたちにとってリアリティある活動となるよう援助に腐心しているはずである。もちろん，ひとりひとりの「遊びこむ」程度は違っているはずだが，基本的に子どもの立場からすれば，「IKEA」にも何かしらのリアリティが認められる。

　さらに他方で，子どもたちにIKEAと「IKEA」の区別がついていないかというとそうでもない。そうした発言や事例を確認できたわけでないが，「IKEA」がIKEAの直営であると誤解している子はいないと捉えていいはずである。「IKEA」の運営はリアリティある行為になりうるが，IKEAとまったく同等のリアリティを子どもたちが認識しているとは言い切れない。

　また，子どもたちの「IKEA」では，IKEAにない要素が取り入れられることも是とされていた。子どもたちの活動は，大人が思うIKEAとしてのリアリティの追求一辺倒ではない。言い換えれば，「IKEA」はファンタジーの要素が入り込んだ存在および活動ということになろう。実践の記述にあったように，ファンタジーの要素が「IKEA」にあることで，IKEAのリアリティに触れていない子でも，その空間を楽しめる可能性が出てきていた。

　こうした可能性を挙げていくと，A幼稚園の子どもたちはリアリティとファンタジーの違いをどのように認識しているのかという疑問が浮かぶ。子どもたちの会話の中では，IKEAが「あのイケア」と呼ばれることがあり，

「IKEA」が「こっちのイケア」と呼ばれることがあったと確認できた程度である。もし筆者が「この「IKEA」はニセモノ？」と子どもに問いかければ、子どもたちは様々なことを答えたかもしれないが、そうして誘導した答えから認識の線引きを解することが妥当とは思えない。さらに言えば、IKEAのことをまったく知らない子にとっては、当のIKEA自体がファンタジーある存在と認識されているという可能性もある。

こうした点については、観察中に認識の違いを確かめきれなかったと否定的に解することもできるが、一方で、そもそも子どもたちにとってはリアリティとファンタジーに明確な線引きをすることは意味のないことなのではないかと考えることもできる。子どもたちにとっては、「あのイケア」と「こっちのイケア」が存在しているのみであり、リアリティを追求しつつファンタジーも受容しているのである。そうした一見すると矛盾するような世界が、子どもの実践の世界なのではないかと想像をすることができる。保育者らにとっては、子どもたちに無理矢理にでもリアリティの追求をさせるのではなく、こうした矛盾するような世界をゆるやかに受け入れられるような場が成立するよう、援助していくことが重要になる。

こうした混沌とした世界を読み解くためには、これまでも論じてきたように、二重構造的な解釈では不十分である。様々な立場を想定しながら、リアリティとファンタジーのかさなりに目を向けていくことが、とりわけA幼稚園の保育実践の解釈には必要なのではないか。リアリティとファンタジーの違いは子どもにとっては意味がなくとも、その世界を読み解こうとする大人には、使いようによっては有意味となるだろう。リアリティの中にファンタジーが含まれることもあれば、その逆もまたありうる。そうすると、この2つの言葉は意味をなさないということにもなりかねないが、そうした仕方でしか語り得ないものがあるのではないかと考えたい。実践を解釈する際に、無理矢理に二重構造にあてはめて解釈するのではなく、立場による異なった解釈の可能性、相対的に意味をなしうる言葉の使い方などを視野に入れ、活動を捉えていくことが重要であろう。

注

1) もちろん，地域や，家庭での考え方などによる差はあるはずだが，ここではより広い視点から考えたい。
2) コストコに関しては，公式ウェブサイトを参照のこと。
http://www.costco.co.jp/p/（閲覧日 2016 年 11 月 11 日）
3) H&M に関しては，公式ウェブサイトを参照のこと。
http://www.hm.com/jp/（閲覧日 2016 年 11 月 11 日）
4) 同じく中沢・古市の調べによると，ショッピングモールに訪れる人は，「自分のモノも子どものモノも買えるし，フードコートで気軽に食事もできるし，映画も観られるし，気分転換にもってこい」「一日のんびりできる」「自由にだらだらできるから気楽」と話すという。やはり，必要なものを買うというだけでなく，体験的要素が重要であることがわかる。
5) IKEA について詳しくは，公式ウェブサイトや文献を参照のこと。http://www.ikea.com/jp/ja/（閲覧日 2016 年 11 月 11 日）
北岡孝義（2010）『スウェーデンはなぜ強いのか―国家と企業の戦略を探る―』PHP 研究所
6) ここで八百屋を例に挙げた理由は，個人商店としてイメージしやすいと思われたからである。必ずしも八百屋そのものでなくてもよい。また，師岡（1992）が「ごっこ遊び実践の変遷」（pp.18-23）として，日本の保育史上の代表的な「ごっこ遊び」の例として，八百屋ごっこと呼べるような実践を複数挙げていることも考慮している。現在では，地域性もあるはずだが，「八百屋をやりたい」と言い出す子は少ないと思われる。
7) 現実の IKEA，実際の IKEA などと言う方が，私たちにはわかりやすいが，子どもにとっては「IKEA」も現実のものであるため，こうしたわかりにくい言い方を採用している。ところどころで「実際」「現実」などの言葉を用いることもあるが，それは，文脈によって判断に難くなさそうで，用いた方が文意が伝わりやすそうだと判断した場合である。
8) 「A」の部分は幼稚園の名前である。
9) ニトリについては，以下の公式ウェブサイトを参照のこと。
http://www.nitori-net.jp/（閲覧日 2016 年 11 月 11 日）
10) この写真には，「IKEA」とアルファベットで書かれた看板が写っているが，A 幼稚園では，子どもたちに一斉にアルファベットを教えるということは行っていない。筆者はこの看板をつくり始める場面を観察できていないのだが，保育者によれば，ここでは子どもたちが自発的にアルファベットを用いたとのことである。その理由を保育者は，B 児など IKEA に行ったことのある子は，「IKEA の大きい看板を思いっきり見てるから，それを真似したかったんだと思う」と捉えていた。確かに，IKEA の実店舗の看板はとても大きく，印象的なものである。また，保育者は「IKEA っていう文字を書いてるっていうより，ロゴっていうの？……そういう記号として書いてたんじゃないかなあ」とも捉え

ていた。B児らが，必ずしも「IKEA」の綴りを認識していたかはわからないとのことである。実際，この看板の文字の部分は，色画用紙を切り抜いてかたちづくったものになっている。また，B児らは，最初はパンフレットなどに載っているロゴを参考にしていたとのことである。B児らが，「IKEA」という看板をつくったのは事実だが，そこで文字を書くように「IKEA」と書いていたかはわからない。この段階の看板制作については，これ以上の確認はできなかった。他方，後に子どもたちの「IKEA」は，[写真5-7]のように大きな「おみせ」になっていくのだが，その過程で，看板も大きなものにつくりかえられている。この大きな看板はC児とD児がつくったものである。C児とD児は，幼稚園の外で，英語教室に通っている子たちであり，他の場面でも英語に関することを話すことがあり，「IKEA」をアルファベットとして認識できていたはずだと保育者は捉えている。すなわち，文字についての認識も多様であるということだ。

11) サンリオピューロランド（http://www.sanrio.co.jp/themepark/#puroland）（閲覧日2016年11月11日）をイメージし，それを作りたいという子たちが5月頃に早速「おうち」を建てていたが，活動がうまく進まず，空き家となっていた。
12) 注11のサンリオピューロランドの活動に失敗した子たちである。
13) 保護者が保育者に話したとのことである。
14) 保護者が保育者に話したとのことである。
15) インタビュー時は，話の内容があちらこちらにいってしまったので，筆者の解釈を記す。
16) 担任保育者は，この年度中，何度もIKEAに行き，様子を観察してきたと言っている。
17) 子どもたちにとっては，「IKEA」も目の前に実在するものだが，便宜上この言葉を用いる。
18) 加えて，IKEAについての子どもたちの認識の仕方について捉えることも重要となる。

第6章

事例②──「メディア遊び」にみる子どものリアリティ追求と保育者の役割

　第5章では，子どもたちのIKEA再現の活動を取り上げ，背景にあるリアリティとファンタジーの構造が，これまで指摘されてきたような「現実世界」「虚構世界」の単純な二重構造よりも複雑なものとして捉えられるはずだと考えてきた。

　本章では，そうしたリアリティとファンタジーの基本構造を足がかりとし，子どもたちのリアリティ追求のあり方と，それに応じる保育者のかかわり方について，さらに掘り下げてみたい。たとえば，他に子どもたちはどのようなものをリアリティとして捉えているのか，ステレオタイプ的でないリアリティの追求は時に保育者にとって難しいこととなるのではないか，その際に特別な援助の仕方が必要になるのでは？……といったことを考えていく。

　こうした点を記述しようとするのは，リアリティの追求の過程で保育者の試行錯誤と特別な援助がなされた事例があったからである。それは，A幼稚園で「メディア遊び」（新垣2006）とカテゴリ化される，子どもたちがメディアを積極的に活用しようとする活動での事例である。

1.「メディア遊び」のはじまり

　A幼稚園における「メディア遊び」という言葉は新垣（2006）による言葉である。まずは，新垣による話をまとめてみたい。なお，新垣は，「メディア遊び」は「まだ，日が浅い実践のため，今後も試行錯誤が続いていく

ことが予想される」(p.102) と捉えている。

A幼稚園では、創設者・村谷の理念[1]もあり、デジタルメディアを活動の中に取り入れることに寛容である。もちろん、子どもたちに無理矢理メディアを使わせるのではなく、子どもが使いたいと言い出したときや、メディアを取り入れることで活動が発展するだろうと保育者が考えたときに導入が検討される。近年の具体例としては、デジタルカメラ、ビデオカメラ、パソコン（描画ソフト）などが導入されたことがある。時と場合によって、こうしたデジタルメディアを子どもたちも保育者も活用していく。

新垣（2006, pp.97-112）によれば、A幼稚園で初めて「メディア遊び」が行われたのは、2002年度である。これ以降数年の時期をここでは「メディア遊び」の「はじまり期」と呼ぶことにしたい。初めて行われたという意味は、保育者が、その遊びはメディアを中心的に扱った活動だとそのとき初めて認識したということである。そのときは、年度も終盤となった2月下旬頃、年長のある子が「ニュース番組をつくりたい」と言い出した。ビデオカメラを使う「フリー」の保育者の姿を頻繁に見ていた子が、そのカメラで自分がニュース原稿を読み上げる様子を撮影してほしいと願い出たのである。その後、子どもの希望どおり、原稿を読む姿を撮影するという活動が行われたが、卒園間近だったこともあり、それ以上の発展はみられなかった。しかしながら、保育者間では、子どものメディアに対する興味関心の高さが理解され、そうした活動の可能性が意識され始めたという。

そして翌2003年度には、年長で、様々な番組が制作されることになった。まず、年度が始まってすぐに、ある子が「テレビショッピングをやりたい」と言い出した。担任の保育者[2]は、前年度の活動から、メディアを扱った活動の重要性について認識してはいたが、「具体的にどのように活動を行うことができるのか想像もできませんでした」（新垣 2006, p.98）と感じていたという。保育者も子どもも、活動を実現する道筋を見つけられないままであり、その状態は2学期終盤まで続いた。

一方、「ニュース番組」が次の文脈で展開していた。6月頃、ある子がカブトムシの幼虫を園にもってきてくれ、そのことを園のみんなに伝えようとすることをきっかけに、「新聞づくり」の活動が始まった。すると、そのう

第 6 章　事例②——「メディア遊び」にみる子どものリアリティ追求と保育者の役割

ちに,「ニュースはテレビでもやってるよ」と言い出す子があらわれた。その言葉をきっかけに,2002 年度に行ったようなかたちで,ニュース原稿を読み上げ,それを撮影するという活動が行われるようになった。最初はニュースを読むだけであったが,「お天気お姉さん」による「お天気コーナー」が盛り込まれるなど,発展をみせていった。

　2 学期に入ってからも,ビデオカメラを使っての活動は継続して行われた。「ニュース番組」では出演者が限られてしまうということもあり,独自にステージ[3]を撮影する子も出てきた。そうした行為が発展し,ステージで歌や踊りを披露する活動を,「ミュージックスタジオ」という歌番組として再構成する活動が行われるようになった。

　様々な番組がつくられるようになると,「お笑い番組」をつくりたいと言い出す子があらわれた。始めは,保育室のステージの一角をスタジオに見立て,当時流行していたお笑い芸人の真似をして遊んでいたが,そのうちに,その活動は,公開録画というかたちに変化していった。公開録画は,「ミュージックスタジオ」も行われているステージで行われた。

　「お笑い番組」に,芸人役として出演していた子の中には,前述の「テレビショッピングをやりたい」と言っていた子もいた。11 月に入った頃,その子は,お笑い芸人の真似をするだけでなく,「テレビショッピング」の口上を真似て話すようになったという。その口上は,年少の子が「電話して買いたい！」と言い出すほど巧みであり,そのうちに撮影され,上映もされるようになった。個々の活動の文脈がかさなり合い,「テレビショッピング」の「番組づくり」が可能となっていった。

　以上が,新垣による「メディア遊び」の記述の大筋である。

2. はじまり期の実践の構造

(1)「ニュース番組」へのとりかかり

　子どもが初めて「ニュース番組をつくりたい」と言い出したということは,A 幼稚園に新たなリアリティが持ち込まれようとしていたということで

ある。子どものリアリティ志向を，保育者らはどう受け取って，活動として展開させていったのか。「メディア遊び」のはじまり期について，筆者が保育者に行ったインタビュー[4]をたよりにしながら，主として保育者はどのように試行錯誤していたのか，あるいはしていなかったのか，という観点から考察してみたい。

2002年度の実践

　まず，2002年度の「ニュース番組」制作について考えていこう。このとき，子どもが「ニュース番組をつくりたい」と言い出したのは突然のことだったようだが，保育者は，その申し出に対応することができていた。保育者は，「子どもからやりたいと言ったことは何でもやっていいと思っていた」と述べた上で，「深く考えずに，録ってみたらできちゃった」と述べている。

　メディアを活用しての「ニュース番組」は，それまでA幼稚園ではみられなかった新たな活動であったが，保育者に戸惑いがなかった要因としては，次の2点が考えられる。

　第1に，「ニュース番組」をつくるということが，比較的容易にできることだと保育者に捉えられた点が考えられる。ニュース番組は，事前取材，ロケ，原稿作成，番組の構成，アナウンスなど，本来は多様な営みを経て完成するものである。しかし，そうしたことについて深く考えず，素朴にニュース番組らしいものをつくろうと考えるならば，ニュースを読む姿を録画してしまえば，とりあえずそれらしいものは完成する。そして録画したものを上映すれば，ニュースを伝えるというニュース番組の最低限の機能は果たすことができる。この場合，保育者が思い描いた「ニュース番組」のイメージはそのようなものだったのだろう。現に，当時の子どもの要求は，原稿を読む姿を撮影し，見ることのみであった。また，この場合，子どもが自分で原稿を書くと言っていたので，何を読ませればいいのかと悩むこともなかった。もしも，この活動が継続して行われていたら，先に挙げたニュース番組制作の諸要素に向き合うという難しい課題が出てきた可能性もあるが，少なくとも活動に取りかかる時点では，保育者のもつイメージと子どものもつイメージは上記のような，同じようなものだったのだろう。活動についてのイメー

ジが——偶然かもしれないが——共有できていたからこそ,「ニュース番組」制作に軽やかに取りかかることができた。

　ここでは,保育者および子どもがリアリティを限定的に捉えたことが功を奏していたと考えられる[5]。「ニュース番組」の制作過程について深く考えすぎず,原稿読みと録画のみに限定して捉えていたことで,イメージ可能な活動の場を生み出すことができていた。もし,ニュース番組のリアルさを徹底していたのであれば,それは子どもにとって息苦しいものとなったかもしれない。これが単なる偶然か,保育者の長年の勘によるものかは判断しづらいが,何にせよ,実践の場には無理のないほどよい[6]ファンタジーが存在していたといえる［図6-1］。

　第2に,保育の中で,すでに「フリー」の保育者自身がビデオカメラを使っていたという点が考えられる。日常的にビデオカメラを使っていたことで,そのビデオカメラでニュースを撮影したいという子どもの願いを,即座に理解することができたのだろう。もし,保育者にビデオカメラの使用経験がなかったなら,子どもを撮影することに気軽に取り組めなかったかもしれない。あるいは,ビデオカメラを準備してもいいのかというところからの議

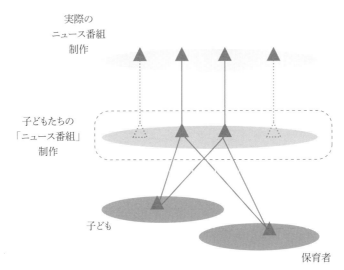

図6-1　「ニュース番組」における限定的なリアリティ認識

論が，保育者間でなされていた可能性もある。この場合は，ビデオカメラを使っている保育者の様子を子どもが見ていた。そのビデオカメラで撮影するということが，他の保育者にも子どもにも共通して理解されたのだと考えられる。そのため，戸惑いなく活動に取りかかれたのだろう。

2003年度の実践

　翌2003年度にも「ニュース番組」の活動は行われた。そのときは，子ども自らが「新聞づくり」の活動を「ニュース番組」に発展させたいと思いついた。そうした文脈から，新聞記事を転用したものが，ニュースで読む原稿として活用されることになった。2002年度と同じく，原稿の準備は子どもたち自身で行うことができ，あとは撮影するのみという状況となっていたのである。そのため，保育者の側で，ニュースで何を読むのかと心配することはなかったのだろう。子どもの側でも，その新聞記事を読めばいいという考えから，「ニュース番組」のイメージが具体的に見えており，自分たちの力で「ニュース番組」をつくれるという意識をもてていたはずである。

　一度「ニュース番組」がつくられると，子どもたちは，「ニュース番組」を発展させるべく，「お天気コーナー」などを企画していった。これは，保育者による誘導的な援助があってなされた活動ではない。「ニュース番組」で子どもたちなりに培った番組制作の仕方を，子どもたちなりに発展させたものである[7]。現実のニュース番組が，子どもたちによって「ニュース番組」として再現され，そこでの経験が，ひるがえって現実のニュース番組以外のテレビ番組の様々な要素に目を向けさせた。こうして様々に活動がつながり，かさなりあっていったのである。各活動の関係は［図6-2］のようにかさなっている。

　以上のとおり，「ニュース番組」へのとりかかりにおいては，（1）保育者がもつニュース番組についての限定的な認識，（2）子どもがもつニュース番組についての限定的な認識，（3）子どもがもつ保育者のメディア使用についての認識，（4）保育者がもつ保育者のメディア使用についての認識という関係の要素があり，さらに（5）「ニュース番組」についての子どもたちの多様な認識によって，「メディア遊び」として様々に拡大していったという多層

第6章　事例②──「メディア遊び」にみる子どものリアリティ追求と保育者の役割

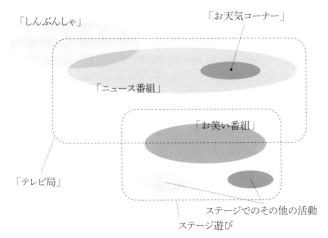

図6-2　活動のかさなり

的な構造があることがわかる。ここで「多層的」という言葉を用いるのは，それぞれの要素の関係が，ひとつ結びつけばひとつは消えるというものではなく，ある期間において同時に複数存在し，影響を与え合うものだからである。

(2)「テレビショッピング」の難しさ

次に，「テレビショッピング」について考える。保育者は当初，「具体的にどのように活動を行うことができるのか想像もできませんでした」と感じていたという。その意味をどう捉えればよいだろうか。その保育者は，2002年度に「ニュース番組」制作を経験した保育者であった。そうした経験がありながら，「テレビショッピング」への援助の仕方に困ったのはなぜだろうか。

「ニュース番組」と「テレビショッピング」の違いから考えていこう。どちらの活動も，話している人の様子を録画するという点では変わらない。しかし「テレビショッピング」は，「ニュース番組」と違い，単に撮影した映像を見るだけでは成立しないと懸念される。「ニュース番組」では，登場するアナウンサーが読むニュースを，一方的に見聞きするだけでも，一応は活

動が成立する。一方,「テレビショッピング」は,一方的に見聞きしてもらうだけでは,活動が成立しない。活動が成立するためには,たとえば,番組内で紹介する魅力的な商品がなければならない。商品を宣伝する口上も身に付けなければならない。さらに,見ている人が電話をかけるなどして,商品を買えるシステムも必要になる。これらは大人の杞憂かもしれないが,そうした点をふまえなければ,テレビショッピングらしい活動を行うことができないのではないかと心配される。このように,「ニュース番組」のあり方よりも,「テレビショッピング」のあり方の方が複雑ではないかと考えることができる。このような,複雑な要素からなるリアリティを,子どもらの活動として具現化することは,確かに難しいかもしれない。

　他方,ここで特筆したいのは,本当に「テレビショッピング」が難しいのかどうかということよりも,保育者が直感的にそう感じていたということの影響の方が大きかったであろうことである。保育者自身は,「もしかしたら私が難しく考えちゃっただけかもしれないけど。やってみたら意外にできたかも」と述べている。子どもがはじめ「テレビショッピングをやりたい」と申し出たときに,その子がどこまで活動の仕方をイメージしていたかはわからないが,保育者とのイメージが離れていたことは窺える[図6-3]。その

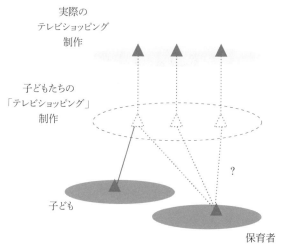

図 6-3 「テレビショッピング」についての認識

第6章 事例②――「メディア遊び」にみる子どものリアリティ追求と保育者の役割

とき,保育者は,「ニュース番組」のように簡単につくれるとは思わず,「難しく」考えてしまっていたのである。たしかに,深く考えず,実際のテレビショッピングの様子を真似し続けることで,自ずと活動が軌道にのっていった可能性もないわけではない。

　保育者が「難しく」考えたとはどういうことか,もう少し詳しく考えてみたい。「なぜ「テレビショッピング」にすぐに取りかかれなかったのか?」という筆者の問いかけに対して,保育者は,「テレビショッピングをやりたい」と申し出た子が,はじめはひとりだけだったという点も挙げている。その子は,何かしら「テレビショッピング」へのイメージをもっていたはずだが,それを援助してくれる(活動のリアリティを理解してくれる)子が当初はいなかった。保育者は,申し出た子以外の子に,どのように活動のイメージを共有させ,どのように巻き込んでいけばいいのかといったことについても,悩み立ち止まったのだろう。

　すなわち,保育者にとっては,自分自身のリアリティについての認識(テレビショッピングはどういうものか?)と,クラスの子どもたちのリアリティについての認識についての認識(「テレビショッピング」を共有できるか?)の2つが,活動を成立させるための重要な観点となっていた[図6-4]。双方がつながりうると判断された場合には,積極的な援助がなされるのだろう。これは,「センスとタイミング」が発揮される場合の構造だと

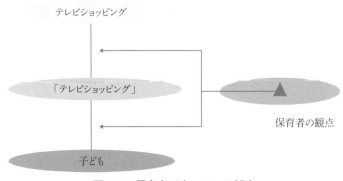

図6-4　保育者がもつ2つの観点

解せるのではないか。

　また，最終的に「テレビショッピング」が行われたのは，「テレビショッピング」に至るまでの様々な活動の積み重ねがある他，最初に申し出た子がいたからこそだとも考えられる。保育者は，「主役の子[8]がいなかったら〔筆者注：「テレビショッピング」は〕できなかったと思う」と述べている。その子は，そもそもテレビショッピングの口上を真似するのが得意であった。事後的な理解ではあるが，保育者の戸惑いの要素であった「テレビショッピング」をやってのけるだけの素養が，すでに備わっていたのである。そして，活動を進めるうちに，その子が言う「安いよ，安いよ〜」という台詞は他の子にも真似されるようになった。他の子に活動のイメージを共有させる術が見つからないことも保育者の戸惑いの要素であったが，その子の振る舞い自体が，仲間を増やしていく要因になっていったのである。保育者の戸惑いのもととなっていた，その子の再現したい活動に他の子を巻き込めかということや，その子に「テレビショッピング」を行うだけの技能があるかというは，この場合はその子自身において，解決させられた。

　すなわち，複雑なリアリティをもとにした活動を進めるためには，(1)「主役の子」がリアリティを認識できるということと，(2)「主役の子」以外が，そのリアリティを認識できること，(3) リアリティの認識ができないまでもファンタジーとして楽しめるかということが重要になる。また，(4) 保育者がリアリティをどう認識しているか，(5) 保育者が子どもたちのリアリティの認識をどう認識しているか，ということも活動の展開に影響を与える。

　なお，「主役の子」以外がリアリティの認識に至るまでは，他の活動との接点が有効に機能する可能性がある。たとえ当のリアリティを認識できないときでも，他の活動との接点があることで，同じ空間にあるファンタジーとして活動の雰囲気自体を楽しめるようになるかもしれない。そこから，当のリアリティへの認識に至ることもあるだろう。「テレビショッピング」成立の構造はこうした多層構造となっている［図6-5］。（これは，第5章において，IKEAを知らない子でも「IKEA」の雰囲気を楽しめていたということと似ている）

第6章 事例②——「メディア遊び」にみる子どものリアリティ追求と保育者の役割

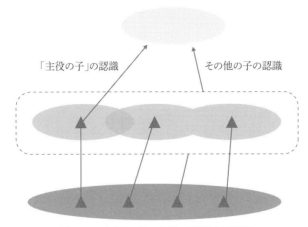

図6-5 多様なリアリティ認識の可能性

3. 2009年度の「メディア遊び」の展開

(1) 前提

次に,最近の「メディア遊び」の事例を取り上げよう。取り上げるのは,筆者が参与観察した2009年度の年長クラスにおける「メディア遊び」である。前節までの考察で,リアリティの追求を継続していく活動においては,保育者や子どものリアリティの認識の多様性が重要な観点となることが導かれた。本事例では,保育者が援助しきれなかったリアリティがあった場合,どういう援助が可能かということが描かれる。

2009年度の年長クラスの概要

2009年度の年長の概要について記しておく。年長は,2クラスをあわせて男子32名,女子29名で年度スタートし,途中転入で男子が33名に増えている。最終的には合計62名であった。また,2009年度にあった「おみせ」は,この後に詳しく見ていく「メディア遊び」である「ATV」[9],虫や宇宙などについて調べることが転じてできた「地球ミュージアム」,園通貨を管理する「A国立銀行」[10],テレビ番組「ピタゴラスイッチ」[11]を真似た体験

145

型施設，ケーキ屋さんの「スタジオカフェ」，新聞を発行する「しんぶんしゃ」，アクセサリーやドレスを制作・販売する「キラキラコレクション」，園庭開放日に保育者を助ける「みかんぐみ」である。また，この年度，この「まち」は「Tタウン」[12]と名付けられていた。

参与観察の概要

　以下，筆者によるフィールドノートをもとに事例を記す。事例中に登場する保育者は，2002年度と2003年度のエピソードにも登場した担任保育者である。前章の「IKEA」と同様の理由から，ところどころで筆者による補足がさしこまれている。

　参与観察の仕方について確認しておく。2009年度の参与観察は，年度をとおして，週1〜4回程度行った。筆者は前年度・2008年度から同様のペースで継続して園を訪問している。そのため筆者は，筆者自身が意図せずとも，子どもらにとってかなりの程度馴染みある存在となっていた。そのため，子どものかかわりを意図的に拒否するような不自然な振る舞いはせず，必要に応じて子どもとかかわりながらの観察をした。そうした意味では，筆者は「消極的な参加者」であると言える。ただし，後に記すように，停滞していた活動を展開させるために，筆者が具体的な援助をする機会があった。これは，保育者との相談の結果として行ったものである。このように，時に「積極的な参与者」として，保育者に近い立場で子どもたちと接している。ところどころで引用する保育者の発言は，実践中や実践後に筆者が聞いた話である。必ずしもインタビューの場を設定していたわけではない。それ以外にも，特に筆者が訪問できなかった時の事実を確認するためのインタビューは度々行っていた。

　実践の記述に先立って，前章の「IKEA」の記述の際と同様，どの子がいつ頃から「メディア遊び」に参加しているのかという目安を［図6-6］に記しておく。この図は，筆者のフィールドノートをもとに作成し，担任保育者と直接話し合い修正をしながら制作したものである。図の見方は，「IKEA」と同様である。ただし，ここでのアルファベットは「IKEA」のアルファベットとは対応していない。なお，2学期以降は，参加者に大きな変化はない。

第6章　事例②──「メディア遊び」にみる子どものリアリティ追求と保育者の役割

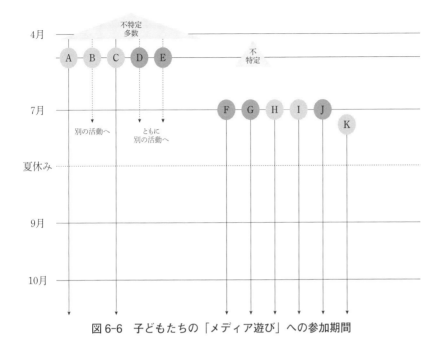

図6-6　子どもたちの「メディア遊び」への参加期間

「観察した事実」の表記方法は，第5章と同様である。

(2) 1学期の過程

年度が始まってすぐ，子どもたちが保育室前方に並び，次のようなことを話していく活動が毎日のように見られた。子どもたちのやりたいという要望から始まった活動である。

> 「昨日，お父さんとお母さんとおばあちゃんと，ディズニーランドへ行ってきました」
> 「お外でこの虫を捕まえました」

この活動は，子どもと保育者には「びっくりニュース」と呼ばれていた。子どもたちが，自分が経験した出来事について，自分なりに原稿を書

き[13]，ステージに上がり，マイクをとおして発表するというものである。時間は降園前の「お集まり」の時間に行われることが多かった。希望者なら誰でも発表することができ，毎回10人くらいの子が発表のために列をつくっていた。［図6-6］では，「不特定多数」の部分に該当する。もちろん，時間の都合で，全員が発表できないこともあった。ゆるやかな活動である。

　その日あった出来事を発表すること自体は，この年長の子らが年中のときから行われていたが，ステージとマイクを使えるようになったのは年長になってからである。そうした新たな環境や機材によって，遊びが展開したと言える。ステージにはテーブルとイスも置かれるようになり，原稿を読む様は，さながらアナウンサーのようだと筆者には感じられた。

　1週間ほど「びっくりニュース」が続くと，ニュースを発表している最中に，A児とB児から，次のような声が度々上がるようになった。

　　A児「ほんとのニュースみたいにテレビに映ってみたい」
　　B児「テレビ局つくればいいんじゃない？」

　そこで，担任保育者と「フリー」の保育者によって，次のような援助がなされた。

　　担任保育者と「フリー」の保育者は，ビデオカメラを持ち出し，子どもたちに「びっくりニュース」を読む様子を撮影させ，テレビに映し出させた。機材を使わせることの是非については議論はなかった。A児・B児を始め子どもたちは，「ほんとのニュースみたい！」と声を上げ，興奮した様子であった。

　一度撮影してから映像を見るということは，子どもたちにとっては非常に手間のかかることのようであったが，テレビに自分や友だちが映っている様は，子どもたちから発せられる言葉を用いれば，「ほんとのニュース」のようだと認識され，歓迎された。次の日から，A児とB児を中心に，数名の子どもたちから次のような声が聞かれるようになった。

第 6 章　事例②——「メディア遊び」にみる子どものリアリティ追求と保育者の役割

「今日はニュースやる時間ある？」
「今からニュースやっていい？」
「おれカメラやりたい」

　A児とB児は，特に「びっくりニュース」に積極的に取り組もうとした。筆者にはそのタイミングは確認できなかったが，「びっくりニュース」が撮影される「テレビ局」は，彼らによって「Aチャンネル」[14]と名付けられていた。さらに，「Aチャンネル」には，C児，D児，E児らも頻繁に加わっていた。A児，B児，C児，D児，E児は，年度が始まってすぐのときからニュースを読んでいた「不特定多数」のメンバーでもあった。ただし，ビデオカメラを使うことは，多くの子にとって興味のあることのようで，この中心の子たち以外にも，出入りは多かった。その日の気分で，ニュースの撮影に加わるような子も多々いたということである。
　中心的にこの活動を進める子らからは，「アニメつくろうよ！」「ドラマは？」といった声も挙がっていた。毎日継続して「びっくりニュース」を撮影しながら，今後の活動の展開に夢を膨らませている様子であった。なお，「Aチャンネル」がつくられた後も，学年の誰でもニュースを発表することはできた。
　この「Aチャンネル」がさらに展開をみせたのは，7月に入ってからである。きっかけは次のようなことである。

　　ある日，それまでは「Aチャンネル」の活動に「不特定」としてかかわる程度だったF児とG児が，NHKスタジオパークのことを説明しながら，そのNHKスタジオパークを再現したいと「Aチャンネル」に参加し始めた。

　F児とG児は，偶然にも同時期に，体験的にテレビ局の施設を見学することのできるNHKスタジオパーク[15]という施設に行っていた。園の行事として行ったのではなく，休日に各自で遊びに行っていたのである。F児とG

149

児は，そのときの体験がとても楽しかったためか，それを再現したいと言い出したのである。この時，F児やG児と仲のいいH児，I児，J児も一緒に合流し，一緒に次のような活動を始めている。

> 子どもたちは，NHKスタジオパークを参考に，用途に分けた2つのブースをつくり，それぞれで番組制作を行った［写真6-1］。また，入場者が大きなモニターに映し出される「ウェルカムスタジオ」[16)]の印象が強かったのか，それを再現したいという子もいた。

後者の願いについては，保育者がビデオカメラとプロジェクターを接続し，壁に映像を大きく映し出せるようにして応えた。

その他には，NHKスタジオパークのパンフレットを参考に，マスコットキャラクターを考えたり，チケットをつくったりという活動が行われ始めていた。活動に取り組み出したのが学期末だったため，NHKスタジオパークの再現は，今後に可能性を残し，一時中断となった。なお，B児，D児，E児は1学期途中で，別の活動に興味を示し，そちらに参加し始めていた。

また，1学期終了間際には，「お天気お姉さん」を演じる姿や，「グルメ番組」をつくろうと園内を取材して回る姿も見られるようになった。「グルメ番組」をやりたがっていたのは，K児であった。K児は他の子たちに少し遅れて活動に参加していたことになる。

写真6-1　「Aチャンネル」での撮影の様子

このように，子どもたちにとっては，「Aチャンネル」は，スタジオ見学施設でもあり，テレビ局そのものでもあるという二重の意味をもつ存在であった。本来は，NHKスタジオパークはテレビ局そのものではないため，「Aチャンネル」は幼稚園の外の現実とは異なった要素をもつことになっているが，子どもたちはそうした点は気にせず，2つの方向性の活動を同時に行っていった。

(3) 2学期の過程

　2学期に入っても，「Aチャンネル」の活動は継続して進められた。活動に参加する子どもたちは1学期末の段階から変わっていなかった。2学期開始当初にみられたのは，アクセサリーやドレスをつくっていた子らによる「東京ガールズコレクション」[17]というショーの撮影や，テレビ番組の存在を年少・年中の子らに伝える目的での，テレビ欄付きの新聞づくりなどであった。このように，「Aチャンネル」は，他の活動とかかわりながら，少しずつ活動を広げていた。

　そのように順調に活動を進める一方で，継続して子どもたちの頭を悩ませる課題もあった。それは，「Aチャンネル」のマスコットキャラクターがうまくつくれないということであった。1学期から継続している課題である。キャラクターを描いているところに居合わせた筆者を前に，H児が次の言葉を，首を左右に傾けながらつぶやくこともあった。

　　H児「ねぇ〜「どーもくん」ってすごいんだよ……」
　　H児「NHKは〜「どーもくん」でしょ。これ［写真6-2］は〜人気ない」

　子どもたちの憧れるNHKには，「どーもくん」[18]というマスコットキャラクターがいる。いつしか，「Aチャンネル」にも「どーもくん」のようなキャラクターをつくって，年少・年中の子らに，もっとよく「Aチャンネル」のことを知ってもらいたいというのが，子どもたちの願いとなっていた。なぜ，「どーもくん」にこれほどの感情をもったのかは分からないが，H児の

写真 6-2　初期段階でのキャラクター

発言のように,「どーもくん」が目標となっていたことは確かである。

ところが,キャラクターをつくるということは,この時の子どもたちには難しい活動だったようである。子どもたちは,暫定的にいくつかのキャラクター［写真 6-2］を採用してはいたが,なかなか園内に浸透していかなかった。この場合,単に絵を描いて満足すればいいのではなく,「どーもくん」のように他者に浸透するところまでを子どもたちが望んでいたため,なおさら難しい活動となっていたのである。保育者も,どうすれば理想的なキャラクターがつくれるのかわからず,積極的な援助ができなかった。子どもたち自身は,「かわいくない」「名前がよくない」という感想を話していた。

そうした中,偶然にも,筆者の知人が「どーもくん」の作者である合田経郎氏（以下,合田）[19]に取材をする機会が訪れた。筆者の所属する大学の研究室に,委託研究生として一年間の研修に来ていた小学校教諭が,自身の研究の一環として取材を申し込んでいたのである（どうやら,これまた偶然,幼馴染だったという縁らしいのだが）[20]。

そこで,子どもたちの活動が停滞していたという共通認識があった担任の保育者と筆者で相談し,どうすれば「どーもくん」のようなキャラクターをつくれるのか,アドバイスをもらえないかと依頼してみることにした[21]。すると合田はその依頼を引き受けてくれ,後日ビデオレターが届けられた。なお,合田には［写真 6-2］のキャラクターを見てもらっていた。

ビデオレターは,こちらが教えてほしいとリクエストした質問を前述の筆

第6章 事例②――「メディア遊び」にみる子どものリアリティ追求と保育者の役割

者の知人がインタビューし、合田が答えるという構成であった。以下、いくつかの質問の中から、特に子どもに影響したと思われる質問を、意味を変えない程度に筆者が要約して記す。

Q 「キャラクターはどうやって考えているのですか？」
合田「「どーもくん」は、丸や四角や三角を描いているうちにできました。簡単な形にするのが秘訣ですね」

Q 「キャラクターの名前を考えるコツは何ですか？」
合田「自分は簡単なものが多いです。うさぎのおじいさんだから「うさじい」、コマ撮りをするねこだから「こまねこ」など[22]。凝りすぎると覚えられないので、なるべく簡単な方がいいです」

筆者の知人と合田のやりとりは、大人同士のやりとりであり、幼児向け番組でお兄さんが話すようにはつらつとした内容ではなかった。が、それでも子どもたちは、ビデオが送られたことに感激し、メモを取りながら何度も繰り返しビデオを視聴していた。

メッセージを聞いた後のキャラクター案には、次のような変化が見られるようになった。以前は、［写真6-2］にあるような、細かい描き込みのある人間型のキャラクターが主であったが、以後、丸や四角や三角などの簡単な形で描かれたものが多くなった［図6-7］。それも、ただやみくもに簡単な形を使っているのではなく、「これなら年少さん[23]も覚えられるかな？」

図6-7 アドバイスを受けてのキャラクター案

と，キャラクターづくりの目的を理解した上で描いていた。また，合田のアドバイスどおり，キャラクターの名前も簡単で覚えやすそうなものを考えていた。

そして，たくさんの候補の中から，最終的に「てれびくん」の中に「きもちさん」が入って，色々な気持ちを伝えていくという2つのキャラクター［写真6-3］が選ばれた。選ばれなかったキャラクターは，個別にアニメをつくろうと企画された。

子どもたちの中心的な課題であったキャラクター決めが終わり，「Aチャンネル」は「ATV」[24)]と名を改め，スタジオ見学施設としても本格的に活動を始めた［写真6-4］。その後の流れはまとめて記す。スタジオ見学施設と

写真6-3 「てれびくん」（左）と「きもちさん」（右）

写真6-4 「てれびくん」が出迎える「ATV」入り口

して活動していくために,より面白い番組づくりが目指されるようになった他,「ケーキ屋さん」と結び付き,休憩することができる「スタジオカフェ」が併設された。「スタジオカフェ」内では,「きもちさん」型のクッキーが販売されていた。これは,NHK スタジオパーク内で販売されているキャラクターグッズを意識してのものである。キャラクターが量産されたということは,みんなに覚えてもらえるキャラクターをつくりたいという当初の子どもらの目的が,ある程度は達成されたということであろう。

　こうした活動は,年度が終わるまで続けられた。

4. 2009年度の「メディア遊び」の構造を読む

　本節では,2009年度の「メディア遊び」について,いくつかの項目に分け,考察していく。

(1)「ニュース番組」から「びっくりニュース」へ

　2009年度に行われた「びっくりニュース」は,子どもがニュースを読み,それを撮影するという点において,はじまり期における「ニュース番組」と同様の性格をもっている。類似した活動として語っていいだろう。なお,2002年度以降,こうした「ニュース番組」制作の展開は,何度も見られていたという。

　では,あえて,2009年度と 2002年度の違いについて考えてみよう。2009年度の場合,子どもたちは,2002年度の子のように,具体的なビデオカメラを指し,そのカメラで撮影してほしいという仕方では要望を伝えていない。それでも,保育者は早い段階でビデオカメラを子どもに使用させた。そのように援助した理由ついて改めて問うと,保育者は,「前の経験があるから〔中略〕子どもたちを待っていても出ないものは出ない」ことがわかっていたからだと振り返った。自分たちが本物のビデオカメラを使っても構わないことや,コードでテレビにつなげば撮影したものが見られるということについては,子どもが自主的に気付くのを待つよりも,保育者から伝えてしまった方がいいと考えたとのことである。

こうした発言からは，2002年度と比べ，「ニュース番組」づくりの援助の仕方が，この保育者に「身体化」（新垣2006, p.1）[25]されているということが窺える。ビデオカメラをどのタイミングで渡すのが適切かということについて，逐一立ち止まり考えるのではなく，過去の経験をもとにした判断できるようになったということである。幾度かの「ニュース番組」づくりを経た上で，2009年度の「びっくりニュース」ではビデオカメラは早めに渡した方がいいと即座に判断がなされたのである。

　さらに，保育者は，「メディア遊び」全般について，「〔筆者注：初めて「メディア遊び」にかかわったときよりも〕多少は，〔子どもの活動が〕予測ができるようになったかもしれない。子どもたちだけでできると信頼できるようになった面と，どこができないかがある程度わかった面がある」と述べている。ここでは「びっくりニュース」のみを例示したが，その他の「メディア遊び」についても，言語化できない「身体化」されたレベルでの素養を深めていることが示唆される。このことは，言い換えれば，子どもたちのリアリティの追求が，どのようなかたちで保育室にあらわれ，展開しうるかという見通しを保育者がもてるようになったということである。そうした過去の活動についての認識の蓄積が，次の構造を成立させる際に活かされていくことになる。これを新垣のいう「身体化」のひとつだとすれば，その構造は〔図6-8〕のように表しうる。

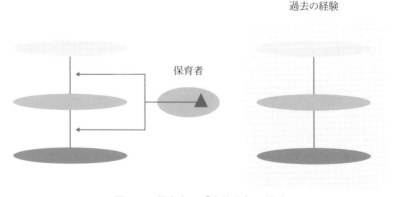

図6-8　保育者の「身体化」の構造

第 6 章　事例②——「メディア遊び」にみる子どものリアリティ追求と保育者の役割

(2)「ATV」のリアリティとファンタジー

　「A チャンネル」および「ATV」は，紆余曲折を経て成立してきた。「びっくりニュース」から始まり，テレビ局が連想され，「A チャンネル」という「テレビ局」となる。「テレビ局」となったことで，「グルメ番組」など多様な番組がつくられることになった。

　「びっくりニュース」をつくっていた子と，「グルメ番組」をつくった子は異なる子である。「グルメ番組」をつくった子は，「びっくりニュース」が「A チャンネル」となってから積極的に活動に参加するようになっている。ひとつの活動を基盤として，個々の子どもたちが様々に響き合う様が読み取れる。

　また，NHK スタジオパークの再現が目指された後も，「A チャンネル」は純粋な「テレビ局」としての機能を持ち続け，様々な番組をつくり続けた。「A チャンネル」は，様々な要素が混在しているという意味ではファンタジーあふれる場であり，子どもたちが日々それぞれの持ち場で活動を行い続けるという意味ではリアリティある場だともいえる，不思議な場となっていた。

　なお，NHK スタジオパークは，スタジオ見学施設であり，それを再現しようとすることは，イコール単純に番組をつくればいいということではない。NHK スタジオパークでは，番組のつくり方を学べたり，現在放送中の番組について詳しく知ることができたりする。そうした施設を再現するためには，事前に様々な番組をつくっておくことも必要だろうし，見学施設のどこをどのように再現するのか検討する必要もあるだろう。そうした活動に取りかかるのは，難しいことのように思われる。

　しかしながら，実はこの保育者には，NHK スタジオパーク見学の経験があった。そのため，まったく進め方がわからないということはなかったようである。子どもが「ウェルカムスタジオ」を再現したいと言ったときも，それがどういうものを指しているのか，イメージの共有を図ることができていた。

（3）キャラクターづくりのリアリティとファンタジー

　2009年度，最も困難であったのは，「Aチャンネル」のキャラクターづくりであった。事例から解せば，キャラクターづくりは幼児が自発的に行うには難しい活動だったと思われる。保育者は，「キャラクターをつくろうとしてもなかなかできないのは，いつものことだな」と感じながら，「絵の上手い子がいれば，パッと上手くいくことがあるだろう」と予測していたと述べている。この場合，単に絵を描くだけでなく，プロダクトデザインの観点からの手掛かりが必要であったが，保育者はそうした事柄に特に詳しいわけではなく，また，活動として扱った経験もなく，子どもたちに具体的な援助をすることができなかった。保育者は，具体的な援助をすることができなかった要因について，他の活動も進み，忙しくて手が回らなかったということと，キャラクターをどうつくればいいのか分からなかったということの2点を挙げている。後者の点においては特に，合田のアドバイスがなければ，活動の発展は見込めなかったと考えられる[26]。

　合田のアドバイスを受けられたのは偶然であるが，実践の成り立ちを考える上では，そのアドバイスを保育に取り入れたということについて，よく考える必要がある。以下に3点の考察を記す。

　第1に，子どもが，自力で学べる以上の専門的な知識や技能が必要な活動を志向する場合，保育者のもつその分野のリアリティの認識が，子どもの活動の限界を示す場合があるということが言える。この場合は，保育者も子どもも活動の仕方に戸惑っていた。子どもの遊びを尊重しようとしても，やはり子どもとしての限界はある。リアリティを追求しようとしても，当のリアリティにいつも到達できるわけではない。子どもたちや保育者がリアリティを想像し追求しようとしても，容易には触れることができないリアリティもあるのである。そうした場合，保育者の援助が必要になるが，保育者にとっても難しい課題の場合，活動はその範囲で停滞してしまう[27]。

　第2に，そのリアリティの世界にいる人物の協力により，そうした課題を解決できる可能性があるということが言える。ここでは，合田のアドバイスを取り入れることで，子どものキャラクター案が飛躍的に向上していった。

第6章　事例②——「メディア遊び」にみる子どものリアリティ追求と保育者の役割

　ここで，飛躍的に向上したということの意味は，芸術表現としての良し悪しという意味ではなく，キャラクターが子どもたちの活動を展開させるだけのものになったという意味である。一見，合田のアドバイスは，A幼稚園では積極的には行われない，一方的な知識伝達であったように思える。内容についても，一般的には幼児に伝えられることがないようなものである[28]。しかしこの場合は，子どもがリアリティある活動を志向し，その限界まで来ていた上での指導であった。そのため，合田のアドバイスの意味を即座に理解し，制作に活かしていくことができたのだろう。

　こうした実践の構造は，次のように，比喩的かつ多次元的にしか語りえない。子どもたちには，リアリティの世界を追求する中で，当のリアリティの世界からの指導を受け入れるだけの，リアリティの受け皿とでもいうべきものが活動中に備わっていた。そこに，普段は幼稚園にはいない存在であり，本来は想像することしかできないような，当のリアリティの世界にいる人からのメッセージが届いたのである。かくして，十分なリアリティになりきれない活動が，よりリアリティに近づいていくことになる。すなわち，これまで語ってきたリアリティという概念自体も単一なものではないことが理解される。他方，「どーもくん」をつくった本人から子どもたちに直接のメッセージがもらえるなんてことは，大人の側からすれば，めったに起こることのない出来事であり，喩えようによっては何ともファンタジーあふれる出来事だと言える。もちろん，保育者がその事実を嘘の出来事だと捉えているわけではないが，それでもこの出来事は，保育者だけではできない，園の日常を越えた特別な出来事であったことは確かである。しかし，子どもの側からすれば，それは日常生活で備わったリアリティの受け皿に収まるべき，リアリティある出来事なのかもしれない。また，さらに一方で，こうした出来事を保育者や筆者は，子どもたちにとって有意義な出来事であったと，真に喜んでいた。子どもたちのリアリティとなりうるファンタジーあふれる出来事を，大人たちが喜び，そして保育実践として進めていくというリアリティがここにはある……と言うことができる。このように，リアリティの層がさらに一層加わると，実践におけるリアリティとファンタジーはさらに複雑に捉えなければならなくなる［図6-9］。

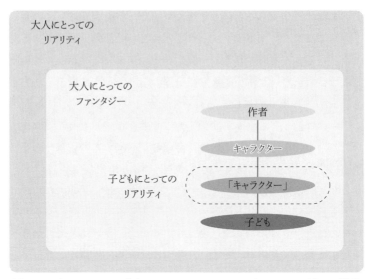

図6-9 キャラクターづくりにおけるリアリティとファンタジーの構造

　第3に，今後の保育についての展望が考えられる。保育者は，活動の始めの頃は，プロダクトデザインについて詳しくはなかった。しかし，合田のアドバイスを含めた一連の活動を経て，プロダクトデザインというものの一端が，子どものみならず保育者自身にも理解されたはずである。もし今後，再びプロダクトデザインにかかわる活動が行われた場合には──もちろん状況が違うので直接は比べられないが──保育者の援助の仕方は異なったものになると予想される。子どものリアリティ追求は，保育者にも新たな視座を与えうる。この点は前節で示した「保育者の「身体化」の構造」と対応するものである。

注
1) 新垣（2006）の論文末尾の添付資料「A幼稚園における保育の中のメディアについての捉え方」に記されている。たとえば，「村谷はデザイナーでもあり，油絵作家でもあった。両方の創作活動の性質が，村谷の教育観の中にも見ることができる。特にメディアについては，新たなもの〔原文ママ〕も積極的に取り入れるデザイナーならではの村谷の教育観があった」と記されている。また，

第 6 章　事例②――「メディア遊び」にみる子どものリアリティ追求と保育者の役割

　新垣によれば，村谷は「これからの人間はパソコンを使えなくてはならないであろう。しかしパソコンを絶対的な物として捉えるのではなく，単なる道具として捉えられるようになって欲しい。パソコンは人が使う道具であって，決して人がパソコンに振り回されるようになってはいけない」と話していたという。そのため，A 幼稚園にはパソコンは置いてあるものの，パソコンの使い方を一斉に学習したり，パソコンで文字や数の学習をしたりするようなことはしていない。保育における道具としての位置づけは，「クレヨンと同列」だという。
2) 前年度の「ニュース番組」にかかわった担任の保育者である。
3) 年長の保育室のみに常設されている可動式のステージ。
4) 2009 年 12 月某日にまとまった時間をとり，担任の保育者に行ったインタビューである。新垣（2006）の記述を再確認しながら行った。インタビューは IC レコーダーに記録し，そこから本文に引用した。引用に誤りがないかは，保育者に確認をとっている。
5) 「限定的」ということについてさらに考えれば，保育者がある要素をそもそも捉えられていなかったという面と，その要素の再現は不可能だと割り切っていたという 2 つの可能性がある。
6) ほどよさとは，子どもの認識が難しいリアリティは無理に追求させないということだと解せる。また，子どものリアリティの認識は個々によってかなり異なることが想定される。
7) A 幼稚園の子どもたちは，「メディア遊び」にかかわらず，活動をする中で，その活動を発展させようとしたり，他の活動と結び付けようとしたりする。ここでも同様の特徴がみられた。
8) 最初に申し出た子のことを指している。
9) 「A」の部分は幼稚園の名前である。
10) 「A」の部分は幼稚園の名前である。
11) 模倣の対象となっているピタゴラスイッチについては，以下の公式ウェブサイトを参照のこと。
http://www.nhk.or.jp/kids/program/pitagora.html （閲覧日 2016 年 11 月 11 日）
12) 「T」の部分はクラスの名前である。
13) 紙と鉛筆を保育室内に置いておき，自由に原稿を書いてよいことにしていた。原稿を書かずに発表しても構わない。
14) 「A」の部分は幼稚園の名前である。
15) NHK スタジオパークについては，以下の公式ウェブサイトを参照のこと。
http://www.nhk.or.jp/studiopark/ （閲覧日 2016 年 11 月 11 日）
ただし，NHK スタジオパークは 2011 年にリニューアルされている。本実践時とは，異なる施設となっている。
16) 「ウェルカムスタジオ」はリニューアル後にはなくなってしまったようである。

17) 子どもたちの模倣の対象となる東京ガールズコレクションとは，主に若い女性を対象としたファッションショーと，洋服の販売会である。
詳しくは，以下の公式ウェブサイトを参照のこと。
http://girlswalker.com/tgc/13aw/（閲覧日 2016 年 11 月 11 日）
18) 「どーもくん」については，以下のウェブサイトを参照のこと。
http://www.dw-f.jp/works/domo.html（閲覧日 2016 年 11 月 11 日）
19) アニメーション作家。詳しくは以下のウェブサイト参照のこと。
http://www.dw-f.jp/about/staff.html（閲覧日 2016 年 11 月 11 日）
20) キャリア教育のカリキュラム研究の一環として，アニメーション作家の仕事について合田に教えてもらう目的で，特別に取材を申し込んでいた。なお，この話の初出時（阿部　2010a）に，エピソード紹介の許可を得ている。
21) 参与観察にあたっては，観察者はできるだけ実践に関与しない方がいいという意見もあるかもしれないが，目の前の子どもたちの活動を第一に考えたいという思いから，「積極的な参与者」としてもかなり積極的な試みに出ることにした。
22) どちらのキャラクターも合田がキャラクターデザインしたものである。詳しくは，合田の会社である「株式会社ティー・ワイ・オー　ドワーフ」の公式ウェブサイトを参照のこと。http://www.dw-f.jp/（閲覧日 2016 年 11 月 11 日）
23) 実際はクラスの名前であった。
24) 「A」は幼稚園の名前で，TV はテレビのことである。「A（幼稚園の名前）ティーヴィー」と読む。
25) 言語化できないようなレベルで，保育の仕方が体得されているといった意味で用いられている。
26) もちろん，別のかたちで活動が発展し，それが子どもにとって意義のあるものとなった可能性はある。
27) たとえば「ケーキ屋さん」のような活動は，専門家の援助がなくとも，自然と発展していくことが多い。それは，ものをつくって売るという一連の流れが，子どもたちにも保育者にも理解されやすいことだからであろう。また，ケーキの造形活動は A 幼稚園ではよく行われるものであり，かつ何かしらの素材を用いてひとつの物体をつくるという工程のわかりやすい活動である。保育者がケーキらしいものをつくるための援助の仕方や，素材の選び方についての素養をもっていることも想定される。もちろん，「ケーキ屋さん」の活動においても，活動の停滞がみられた場合，専門家の援助が有効に機能するということはありえる。2011 年度には，年中で近所のスーパーマーケットを模す活動がなされた際に，そのスーパーマーケットの店員が幼稚園に来てくれるということがあった。本物の店員の訪問を子どもたちは喜び，活動へのモチベーションは高まった。
28) 合田のアドバイスは要約して記したが，実際の映像は，端的に結論を語ったものではなく，何度か質問者とのやりとりを経た上で結論を語るというかたち

であった。幼児が理解するには難しい内容だったと思われる。それでも、子どもたちは何度も食い入るようにビデオを見ていた。

第7章

事例③——「しんぶんしゃ」「アナウンサー」にみるリアリティ内存在とのかかわり

　第6章後半において，子どもだけでリアリティを追求する活動だけでなく，その追い求める先の世界にいる人物からの間接的な援助がある事例についても検討した。そうした当のリアリティの世界内にいる存在との触れ合いが，活動をうまく展開させるきかっけとなる場合がある。

　リアリティ内の存在と出会うという何ともファンタジーあふれる出来事——本章では，関連する事例を2つ取り上げ，さらに考察を深めていく。ひとつは，子どもたちの「しんぶんしゃ」の活動におけるプロの新聞記者との交流の事例である。子どもたちが自分たちのつくる新聞に限界を感じていたところに，プロ[1]の新聞記者が訪れてアドバイスをするということがあった。もうひとつは，「アナウンサー」として原稿を読むという活動をしていた子たちと，アナウンサー志望の大学生との交流の事例である。

　この2つの事例は，ともに第6章で触れた2009年度の年長の保育室での事例である。「Aチャンネル」「ATV」ともかかわりが深い。そのため，筆者の参与観察及び記述の仕方も，基本的には前章と同様である。

1. 2009年度の「しんぶんしゃ」の展開

（1）前提

　実践の記述に先立って，これまでと同様，どの子がいつ頃から「しんぶんしゃ」に参加しているのかという目安を［図7-1］に記しておく。この図

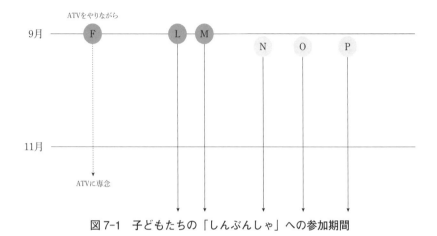

図7-1 子どもたちの「しんぶんしゃ」への参加期間

は，筆者のフィールドノートをもとに作成し，担任保育者と直接話し合い修正をしながら制作したものである。基本的な図の見方は，これまでと同様である。ただし，ここでのアルファベットは前章の2009年度の「メディア遊び」と対応している。具体的に言えば，F児は「ATV」にもかかわっていた子である。

(2) 成り立ち

2009年度に，「しんぶんしゃ」の活動が始まったのは，「Aチャンネル」での番組づくりの活動がきっかけとなっている。次のような状況である。

> 「Aチャンネル」での活動中，「Aチャンネル」の子どもたちから，「新聞のうしろのテレビ欄知ってる？」「フジテレビとかNHKとか時間がかいてるやつでしょ」「Aチャンネルにもテレビ欄ほしいよな」という声が聞こえるようになった。時期は，2学期に入り間もない頃である。

このときは，「Aチャンネル」の子らの副次的な活動として，実物の新聞のテレビ欄を真似て，いくつかテレビ番組表を書くことが試みられていた。しかし，この子らには番組制作ほど重要な課題にはなっていかなかった。他

第7章　事例③──「しんぶんしゃ」「アナウンサー」にみるリアリティ内存在とのかかわり

方，新聞づくりは別のかたちで展開していく。

　　テレビ欄がつくられるようになってからそれほど日の間隔をあけずに，数名の子らが自主的に，時間をかけて新聞をつくりだした。「Aチャンネル」をやっていたF児と，「びっくりニュース」には積極的に参加していたが「Aチャンネル」の中心には入っていかなかったL児とM児である。

　この時，F児は，「Aチャンネル」とかけもちをしている。1日のうち，「Aチャンネル」にも新聞づくりにも，どちらにも顔を出しているということになる。また，L児とM児は，それまではアクセサリーをつくったり，外で積極的に遊んだりしていることが多かった。後述する「アナウンサー」の活動も行っていた。
　A幼稚園では一斉に文字を教えることはしておらず，子どもたちは新聞を書きたいとは思うものの，苦労しながら作業していた。それでも，保育者からもらった五十音表を見たり，どうしても書けない部分は保育者に手伝ってくれるようお願いしたりしながら，新聞を書き上げていった[2]。
　最初に制作した新聞を［写真7-1］に示す。この図にあるように，最初の新聞は，テレビ欄のみで，記述もまばらであり，しかもテレビ局の概念も曖昧だと解されるものであった。それでも，子どもたちは新聞を書くという行

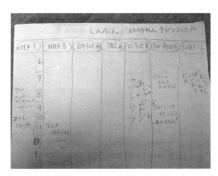

写真7-1　最初の新聞

為が楽しかったのか，その後も次々と制作を続けていった。

このようにして「しんぶんしゃ」の活動が展開していく。

> いくつか新聞を書いていくと，それぞれ個別に活動していたN児，O児，P児も参加してきた。文字を書くのが比較的に苦手なN児は，まわりの子や保育者に教えてもらったり，自分で五十音表を見て探したりと，進度は早くないものの継続的に取り組んでいた。また，すぐに「しんぶんしゃ」の「おみせ」が建てられ，文字を書く場所が確保された。

「おみせ」に籠り，ライトをつけ，必死に文字を書く姿は，さながら本物の記者のようだと筆者には感じられた。

その後，F児，L児，M児を中心に，取材活動をする姿が見られるようになった。新聞制作を援助していた保育者と子どもの会話から，次からは取材活動をしてみようという話になり[3]，子どもたちが自作の「メモ帳」[写真7-2]を片手に園中をまわるようになっていったのである。取材対象は，保育者や他の子らなど特に限定してはいなかったようである。また，質問内容は次のようなものであった。

> 「今日うれしかったことは何ですか？」
> 「今日おもしろかったことはありますか？」

こうした質問は，保育者と相談しながらも，自分たちで言葉を選んで考え出していったものである。保育者には，子どもらが取材活動をしたら面白いだろう，という思いがあったようだが，決して強制したわけではなく，あくまで子どもらが乗り気になって行い始めたとのことである。

取材活動をするようになってから，子どもらの新聞は，テレビ欄だけでなく，お知らせしたいことや天気予報が掲載されるなど，より新聞らしくなっていった[写真7-3]。どういったコーナーがつくられるかは，その日の気分によっていたようだが，人に話を聞いたり自分で調べたりしたことを記事にするということが，子どもらのあいだで，当たり前のこととして共有され

第7章　事例③──「しんぶんしゃ」「アナウンサー」にみるリアリティ内存在とのかかわり

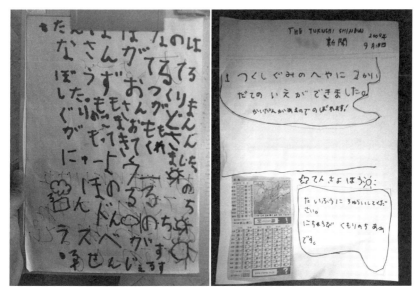

写真 7-2　子どもの「メモ帳」　　　写真 7-3　取材活動後の新聞

ていった。1日のわずかな時間の中で新聞を書き上げるのは容易でなかったため，新聞は数日に一度の発行となっていた。子どもたちは，できるだけたくさん新聞を発行したいと思っている一方で，必ず日刊にしなければならないと思っているわけでもなく，目の前の新聞をいったん完成させては次の取材を行う，ということを繰り返していた。

(3) 転機

11月になる頃，F児が新聞制作に関するアイデアを思い付いたことによって，活動が大きく発展していった。そのアイデアは，次の3つの発言で表れた。

　　F児「新聞のマークみたいなのがいる」(1)
　　F児「新聞の下にあるのは何？」(2)
　　F児「本物は，いっぱいめくるようになってる」(3)

これらの意味を補足しよう。(1)は，「○○新聞」というロゴのことを指していると解せる。(2)は，新聞内にある広告のことを指している。広告を自分たちの新聞にも取り入れようという主張である。(3)は，自分たちの新聞は1～2ページしかないが，いわゆる本物の新聞のページ数はもっと多いということを指摘している。また，F児が「本物」という言葉を使っていることからすると，自分たちの新聞は「本物」ではないという認識をしていたことが窺える。自分たちの新聞には「本物」の新聞と比べて足りない点があると考えていたということである。

　F児は，自分たちの新聞も，本物の新聞にならって，上記の項目を取り入れようと主張をした。こうした主張は，保育者から促されたものではなく，ある日突然，F児自身がつぶやくように言い始めたことである。新聞制作が進むにつれ，自分たちの新聞と本物の新聞との違いに気付くようになったのだろう。この発言がきっかけで，新聞のあり方が変わっていく。

　　こうした主張を受け，「しんぶんしゃ」のメンバーや保育者ら活動にかかわるメンバーで協力し，ロゴをデザインしたり，他の「おみせ」から広告をもらったり，ページ数を増やしたりするようになった。保育者は，F児らの話を聞きながら，パソコンで枠線をひいたフォーマットをつくったり，ロゴをつくったりという援助を行った。

　このように，ひとりの特定の子のアイデアから，新聞がさらに「本物」に近いものとなっていったのである［写真7-4］。

　この例において留意しておきたいのは，どの子でもこうした高度な内容に気付くことができたかというと，そうとは言えないということである[4]。今回は，言わば勘のするどいF児が，様々なことに気付くことができていただけである。ものごとの理解の仕方にも個人差があることは押さえておかなければならない。ただし，今回は「しんぶんしゃ」というチームで活動していたこともあり，チームのメンバーが課題を共有し合い，結果として他の子らも，新聞のあり方について理解を深めていくことができた。

第7章　事例③——「しんぶんしゃ」「アナウンサー」にみるリアリティ内存在とのかかわり

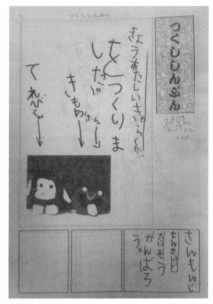

写真7-4　レイアウトの変わった新聞

(4) プロの新聞記者による指導

その後,「しんぶんしゃ」の子どもたちに,プロの新聞記者が新聞のつくり方を指導してくれるという出来事が起こる。そのきっかけは,筆者が「しんぶんしゃ」の活動を観察していて,あることを思いついたことにある。

当時の筆者には,この活動が,「ごっこ遊び」と呼ばれるような,幼児としての遊びの枠に留まらない高度なものであると感じられた。子どもたちのリアリティの追求の仕方に目から鱗が落ちる思いであった。

他方,筆者は,企業と連携した出前授業プログラムの開発を行っているNPO法人企業教育研究会（ACE）の運営をしていた[5]。プロとの出会いを出前授業というかたちで子どもたちに提供し,学校にいるだけでは学べない今の社会のあり方や,学校での学習内容と社会とのつながりについて学んでもらいたいと考え,研究・実践をしている団体である。

そのACEには,読売新聞社と連携して実施している小学校以降向けの授

171

業プログラム「ことばの授業」[6]というものがある。「ことばの授業」は，読売新聞の記者が学校現場へ出向いて，言語技術について指導する出前授業であり，いくつかのプログラムから構成されている。たとえば，「インタビューをしよう！」というプログラムがある。このプログラムは小学校3年生以降を対象としている。授業の流れとしては，まず新聞記者が，その場でインタビュー取材をする様を見せ，インタビューのコツやメモの取り方などを教え，その後，子どもたちが保護者や地域の方へのインタビューに挑戦するというものである。インタビューのコツとしては，「みんなが興味をもちそうなことをみつける」，相手の話した内容に「つっこむ」（一つのことを深く掘り下げる）といったことなどがある。メモのとり方としては，きたなくても自分が読める字で素速く書く（メモに集中するよりも，相手との対話を重視するため）といったことがある。

　こうしたプログラムの開発にかかわってきた経験から，あれほど新聞づくりにこだわるA幼稚園の子どもたちであれば，幼児であってもプロからの指導がよい刺激となるのではないかと思いついたのである。保育者らにそれとなく提案してみると，是非やってみたい[7]ということだったので，新聞記者との連携を模索することにした。

　その後，幼児を対象に話をしてもらうことについて，「ことばの授業」の当時の担当者であるK記者（男性）から快諾をいただいた。そして，どのようにプログラムを応用すべきかについて，A幼稚園側で筆者を交え検討することになった。

　結論としては，小学校以降のプログラムの要素[8]を想定しつつも，それをそのまま実施するのは避け，その場の子どもらの反応を見ながら，保育者が即興的に進行していくという仕方で実施をすることになった。また，新聞記者が訪れること自体が特別な機会なので，最初は「しんぶんしゃ」に限らずの年長全員でK記者と触れ合い，その後「しんぶんしゃ」の子らに対して重点的にアドバイスをしてもらうというおおまかな流れを想定した。

　そして，11月下旬のある日，K記者がA幼稚園にやって来た。全体で話をする場面は，次のような様子であった。

第 7 章　事例③──「しんぶんしゃ」「アナウンサー」にみるリアリティ内存在とのかかわり

　　子どもたちには，スペシャルゲストとして読売新聞社の方が来ると告知済みであった。K 記者は，年長の子どもたち全員の前で，担任の保育者に即興でインタビューをし，すぐさまひらがなで記事を書いてみせた。その後，保育者が進行役となり，質問タイムを設けた。「K さんに，質問ある人〜」という保育者の問いかけに，多くの手が挙がった。保育者の指名を受け，子どもたちは順番に質問をしていった。その中には「新聞は何のためにあるんですか？」[9] という子どもながら本質をつくような質問も出された。K 記者は「伝えたいことがあるからだよ」と答えた。参観していた保育者などの大人たち[10]からは，「おお〜」と感嘆の声が挙がった。時間としては，ここまでで 40 分ほどであった。

　この様子はビデオで記録していた。そのビデオを見る限り，子どもらは，K 氏が行うインタビューの内容自体にはあまり興味を示していないようだったが，紙に記事を書くことには強く惹きつけられたようだった。特に，記事を書く速さに驚いていたようだった。文字を書く大変さについては，子どもたちは普段の経験において身体で理解しており[11]，その分，K 記者のすごさに注目しやすかったのではないかと思われる。

　また，質問タイムにおける K 氏の「伝えたいことがあるからだよ」といった発言の意味が，質問した子自身に理解されたかはわからない。大人たちの「おお〜」という声にその場で反応する子も見られなかった。ただし，子どもらにとっては，新聞記者に質問し，答えてもらえるということ自体が嬉しい経験だったようで，その後も多くの質問が出されていた。

　次に，全体での質問を切り上げ，K 記者が「しんぶんしゃ」へ個別にアドバイスをする時間に移った［写真 7-5］。

　K 記者は，事前にこれまで子どもらがつくった新聞を見てくれており，新聞づくりの仕方について，(1) コーナーをつくろう，(2) コーナーの名前（見出し）は大きい字で書こう，(3) 分担を決めようというアドバイスを事前に考えてきてくれていた。K 記者は実際の新聞を見せながら，このことを順に説明していった。見出しを付けることで読む人が読みやすくなるということは，繰り返し発言していた。さらに，具体的な取材の仕方について，

写真 7-5　K 記者と「しんぶんしゃ」の子どもたち

取材対象の写真を載せることや，出来事だけでなくその人のコメントを記事にするということを話していた。

　K 記者は，なぜこうしたアドバイスが有効だと考えたのか。K 記者は後に，プロの新聞記者からすれば皆がバラバラに活動しているように思われたので，最初にコーナーを決め，役割を分担し，新聞のスペースを埋めていくことが必要だと考えたと筆者に話していた。

　この日，K 記者は降園の時間まで，昼食を挟んで実質 2 時間半ほど「しんぶんしゃ」と一緒に活動してくれた。長時間であったが，子どもらも K 記者を囲み指示に従いなら，飽きることなく楽しげに記事を書き続けた。この日に制作した新聞の一部を［写真 7-6］に示す。この新聞は，K 記者のアドバイスどおり，見出しが付けられ，ページごとに内容が変わっているという，より新聞らしいと言えるものであった。なお，この日は普段は「しんぶんしゃ」にいない数名の子も珍しがって行動をともにしているということがあった[12]。

　また，この日の活動中や活動後に，K 記者が，子どもらに加え筆者や保育者にも重ね重ね語っていたのは，編集長の存在の重要性だった。コーナーをどのように分担するか，誰に分担するかといったことは，本来は編集長の役割だという。K 記者は，子どもらの活動をよりリアリティあるものとするためには，そうした編集長の存在が必要だと考えていた。誰かが全体を見渡し，指揮をとる存在となることで，新聞がより洗練されていくということで

第 7 章　事例③――「しんぶんしゃ」「アナウンサー」にみるリアリティ内存在とのかかわり

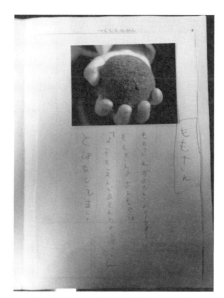

写真 7-6　K 記者と制作した新聞

ある。実際，これまでの「しんぶんしゃ」では，皆が自由に記事を書いており，バラバラの記事を意図なく寄せ集めただけの新聞が制作されていた。この日は，K 記者がコーナーを割りふるなど，編集長のような役割を果たしてみせたため，結果として程よくバラエティに富んだ新聞ができ上がっていた。

(5)　その後の「しんぶんしゃ」

その後の「しんぶんしゃ」の活動について，大筋を記しておく。その後の「しんぶんしゃ」は，他の活動との関連で地域にある精米店を取材するなど，たくさんの記事を書く機会に恵まれ，年度の終わりまで新聞を制作し続けた。見出しを付けたり，コメントをとったりということは，継続して行われていた。取材活動はほぼ毎日行われていた。

中でも印象的だったのは，K 記者からもらった，実際の新聞記者も使っているというメモ帳を大事に使い続けていたことである。F 児や L 児などは，メモ帳の表紙に，「K さんからもらっためもちょう」[13]と記していた。K 記

者との交流はわずか1日であったが，リアリティある活動を志向していた子どもらにとっては，K記者は憧れの存在となっていたのだろう。

　また，ひとつ特筆すべき点がある。それは，編集長の制度が根付かなかったことである。子どもらも，保育者も，K記者が編集長の存在が重要だと繰り返し述べていたことはわかっていた。そのため，その後は何度か編集長役を交代してやるということを試みていた。しかし，編集長役を決めたとしても，結局それぞれが書きたいことを書きたいだけ書くということはほとんど変わらなかった。記事の分担の仕方や誰を編集長とするのかでもめてしまうこともあった。そうしているうちに，別の活動をしながら「しんぶんしゃ」の様子をながめていたある子[14]が，「そんなに大変なの〜？」「だったら編集長やめちゃったら？」とぼそっと言ったのである。すると，「そうだよ，やめちゃおう」という声が次々に上がり，結局，編集長の制度は子どもらには根付くことなく終わってしまった。

　それでも「しんぶんしゃ」は，取材をし，コメントをとり，必死にメモをし，記事を書くという作業には，熱心に取り組み続けた。K記者との交流は，子どもたちにとって貴重で有意義な時間であったといえる。

　なお，F児は2学期後半には「ATV」での活動に専念することになる[15]。

2.「しんぶんしゃ」におけるリアリティの受容

　「しんぶんしゃ」の活動が，実際の新聞についての認識と関連しながら展開していったことは，他章で触れてきたようなリアリティとファンタジーの関係と似通ったものである。また，プロの新聞記者であるK記者がかかわるということは，第6章の合田経郎からのアドバイスと似た構造として捉えられる。双方，ビデオメッセージであったり，直接の指導であったりと形態は異なるが，子どもたちが追求したリアリティの世界にいる存在と触れ合えるという点においては同一である。

　その上で，ここではより細微に，子どもたちのリアリティの受容の仕方について考えてみたい。

響いたアドバイスと響かなかったアドバイス

　K記者は「本物」の新聞記者として子どもたちの前に登場した。しかし一方で，K記者が本物の新聞記者として提示したリアリティのすべてが子どもたちの活動にそのまま受容されたわけではない。言い換えれば，子どもに響いたアドバイスもあれば，響かなかったアドバイスもあるということである。

　すんなりと受容されたリアリティとは何か。子どもたちがK記者から大いに影響を受けたこととしては，たとえばK記者からもらった実際のメモ帳がある。前述のとおり，子どもたちはこのメモ帳を大事に使い続けた。新聞記者としてのK記者の象徴のひとつとして捉えられたのではないだろうか[16]。また，K記者が去った後も，手帳に加えカメラをもち，コメントを聞いて回る取材の仕方は継続されていた。K記者からのアドバイスが子どもたちに肯定的に受容されていたと言える。

　一方で，編集長の制度は子どもたちには馴染まないものであった。K記者は，子どもたちの「しんぶんしゃ」をよりリアリティあるものにするために，編集長の制度は必須だと考えていたが，子どもたちにはそのようには受け取られなかった。先のリアリティは子どもに響いたが，こちらのリアリティは子どもには響かなかったということである。

　編集長という制度が子どもたちに馴染まなかった理由は，基本的には次のように考えられる。それは，年長のこの時期の発達段階として，身体を動かして行える具体的な活動の上位にあるような概念的な活動の意義を，子どもたちが認識することができなかったということである。たとえば，新聞をつくる上での取材活動の意義は，比較的，子どもたちに認識されやすいはずである。メモ帳を手にもって誰かに話を聞きに行くということは，まず自分でやってみることができるものであり，かつその行為がないと充実した新聞はつくりづらい。K記者がメモ帳をくれる前から，子どもたちは独自に取材活動をしていたことからも，その意義の認識のされやすさは推察できる。他方，編集長は，個々が取材活動をする前に全体の方針を決めたり，紙面の構成を決めたり，記者全員の動きを管理したりしなくてはならない。そのような概念的な活動の意義が認識できていないならば，自分たちでは思いつかな

いような編集長の複雑な仕事を，子どもたちはわざわざやろうとは思わないはずである。編集長の活動は，5歳児には難しい活動だと判断されることになる。このような子どもの遊びの捉え方は，おそらくは一般的な捉え方ということになるだろう。

なぜ，編集長制度は響かなかったのか

ただし，A幼稚園での子どもおよび保育実践の捉え方は，上記のものとはやや異なっている。

筆者が，「なぜ，編集長の制度は子どもたちに受け入れられなかったのか」ということを新垣に問うてみたところ，まずは次のような回答があった[17]。

> まあ，〔筆者注：子どもたちにとって編集長という制度は〕必要なかったんだろうね。5歳児だと，〔編集長の意義が〕わかる子は少ないかなあ。5歳児全般には，まあそうだと思う。毎日はできないよね。毎日，それぞれが号外書いてた方が継続できるよね。なんでそこに書かなきゃいけないの〜とかって，書きたくない記事書くより。

この発言は，上記の発達段階についての考察と同様の内容を語ったものだと解せる。5歳児の段階では，編集長の仕事の意義を認識するのは難しいということが語られている。

そして新垣は，これだけでなく，さらに次のような話を付け加えていた。

> でもFちゃん[18]とかだったら……何だろう，小学校……3年生くらいの解釈はできたんじゃないかと思うから，やろうと思えばできたんだろうね。何だろう，偏差値とかそういうことじゃなくて。たとえば，映画監督みたいな人は……3，4，5年に一人くらい？ 戯曲までちゃんと書けるって人は10年に一人とか？ だから時々そういうカンのいい子はいて，それって例外じゃ〜んみたいなことも，その子がひっぱっていくから。もちろん普通じゃできないんだけど……。その子に依存したい子が……自然発生的に……人が集まる子っていて，フォローする子がい

第7章 事例③——「しんぶんしゃ」「アナウンサー」にみるリアリティ内存在とのかかわり

て，うまくいく？　ま，いなきゃいないでうまくやるんだけどね。

　ここでは，子どもの発達を一般化して語る前者の内容とは異なり，子ども個々の発達に応じた保育のあり方に関する内容が語られている。5歳児を一般化して捉えると，編集長や，あるいは新垣が例に挙げる映画監督や戯曲家などの概念的で複雑な活動は，子どもたちには難しい活動ということになる。しかし，新垣の経験則では，そうした難しい仕事であっても，その意義を認識し，担当しようとする子は少ないかもしれないがある程度の割合ではいるということである[19]。個々の子どもの発達の違いが積極的に捉えられている。

　そこで，A幼稚園では，「○○の活動は全員には難しいからやめよう」ということになるのではなく，ごく少数の「カンのいい子」がその活動をどこまで追求できるかを援助しようということになる。その結果，「カンのいい子」を「フォローする子」が集まってくれば，集団で継続できる活動になっていくということである。すべての子が編集長の意義を深く認識していなくとも，一緒に活動する中で自分の役割が見出だせればいいという判断がなされるのであろう。A幼稚園では，このような全員で足並みを揃えない活動の展開の仕方を認めているということが，改めて理解される。

　また先の新垣の話からすれば，もし，F児が継続して「しんぶんしゃ」を行っていたら，編集長の制度が根付いたかもしれないということが示唆される。インタビュー中に，その可能性について新垣に尋ねると，次のような回答があった。

　　まあ，そうかもしれないし。やりたいことが違うとか，人間関係なんかもあるけど[20]。時と場合かな？

　F児に限らずとも，積極的に編集長の制度を根付かせようとする子がいて，その子を「フォローする子」がうまく集まった場合には，制度の成立もありえると捉えられているということである。

　以上，なぜ編集長が子どもたちに馴染まなかったのかという問いから，A

幼稚園の子ども理解の仕方の一端までが明らかとなった。A幼稚園では，一般的な子どもの発達段階を想定しつつも，その発達段階から活動を制限するということはしない。むしろ，一部の「カンのいい子」がどこまで活動を深めていけるかを重視する。そのため，A幼稚園の実践の場においては，子どもたちのリアリティ受容の仕方は，子どもひとりひとりの受容の仕方として，「時と場合」に応じて捉えていかなければならないことになる。たとえば，保育者にとっては，編集長が根付かなかったという経験は，子どもの発達を理解するひとつのものさしにはなりうるが，次の機会にこのものさしを安易にそのままあてはめるということは避けなければならない。

リアリティの選択と受容

　なお，メモ帳，コメント，編集長などの背景には，実際の新聞記者としての要素がさらに無数にあるということを確認しておきたい。K記者がアドバイスしたのは，K記者が子どもたちの「しんぶんしゃ」を見た上で，自分の仕事をふりかえり，特に重要だと考えた点である。新聞記者のリアリティがすべて子どもに伝えられたわけではなく，K記者が選んだ新聞記者のリアリティが伝えられたという事実が背景にある。

　こうした構造は，たとえば［図7-2］のように示されうるだろう。私たち大人が子どもにリアリティを提示しようとするとき，そのリアリティとは，子どもに馴染むだろうと大人が判断したいくつかの要素となっている。大人のフィルターにかかっているとも言えよう。そして，そのフィルターを通ったリアリティは，子どもに受容されるものもあれば，そうでないものもある。そうした受容のされ方の多様性によって，子どもの活動は志向されたリアリティの世界そのものではなく，子どもなりのリアリティとして，あるいは大人からすればファンタジーある活動と捉えられるものとして成立することになる。

第7章　事例③——「しんぶんしゃ」「アナウンサー」にみるリアリティ内存在とのかかわり

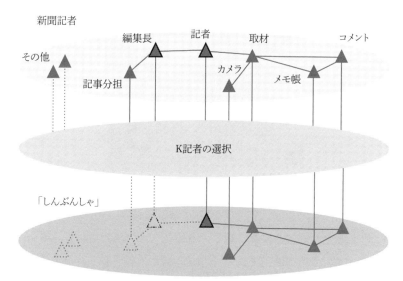

図7-2　K記者のリアリティ選択と子どものリアリティ受容

3. 2009年度の「アナウンサー」の展開

　続けて，大人の側が子どもに提示するリアリティを選んでいるという観点について，別の事例から考察を深めたい。

　2009年度の年長では，前述のとおり「Aチャンネル」が進められていたが，途中，その中でも特に積極的にニュースの原稿を読もうとする女の子2人[21]が，「アナウンサー」としてその活動に専念し始めていた。なお，当初用いられていた「びっくりニュース」という呼称は，この子らによって後に「Aニュース」[22]と呼ばれるようになっていた。この子らとは，「しんぶんしゃ」のL児とM児であった。時折，他の子が「アナウンサー」となることもあったが，中心はこの2人である。

　その頃，筆者が所属する研究室[23]の4年生の学生H（女性）がA幼稚園を訪問することになっていた。学生Hは，アナウンサー志望の学生であった。子どもへの読み聞かせを行うことで朗読の経験を積みたいという思いが

181

写真 7-7　学生 H の即興アナウンス

あり，指導教員や筆者と相談の上，A 幼稚園を訪問することになっていた。なお学生 H は，小学校教員免許を取得する課程に所属していた学生で，幼稚園教諭免許は取得していない。

　学生 H には，彼女なりの研究的な問題意識もあったはずだが，保育室で「アナウンサー」がニュースを読んでいるという状況から，L 児と M 児の援助をしてもらうという流れになった。最初は，年長の保育室で即興的にニュース原稿を読むことを保育者がお願いし，それに学生 H が応え，実演をしてみたところ，L 児と M 児をはじめ子どもたちが大きく盛り上がったということから始まった［写真 7-7］。

　その後，学生 H は，9 月から 12 月にかけて計 11 回の訪問をしている。学生 H は，「A ニュース」での L 児と M 児の様子をみながら，自身がアナウンサーになるために学習してきたことを思い浮かべながら，様々な援助を行っていった。たとえば，アナウンス中の姿勢や態度，声の大きさ，自ら用意する原稿の完成度などについてである。

4. 「アナウンサー」におけるリアリティの受容

　これまで見てきたように，A 幼稚園においては，子どもたちが追求するリアリティの中にある，リアリティ内の存在との出会いが，子どもたちの活動に大きな影響を与えることがある。だとすれば，子どもたちにどういった人

第7章　事例③——「しんぶんしゃ」「アナウンサー」にみるリアリティ内存在とのかかわり

物を出会わせるかということは，保育者らにとっては時に重要な関心事となるはずである。

これまでの事例では，キャラクターデザインだからキャラクターデザイナーであったり，新聞社だから新聞記者であったりと，実際にその仕事に従事している人（プロ）が子どもたちとかかわってくれていた。それぞれが，普段の仕事の経験を活かし，子どもたちにアドバイスをしてくれた。

一方，学生Hは，その時には職業人としてアナウンサーだったわけではない。卒業後は某局のキャスターとして勤めることになったが，この時はまだ勉強中の身であった。当然ながら，学生Hが登場する番組を，子どもたちは見ることはできなかった。こうした事情もあり，この「アナウンサー」の実践および学生Hという存在の位置付けは，一見すると読売新聞社のK記者の事例と似ているが，学生Hがアナウンサーの卵であるという点において，これまでよりも複雑な構造となっているはずだ。リアリティ内の存在と子どもとのかかわりについての理解をさらに深めるため，学生Hとは何者だったのか，考えてみたい。

学生Hの存在論①

さて，学生Hによれば，学生Hと子どもたちが出会った日に，ある子が，「さっき，H先生っていうアナウンサーが来て，本当に上手だったんだよ」と発言していたという[24]。「H先生」というのは，学生Hを紹介する際に保育者が用いた呼称である。保育者は「アナウンサーになるための勉強をしていて，みんなにニュースの読み方を教えてくれる，H先生」と学生Hを紹介していた。

これらの発言で使われている言葉のみを追えば，学生Hという存在は多義的に解される。ある観方からすれば，学生Hは子どもたちにアナウンス技術を教えてくれる先生である。他方，ある観方からすれば，子どもたちが憧れる本物のアナウンサーでもある。後者は，普段であれば会うことのできない特別な素養をもった人ということになる。大人の側からすれば，このような対立軸をもって学生Hの役割を捉えることは可能である。

ただし，子どもたちにとっては，学生Hは先生なのかアナウンサーなの

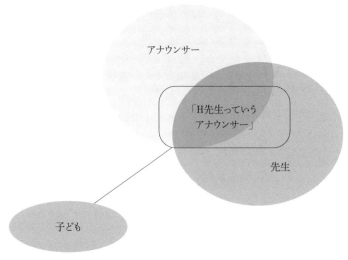

図7-3 「アナウンサー」における学生H (1)

かという真面目で二項対立的な発想はおそらくないだろう。「H先生」は「先生なのか？」「アナウンサーなのか？」という疑問が子どもたちから聞かれることもなく，そのような疑問をもっていると認識できる振る舞いも管見の限りではなかった。そうした概念は幼児の関心事ではなく，「H先生っていうアナウンサー」というひとまとまりの存在として，子どもらには何ら問題なく認識されていたはずである［図7-3］。

　他方，保育者は，なぜ学生Hを「先生」と呼んだのか。筆者は，それまでに何度か同じ研究室に所属する学生をA幼稚園訪問に同行させていたが，学生を「先生」と呼んでいるところを見たのはこの時が最初で最後であった。そこで，「先生」という呼び名を選択した理由を保育者に尋ねてみたが，最初は「うまく言葉では言えないんだけど……」といった回答がなされるのみであり，具体的な理解をすることはできなかった。

　そこでさらに，「しんぶんしゃ」の活動の際は，K記者を「Kさん」と読んでいたことを例に挙げ，保育室に来る可能性があるゲストのことをそれぞれどのように呼んでいるか，筆者と保育者で確認していった。たとえば，い

第7章　事例③――「しんぶんしゃ」「アナウンサー」にみるリアリティ内存在とのかかわり

つもは保育室にはいないが，月に1回，イベント的に行われる英語教室[25]の先生は，英語のニックネームのような呼び名の他に，「○○先生」と呼ばれている。運動会の競技などを手伝ってくれる体操教室の先生も「○○先生」と呼ばれている。また，A幼稚園では，小学生が学校が休みの日に手伝いに来てくれることがしばしある。小学生の子らは，本名の他に，「お姉ちゃん」などと呼ばれることがある。こうしたことを確認していくと，保育者から呼び名の選択について，次のような話が出てきた。

　　子どもと近い立場で，一緒に何かやってくれる人だったら，何とか「ちゃん」かなあ。あべちゃん[26]も何か教えようと思ってるわけじゃないでしょ。教えてるって感覚だったら「先生」になるんだと思います。いい距離感になるように，うまく子どもに入るように，〔筆者注：呼び方を〕選んでるんだと思います。実習生も「先生」だし？　だから，Hさんの場合は，「さん」じゃないし……「さん」っていうと何か子どもたちに遠い感じ？…がしちゃうし，かといって「お姉ちゃん」でもないし……〔それだと〕近すぎる感じがする。「先生」なんだよね〜多分。もちろんその人の雰囲気もあると思うけど。……Kさんは，その時だけだから，「先生」っていう感じよりも「Kさん」って言ってもっと近づいてもらう方がいいのかなあって。その時は，わからないけど，〔筆者に問われて改めて〕考えてみるとそうかなあって。

　保育者においては，子どもと近い立場で一緒に活動をしてくれる人は「ちゃん」と呼ばれており，何かを教え授けてくれる人は基本的には「先生」と呼ばれているということがわかる。ゲストの呼び名からは，保育者がその人に対してどのように子どもと接してほしいと思っているかが推察される。なお，K記者も何かを教え授けてくれる人ではあったが，ある1日のみの来訪だったため，「先生」と権威的に呼ぶよりは，「さん」と呼んで子どもとの距離を近づけた方がいいと思ったということも語られている。なお，筆者の考えでは，K記者のことを事前から筆者が「Kさん」と呼んでいたことも，保育者に影響を与えていると思われる[27]。保育者がその都度，具体的に方

針を定めて呼び名を選定しているということではなく，まわりからの影響を受けながら，その場で即興的に判断していると考えるのが妥当であろう。

いずれにせよ，「H先生」という呼び方からは，保育者が学生Hに暗黙のうちに期待していた役割があることが推察される。この場合，継続的に子どもたちにかかわり，その中で一緒に時間を過ごす「お姉ちゃん」としての役割だけでなく，アナウンス技術に関することを積極的に教えてくれる「先生」としての役割を，保育者は学生Hに求めていたということになる。時にA幼稚園では，子どもたちが様々な幼稚園外の人とかかわる機会があるが，ただやみくもに外部の人とかかわらせているわけではなく，保育者の意図がそこに何かしらのかたちで介在されていることが窺える。

学生Hの存在論②

しかしながら，学生Hは，本物のアナウンサーでもなく，正規の保育者でもなかった。そこで学生Hは，自身の援助によって子どもたちのアナウンス技術や意欲が向上したということに手応えを感じたと言いながらも[28]，「心のどこかで疑問や抵抗感を感じながら援助を行う結果となった」，「「アナウンサー」としての方針と，自由保育を尊重する当該園の方針との間にずれを感じ，援助の方向性に迷いを来していた」と実践の後に感想を残していた[29]。

学生Hは，子どもたちのアナウンスの様子を見て，自身のアナウンス学習を振り返り，姿勢や声量，表現の仕方，原稿の書き方などに課題があると感じ，それらについて「先生」として教授してきた。その結果，L児とM児は「アナウンサー」の活動を継続していくことができた。それでも，学生Hは自身による一方的な教授が，A幼稚園の「自由保育」の理念から外れたものなのではないかと葛藤をしていたということである。

仮に，学生Hが目指していたように，将来，子どもたちを本当にアナウンサーにしなければならないということであれば，一方的な教授にためらいは生じづらいはずである。学生H自身が学習してきたように，本物のアナウンサーに近づけるよう，できるだけ専門的なことを教授すべきである。しかし，「先生」として教育的な視点をもったときには，アナウンサーの要素

第7章　事例③──「しんぶんしゃ」「アナウンサー」にみるリアリティ内存在とのかかわり

をどこまでそのまま伝えればいいか迷ってしまうことになる。まして，本来はA幼稚園の「先生」でない者であれば，援助の仕方も探り探りやってみるしかない。自身の描くアナウンサー像と，A幼稚園の先生像のあいだで，折り合いをつけていかなければならないことになる。

　付け加えれば，学生Hが教育学部の学生であり，しかも小学校での教育実習も経験していたということが，彼女のA幼稚園での振る舞いに影響を与えていると考えられる。そうした経験があるがゆえに，A幼稚園の「先生」ではないながらに，自分自身で責任をもって指導しようと思ってしまい，その指導の仕方に当惑してしまったのではないだろうか。また，責任をもって指導しようと思っても，当時，学生Hは本物のアナウンサーではなかったために，指導内容の妥当性に確信がもてなかったという可能性もある。

　このように，リアリティ内の存在として子どもたちに認識される人も，当のリアリティをすべて背負っているわけではなく，子どもの前で自身の役割に折り合いをつけながら援助をしていることがわかる。また，その折り合いの付け方には絶対的な基準はなく，そのときの子どもたちによって，望ましい存在の仕方は変わっていくはずである。たとえば，別の機会では，「先生」としての一方的な教授がまるで馴染まないということもありえる。なお，この「アナウンサー」の事例においては，学生Hがアナウンサーでもなく保育者でもない中で，「H先生っていうアナウンサー」の役割を求められたという点において，そうした傾向が特に顕著にあらわれたのだと思われるが，実際に仕事に従事しているような人でも，ある程度は葛藤したり，折り合いをつけようとしたりしているであろうことは想像できる。

　以上の考察からすると，保育実践におけるリアリティ内の存在とのかかわりを進める際には，保育者側がその人にどのような役割を期待しているのかということと，その人が，期待される役割の中でどう自分の援助の仕方を見出していけるかが重要な観点となる。おそらく，実践がうまく進まない際には，保育者から過度な期待や不明確な依頼がなされていることが想定される。また，リアリティ内の存在の人からすれば，リアリティ追求をつい徹底しすぎたり，逆に子どもの意見を尊重しすぎたりすることが課題となりうる。こういった観点は，A幼稚園における実践を進める指標となりうるはず

である。

　最後に，こうしたことを比喩的な物言いで語れば，学生HのL児とM児への援助は，「アナウンサーごっこ」であり，「先生ごっこ」でもあったと考えることができる。学生Hは本物のアナウンサーではないなりに，アナウンサーのことを子どもに伝えようとする。また，先生でないながらに，保育者の教えられないことを教えようとしている。［図7-3］にひきつけて考えれば，アナウンサーと先生の部分の背後には，これまで検討してきたような，さらに多層な「ごっこ遊び」的構造が存在することになる［図7-4］。学生Hはリアリティあるアナウンサーの世界から，子どもに伝えうる要素を選ぶ。その要素を意識し，自ら原稿を読んで見せるなど，自分がアナウンサーらしく見えるよう，「アナウンサーごっこ」に興じる。また，どのような要素をもってアナウンサーとしようかと考える指標は，「先生」の役割として妥当かどうかである。先生らしい判断や振る舞いを考える。そこでの子どもとのかかわりは，「先生ごっこ」だということができる。言葉の上では，様々な要素が混在した存在として受容される。

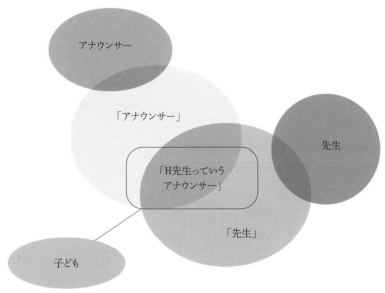

図7-4　「アナウンサー」における学生H（2）

ただし、「H先生っていうアナウンサー」はまぎれもないリアリティある存在である。おそらく子どもたちは、「今は「H先生」」「今は「アナウンサー」」と学生Hのあり様を区別して接してはいないだろう。「H先生っていうアナウンサー」というひとつの存在として接しているはずである。こうした複雑な構造が疑問なく子どもに認識されている場合、活動は難なく進んでいくのだと思われる。学生Hがどの程度アナウンサーであり、どの程度先生かという観点は、子どもには有意味なものではないかもしれないが、そうした存在に出会わせることも保育者のひとつの援助である以上、その人物の背景について認識しようとすることは重要であるはずだ。

　さらに、これまでの検討をふまえれば、ここで示した学生Hと子どもとの関係に加え、子どものリアリティ認識などの層がいくつもそこにかさなっているということになる。リアリティとファンタジーについて、細微に見れば見るほど、その構造は捉え難くなる。実践レベルからも、保育者レベルからも、子どもレベルからも、それぞれに多層性がみられる。このようなことを認識するのは難しいという意見もあるかもしれない。しかし、それでも、そうした層のすべてが実践の成立に寄与しているのである。

注
1) 「プロ」という呼称が妥当かどうかは判断が難しいのだが、「実際の」「現実の」などと書いてしまうと、やはり子ども記者も「実際の」記者であるため、余計ややこしくなる。ひとまず「プロ」と記しておく。
2) これまで、子どもたちの制作物が模倣の対象とはっきり区別できる場合には、その制作物にかぎ括弧をつけていたが、ここでは表記の区別が難しいため、すべて新聞と記す。
3) 子どもたちとの何気ない会話の中で、保育者が「新聞記者は取材して記事を書くんだよ」と話したとのことである。ただし、その保育者はこれは「話の流れで出た」発言だと語っている。その発言をきっかけに、子どもたちに積極的に取材をさせようとまでは思っていなかったようである。それでも、子どもたちはその発言に興味を示し、取材活動に至ることになった。
4) 「メディア遊び」の「テレビショッピング」における「主役の子」の事例と類似している。
5) NPO法人企業教育研究会については、以下の公式ウェブサイトと文献を参照のこと。出前授業の開発・実施は、基本的に小学校・中学校・高校を範疇とし

ている。筆者は現在も運営にかかわっている。
http://ace-npo.org/（閲覧日 2016 年 11 月 11 日）
藤川大祐編・NPO 法人企業教育研究会著（2004）『企業とつくる授業』教育同人社
藤川大祐編・NPO 法人企業教育研究会著（2006）『企業とつくるキャリア教育』教育同人社

6) 「ことばの授業」については，以下のページ参照のこと。
http://ace-npo.org/info/kotoba/index.html（閲覧日 2016 年 11 月 11 日）

7) A 幼稚園においては，子どもの活動の文脈にそうのであれば，外部との連携は歓迎される。たとえば，子どもたちがつくる「スーパーマーケット」に，そのモデルとなっている近所のスーパーマーケットの店員が来てくれたことなどがあった。

8) 先に挙げたようなコツを教えてもらうことや，その場での即興インタビューを見るといったことなどがある。

9) 「しんぶんしゃ」の子ではなく，「グルメ番組」などを熱心につくっていた K 児からの質問である。

10) 筆者の所属する研究室のメンバー数名が，ビデオ撮影などを手伝ってくれていた。

11) 「しんぶんしゃ」以外の子も，「おみせ」のメニューや看板を書くなど，文字を書く機会は多い。概して，「書きたい」と思う子は，一生懸命書こうとするのだが，やはりそこは幼児であり，苦労しながら書き上げることが多い。

12) 以下に登場する，編集長制度を辞めたらと提案する子も，同行していた（！）

13) 「K さん」の部分は実際の苗字である。

14) その子の父親はプロの新聞記者だということだが，こうした発言に至ったこととの関連性は不明である。

15) L 児と M 児はふたりで行動することが多く，F 児はひとりであちこちの活動場所に顔を出していた。ふたりのつくりたい世界と，F 児の追求したいことが噛み合わなかったのではないかと筆者には思われる。

16) 実際の出前授業でも，メモ帳は新聞記者を象徴するアイテムとして紹介され，子どもたちに配られる。プロも使う道具を手にすることで，新聞記者に倣って学ぼうという動機を高めるというねらいがある。詳しくは阿部（2016b）を参照のこと。
阿部学（2016b）阿部学「出前授業をどうデザインするか―「社会とつながる授業」の教育方法―」，『授業づくりネットワーク』No.20, 通巻 328 号，学事出版，pp.44-49

17) この年度，新垣は日中を職員室で過ごすことが多かった。「しんぶんしゃ」の子どもたちは，「おみせ」以外に職員室で記事を執筆することも多く，新垣はよく「しんぶんしゃ」の様子を観察していた。子どもたちが職員室で記事を執

筆していたのは，職員に取材をしてそのまま作業をしたり，新聞を印刷するためのコピー機が職員室にあったりしたためである。
18) 本章に登場しているF児のことである。
19) 別の場所で園長にも聞いてみたところ，この内容と同様の内容を語っていた。
20) 注14に記した内容を新垣に言うと，新垣も同意してくれた。
21) 中心になっていたのは2人の子どもであるが，時折活動に参加する子もいた。
22) 「A」の部分は幼稚園の名前である。
23) すでに述べているとおり，筆者は当時，博士後期課程に在学中であった。
24) どの子であるかは確認できていない。
25) 講師はかつての卒園生の母である。日常の活動とは切り離されて，別の部屋でゲームなどが行われる。
26) 筆者のことである。筆者が観察初年度に「あべちゃん」と呼ばれていたことは序章で確認したが，この時もその呼び名は継続されていた。
27) 筆者は，合田経郎のことも，事前から「合田さん」と呼んでいた。保育者は合田のことを「合田さん」と呼んでいた。
28) この学生Hの援助は，保育者らにも歓迎されるものであった。学生Hの援助がL児とM児に悪い影響を与えているという声は聞かれなかった。学生H自身が手応えを文献に記しているように，L児とM児にとっては貴重な経験となったはずである。
29) 学生Hの未公刊の卒業論文に記述がある。

第Ⅲ部

総合的考察
―― 「遊びこむ」保育を捉える視座

第8章

構造と意義

　第Ⅱ部において，A幼稚園での参与観察事例を取り上げながら，保育実践の背景にあるリアリティとファンタジーの複雑なかさなりを読み解いてきた。子どもそれぞれ，保育者それぞれが，リアリティとファンタジーについての多様な認識の仕方をしている。それらがうまくかさなり合うことで，遊びが深まり，つながり，継続し，A幼稚園なりの「遊びこむ」保育が成立していく。逆に言えば，A幼稚園で「遊びこむ」ことが続くと，リアリティとファンタジーが自ずとかさなっていくのだと言うこともできよう。この〈リアリティ―ファンタジー〉の多層構造が，本研究によって明るみになったA幼稚園の特徴ということになる。

　第Ⅲ部は，これまでの考察のまとめである。本章では，まずは各実践で示された〈リアリティ―ファンタジー〉構造を一般化したかたちでまとめてみる。そして，この構造を導くもとになった既存の保育実践研究の成果にひるがえり，それらが深淵で抱えていたであろう課題について指摘していく。まとめとして示された視座が，保育実践研究に対して新たな「もののみかた」を提供するものとなっており，さらに保育現場での子どもが「遊びこむ」姿の探求に寄与しうるものとなっていたなら幸いだ。

1.　A幼稚園における
　　〈リアリティ―ファンタジー〉構造の多層性

　はじめに，事例ごとに考察したA幼稚園の〈リアリティ―ファンタジー〉

構造の多層性のあり方について整理する。これまでのように構造を図示していくが，ここでは要点をまとめるというねらい上，より抽象的なものになっている。

(1) 基本理念としてのリアリティ追求

まず前提として，子どもたちが諸活動においてリアリティを積極的に追求するということが，A幼稚園では自然なこととなっている。

そもそもリアリティの追求という理念は，創設者・村谷のもっていた「本物の素材」を使って園内と園外をつなぐといったこだわりが，現在に至るまで通底して現れているものだと考えられる。第1章で取り上げた村谷の発言などを参照すれば，A幼稚園では創設当初から園内にとどまる活動だけでなく，園外ともつながりをもつような活動を志向してきたはずである。

こうした志向は，現在のA幼稚園では特に「おみせ」の活動において確認できる。これまで見てきたように，子どもたちは園外にあるリアリティを積極的に「おみせ」に取り入れようとする。そしてそのリアリティは，大人が素朴に思い描くようなリアリティとは違っている場合もありうる。たとえば，子どもの追い求める対象となったIKEAは，「遠足型消費」という新たな消費行動の舞台であるとされる。町中のスーパーマーケットや，まして個人商店的な八百屋とは異なったものである。子どもたちはそうした点を自分たちなりに認識し，自分たちなりに徹底的に再現しようと試みる。

実践の基本原理とも言えるリアリティ追求のイメージを［図8-1］に示す。この図は，「子ども」「実社会」「活動」の3つの概念から成り立っている。単に「子ども」が「活動」しているという2層からではなく，3層の構造を想定しながら子どもの遊びの現れを捉えることが，A幼稚園の実践を理解するための基本となる。

ただし，この図だけでは，A幼稚園の特徴は語り尽くせない。A幼稚園の保育実践からは，子どもたちがリアリティをとことん追求しようとしたときに，その活動がいかにして成立しうるのかを学ぶことができる。では，A幼稚園での子どもたちのリアリティ追求は，いかにして成立しうるのか。この図を拡張して理解を深めていきたい。

第8章　構造と意義

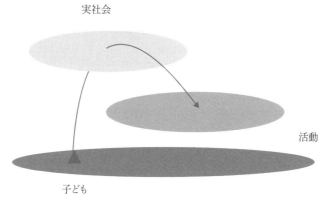

図8-1　リアリティ追求のはじまり

(2) リアリティの選択

　子どもたちがリアリティを追求しようとするときに，当然ながら対象のすべてを保育室に持ち込めるわけではない。子どもたちは対象の中からいくつかの要素を選択している［図8-2］。たとえば，ニュース番組を再現しようとしたときには，番組制作を成り立たせるすべてではなく，原稿を読むことやその様子を撮影するという限られた要素が，再現したいリアリティとして選ばれていた。なお，ここでの「選ばれていた」ということには，子どもが

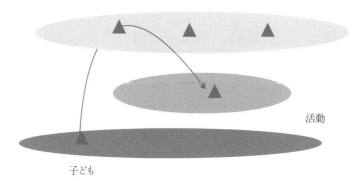

図8-2　リアリティの選択

197

要素を意図的に選んでいたという場合もあれば，他の要素は認識できていなかったという場合もある。

　また，子どもたちがリアリティを選択しているという意味においては，必然的に，子どもたちの活動は当のリアリティとは異なるもの，すなわちファンタジーあるものと大人からすれば捉えられるものになる。活動の場は，目指されたリアリティそのものとは異なるものになる。実社会の層と活動の層は，まったく同じものにはなりえない。この点については（3）でさらに詳しく述べる。また，リアリティの選択は，以下（4），（5）に示すよう，大人の側も行っていることである。

（3）リアリティ認識の多様性，それらをまとめるファンタジー

　子どもたちひとりひとりのリアリティの認識は一様ではない。IKEAのことをよくわかっている子もいれば，IKEAに行ったことがないという子もいる。

　しかし，IKEAに行ったことのある子がごく少数であればIKEAの再現はできないかというと，そうでもない。先に見たように，子どもたちの「IKEA」には，実際のIKEAにない要素も取り入れられていた。そうすることで——リアリティ至上主義に陥るのではなく，ファンタジーを許容していくことで——IKEAを知らない子も「IKEA」で楽しむことができるようになる。IKEAおよび「IKEA」について多様な認識をもつ子たちが，「IKEA」というひとつの空間でともに活動をすることが可能になったのである。むしろ，多様な子たちが集まることで，「IKEA」は人的にも物理的にも拡大し，人気の「おみせ」となっていったと言える。

　［図8-3］のように，活動の場においては，多様なリアリティとそれらについての多様な認識がかさなり合っている。活動の層に取り入れられる実社会の層は，唯一のものではなく，多様に想定される。取り入れられた層に対する認識も，子ども個々に異なっている。そして，そうしたかさなり合いは，活動の展開に大いに影響を与えうる。

　こうしたことからは，子どもたちがリアリティを追求しているといっても，最終的に対象を完璧に再現しようとしているのではないこともわかる。

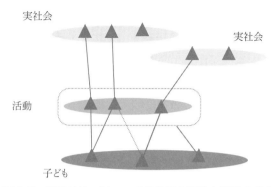

図8-3 リアリティについての多様な認識と活動の成立

　より詳しく言えば，活動の初期の段階では幼稚園の外部にあるものの模倣が中心となり，自分たちの活動がある程度のかたちをなす中で，外部のものとはやや異なった自分たちのなりの活動が確立してゆき，模倣的活動よりもオリジナリティある創造的活動がなされる面が大きくなっていくということである。

　また，大人の側からすれば，子どもたちの「IKEA」は，多様なリアリティが混在してしまっているという意味で，ファンタジーあふれる存在だと捉えることもできる。活動の成立および展開においては，複数のリアリティをまとめるファンタジーの存在とその受容の仕方が重要となる。なお，「IKEA」の子たちの側からすれば，そこでの活動は幼稚園での生活のほとんどをしめる日常的で具体的な出来事である。「IKEA」は，ファンタジーがあることを受け入れた上でのリアリティとして受容されていたのではないかと推察される。

(4) 保育者のリアリティ認識

　保育者も子どもたちとA幼稚園での生活をともにする。その保育者がもつリアリティについての認識も，活動の展開において重要な要素となりうる。「テレビショッピング」の事例では，保育者が「テレビショッピングを活動として再現させるのは難しいのではないか」と迷い，なかなか活動が展開していかなかった。これは，ある子どもが追求しようとするリアリティ

が，他の子どもには馴染まないのではないかという疑問でもあった。保育者自身によるリアリティの認識や，子どもがリアリティをどう認識しているかということについての保育者の認識が，子どもの活動に影響を与えうる［図8-4］。保育者が子どもの遊びにかかわるときには，実社会と活動の層のつなげ方か，活動と子どもの層のつなげ方か，あるいはその両方が関心事となることがわかる。

また，保育者は毎年の子どもとのかかわりの中で，子どものリアリティ追求の仕方や，リアリティそのものについての認識を深めていくことになる。そうした過去の経験は，「身体化」（新垣2006）され，次のリアリティ追求の援助に活かされていく［図8-5］。

(5) リアリティの多層性，リアリティ内存在とのかかわり

子どもたちは，当のリアリティの世界の仕事に従事する者ではないため，

図8-4 保育者の認識

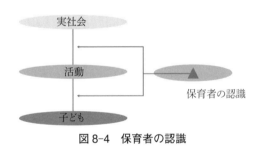

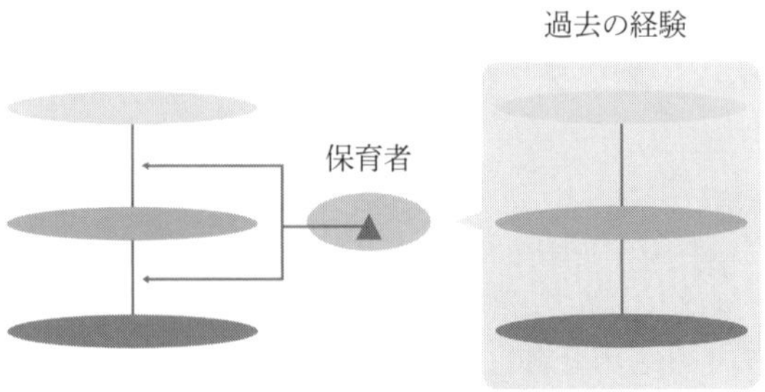

図8-5 身体化の構造

リアリティについての認識が表面的になってしまうという問題が起こりうる。また，時に，大人の保育者でさえもその実際を捉え難いようなリアリティを子どもたちが追求することがあり，そうしたことが活動の停滞を招くこともある。たとえば，キャラクターそのものについては認識できていても，そのキャラクターを生み出すプロの技といったところまでは認識できず，上手くキャラクターを描けない（描かせられない）ということである。

その問題の解決方法としては，当のリアリティの世界内にいる人とかかわるというひとつの方法があり，それが活動を展開させる刺激となることがある［図8-6］。事例として取り上げた，合田経郎，K記者，学生Hらとのかかわりが該当する。子どもが想像する実社会のリアリティは子どもなりの想像による限定的なものであり，実際にはその認識の先の世界もあるということだ。

事例として見てきたように，リアリティ内存在とのかかわりにおいては，幼児には高度だと思われる内容が扱われる場合が多くなる。それでも，そうした内容を子どもが喜んで受容しようとするのは，それまでの活動においてリアリティの追求が存分になされた上でのかかわりだからであろう。自分たちなりに思う存分探求をした結果として，理解の受け皿ができていたのだと考えられる。やみくもに園外の人とのかかわりの場を設定すればよいわけではない。

なお，当のリアリティ内存在も，様々な要素の多層性の中に位置付けられ，成り立ちうる。たとえばK記者は，数あるノウハウの中から，子どもたちに伝える新聞づくりのコツを，自分なりに選択していた。新聞記者のリアリティを限定的に子どもたちに伝授する存在であったと言える。また，学生Hは，学生でありながら「先生」であり「アナウンサー」でもあるという存在として，自分の援助の仕方に葛藤しながら子どもたちに様々なことを教えていた。子どもたちのリアリティ追求の先には，当のリアリティとのかかわりという可能性がある。そしてそのリアリティ内の存在自体も，多層性を背景に存在しているのである。さらに，そうした背景をもって提示されるリアリティを，子どもがどう受容するかということも，また様々であった。

このように考えてくると，リアリティとファンタジーの関係というもの

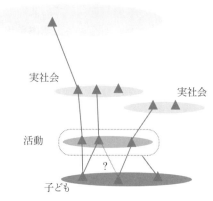

図8-6 リアリティの多層性

は，その時々で相対的に変化していくことがわかる。リアリティあるものはある見方をすればファンタジーあるものとなり，ファンタジーあるものはある見方をすればリアリティあるものとなる。こうした――矛盾するような，わかりづらいような――実践の捉え難さを前提として実践を捉えていくことが，必要なのである。

A幼稚園における保育実践，特に「おみせ」での活動は，以上のような〈リアリティーファンタジー〉の多層的構造として，活動ごとに個別かつ複雑に捉えられうる。

(6)〈リアリティーファンタジー〉の多層化としての活動の展開

本研究では活動ごとの考察が主であったが，活動同士もかさなり合っている。たとえば，最初に行っていた活動Aが活動Bを連想させ，その中で活動Cも新たに生まれていくということがある。さらに，別に行っていた活動Fのうちの活動Eの一部とむすびついたものが活動Dという包括的な活動となることもある。こうした活動の層をのみ抽出し，活動同士のかさなりを示すと［図8-7］のようになる。

また，基本的にA幼稚園の実践は，かさなる層が増えれば増えるほど豊かなものとなっていくはずである。多様な背景をもつひとりの子と，また別の子と，さらに大人なりに多様な背景をもつ保育者らがひとつの保育室で生

第 8 章　構造と意義

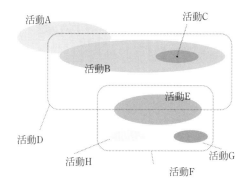

図 8-7　活動のかさなり合い

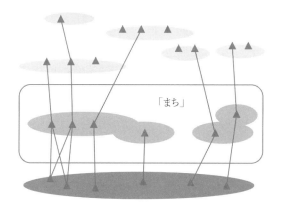

図 8-8　「まち」成立のイメージ

活をともにし，それぞれの多様な認識がかさなり合い，ひとつの活動が生まれていく。さらに保育室内では活動同士がかさなり合い，「まち」として成立していく。そこでは，時に，幼稚園の外にいる人とのかかわりが，活動に入り込むこともある。このように，次々と各層のかさなる部分は増えていく。多くの場合，各層がかさなるほどに，「まち」は豊かなものとなっていくだろう。そして，構造が複雑になり「まち」が豊かになるにつれ，「自治運営」も進められるようになる。こうした「まち」の成立イメージを，描きうる範囲で［図 8-8］に示す。それぞれの層においては，これまでみてきた各構造が活動ごとにあることを付け加えておく[1]。

2. なぜリアリティとファンタジーがかさなっていくのか

　A幼稚園の保育実践に背景にあるのは,前節にまとめた〈リアリティ―ファンタジー〉の多層性であった。層が増えていくほどに活動が深まっていく——すわなち,「遊びこむ」保育が実現していくことが示唆される。

　ではそもそも,なぜA幼稚園では,個々のリアリティ追求から始まって,最終的にこれほどまでにリアリティとファンタジーがかさなり合っていくのだろうか。仮に,他の園がA幼稚園のような保育実践を志向し,リアリティを追求させることだけを真似したとしても,おそらくうまくはいかないだろう。そもそも,子どもたちの闊達なリアリティ追求は,どういった土台の上に成り立っていたのだろうか。本書でも取り上げたA幼稚園の諸要素と関連させ,考えてみたい。このように問うことで,構造が多層化していく道筋が見えやすくなるはずだ。「遊びこむ」保育を真似しようと思った際に,参考になる点や外してはならない点を抽出することができるだろう。

リアリティ追求を支えるもの

　A幼稚園では,リアリティの追求が保育実践における重要な要素となっている。素朴には,リアリティの追求をきっかけとして遊びが広がっていく実践だと特徴づけることもできよう。しかし,子どもひとりでリアリティを追求しようとするだけでは,あのような多層的な保育実践は成立していかないはずである。他に,何が必要か？

　第一に,「倉庫」という物的な環境がある。子どもたちは,何かに憧れ,それをつくりたいと思ったときに,すぐに素材を探しにいくことができる。候補となる素材は豊富にある。子どもたちは「倉庫」で自分のイメージにあった素材はどれかと考え,選んでいく。豊富な素材を前に,自分の追求したいリアリティについて,より詳細にイメージしようとすることが可能となる。

　こうした環境は,素材の使用に制限があるような環境よりも,よりリアリティを追求しやすい環境であると考えられる。A幼稚園では,使える素材が限定的であったり少なかったりするという要因によって,子どもたちのリア

リティ追求に制限がかかってしまわないようになっている。

　第二に，保育者らのもつ理念などの人的な要素がある。保育者らは，子どもたちが「遊びこむ」姿を求めている。子どもが「遊びこむ」姿を実現するためには，1日30分，同じことを繰り返すような遊びというよりは，来る日も来る日も新たなことを追求したくなるような活動を見つけていく必要がある[2]。そのためには，子どもが一度追求しようとしたリアリティを，保育者の側からも，さらに後押ししていく必要が出てくる。子どもたちがリアリティ追求に飽きてしまったり，限界を感じてやめてしまったりしないように，「センスとタイミング」に依拠した何かしらの援助がなされることが求められる。

　「倉庫」について説明する際に「制限」という言葉を用いたが，保育者も，「30分集中すればいい」「子どもならこの程度の物ができればいい」というように，活動の仕方や制作物の出来に制限をかけていないはずだ。当然，危険なことはしないといった指導はあるはずだが，総じて他の園に比べれば制限は緩いはずである。このことは，合田やK氏の例のように，リアリティ内存在と触れ合うことを歓迎し，積極的に行おうとすることからも理解される。とりあえずでもキャラクターが描けたからそれでよしとするのではなく，子どもがもっとよいものを描きたいと願っているのであれば，そこに制限はかけず，新たな展開を受け入れたり，別の可能性を探ったりするのである。

　このように，A幼稚園では人的・物的な要素のいずれにしても，活動に対する制限が緩い。そのため，子どもたちはどこまでも伸びやかにリアリティ追求を継続していけるのだろう。実際，A幼稚園では子どもがあるひとつの制作物をつくるだけで満足し，それで活動を終えるということは稀である。むしろ，「IKEA」の例でみたように，子どもたちは子どもたちなりの経験から，リアリティの世界についての想像を次々と広げていくことができる。ひとつの制作物が完成し，想像していたリアリティの一部が可視化・具現化されたならば，そこをロイター板のようにして，さらに他にIKEAにあるものは何かと想像を広げていくことになるのだ。また，時間が経つごとに，IKEAに何があるかと考えるだけでなく，自分たちの「IKEA」に必要なもの

は何かとIKEAに頼らずに考えることもなされていく。制限がないからこそ，究極的には，どこまでも「遊びこむ」ことが続いていく[3]。

子どもの夢は3日くらい？

子どもたちが長期間にわたり活動を継続していくことに関して，あるとき新垣が筆者に次のような話をしていた。様々な話をする中で偶然聞かれたものであるが，ここでの「ワクワク感」という言葉は，示唆的である。

> 〔筆者注：子どもの活動を継続させるために重要なのは〕「ワクワク感」なんだよねえ～。3歳から5歳くらいの子が，自らで何かやろうってときに，「ワクワク感」がないと続かないって。自分たちで扱える素材で，自分たちで何かつくって，「あ～本物みたい！」っていう「ワクワク感」がないと……。小さな「ワクワク」とか，効率的にやっていかないと，次，ってふうにはならないかなあ。「今，楽しい～」っていうのを軸に……子どもの夢は3日くらい？……3日後くらいの未来まで見えてて，それをこう，続けてく……。

ここでの「ワクワク感」という言葉は，この話の文脈からすれば，自分のつくった物が「本物みたい」であったときの，そのことへの感動のことだと解せる。新垣の考えでは，そうした「ワクワク感」が，たとえ小さいものであっても継続的に感じられないと，子どもの活動は続いていかないということだ。また，「子どもの夢は3日くらい？」という表現は，子どもたちは長期的な見通しをもってリアリティ追求をしているわけではないということだと解せる。たとえば，子どもたちは，最初から年度末の「IKEA」の状態を想像し，そこに一直線に向かって作業をしていったのではない。ひとつの小さなリアリティ追求の成果が，その都度「ワクワク感」を呼び，次のリアリティ追求へ子どもたちを向かわせていたと解する方が自然である。

A幼稚園では，決して，「IKEA」の再現へ向けた効率的なカリキュラムが探られているわけではない。ともすれば3日で消えてしまう「ワクワク感」を持続させられるよう，小さなステップでもリアリティ追求を継続してい

く。3日以降はどこに関心が向かっていくのかも確かではないけれど，子どもら保育者らで知恵を絞り，想像を広げていく。そうした地道で非効率的な営みが大事なのだろう。格好のよいカリキュラムがあり，それをなぞっているのではない。今日は昨日の続き，明日は今日の続き――そんな風に，3日間の夢を，ずうっと繰り返している。

見果てぬ夢だからこそ？

　3日間の夢を見続けた先には，何があるだろうか。

　悲しいかな，いくら次々と想像を広げていったとしても，当然ながら子どもたちの「IKEA」はIKEAそのものにはなりえない。A幼稚園の理念からすれば，どれだけリアリティの追求が進められても，「IKEA」の中にあるものが，すべてIKEAで売られているものになるといったことはありえないだろう。大人からすれば，あくまでIKEAに近づくための創作活動が続けられるのみであり，見果てぬ夢，とも言えるかもしれない。

　それでも，このことは，子どもたちの活動には結局限界があるのだと否定的に捉えるべきことではなく，むしろ1年間のリアリティ追求を継続させるために必要な要素だと捉えるべきことであろう。いつまでも「IKEA」がIKEAにならないからこそ，次々とリアリティの世界への想像が浮かんきて，次々と自分たちの行うべきことが生まれていくのではないか。

年長に至るまでの積み重ね

　さらに次の点として，「おうち」づくりから始まる実践が毎年続けられていることの影響は大きいはずである。誰に定められているわけでもないが，年長クラスでは毎年「おうち」づくりを行うものだと保育者は認識しているし，自分たちは年長になったら「おうち」をつくれるのだと年中の子どもたちも認識している。年中で「おうち」をつくりたいと言う子はいないが，年長になれればそうした声は自然と聞かれるようになる。

　2学期以降，年少児や年中児は，年長クラスの「まち」を頻繁に訪れるようになる。年少・年中の子どもたちは，そこにある「おうち」の中で，「お客さん」として様々な経験をしていく。そうした経験があるからこそ，次の

年度の年長の子も，自然と「おうち」づくりを始められるのだろう。年長児は，進級したばかりであっても，年中までの経験によって，木材を使い「おうち」を建てていき，それが最終的には「まち」のようにもなることを知っている。最初は苦労しても「おうち」は必ず建てられると認識しているはずであるし，保育室での1年間が1つ2つの「おうち」づくりだけでは終わらないとも認識しているはずである。子どもたちの中には，年中の頃から，年長になったらつくってみたい「おみせ」のイメージをもっている子もいる[4]。去年の「まち」は，今年の年長の子たちにとっては，模倣の対象であり，ハードルであり，イメージの拠り所となるようなものである。

　こうした年度間のつながりを，再び制限という言葉を用いて語れば，子どもは自分たちの活動が先に挙げたような人的・物的環境からは制限されていないことをわかっている，ということができる。つまり，A幼稚園の年長児は，自分たちがどの程度リアリティを追求できるのか，あるいは，どの程度リアリティ追求を望まれているのかということを知っているのである。仮に，A幼稚園の保育室を知らない子だけが集まって，いざ「おうち」を建てようとしても，昨年度までの指標がなく，A幼稚園ほどスムーズに事は進まないはずである。自分たちにできるリアリティ追求や，自分たちに求められるリアリティ追求の程度がわからないからである。また，子ども自身は比べようもないだろうが，その制限の程度は，他の幼稚園よりもおそらくはかなり緩いであろうことは推察できる。その中で，子どもたちは昨年度までと同等か，それ以上のリアリティ追求を想像していくはずである。

リソースとリミッター

　ここまでの考察からすると，A幼稚園の保育実践は，環境や保育者による制限——言わば「リミッター」を外し，豊富な人的・物的「リソース」を用意して子どもの活動を支えている実践だと言うことができる。

　この2つの基盤の上で，リアリティとファンタジーは次々とかさなっていくことになる。リミッターがないことにより，リアリティ追求は継続的に行われ，新たなリアリティが次々とかさねられていく。かさねていくためのリソースも十分にある。リミッターの有無やリソースの豊富さについては，過

去の経験から子ども自身も何かしらの認識している。それが，活動の参考となる。また，これまで見てきたように，子どもたちの活動はリアリティを完全に再現しようとするものではない。リアリティにファンタジーの要素が含まれることで，他者との「やりとり」の可能性が広がっていく。リアリティの追求が進み，リアリティの層がかさなっていくたびに，ファンタジーの層も変化をしていくことになる。リアリティのかさなりと，それに応じたファンタジーのかさなりは不可分である。ひとつのリアリティ追求から始まって，A幼稚園ではなぜこれほどまでに層がかさなっていくのかという問いには，以上のように答えられる。

　また，本節の考察をふまえれば，継続的・没入的・協同的な遊びを行いたいと思うときには，リソースのあり方や，リミッターの程度についての認識といった観点から，実践を分析することができよう。もし，多層的な保育実践を試みてみたもののなぜかうまくいかないということがあった場合には，リソースとリミッターのあり方をチェエクしてみることで，実践を改良する示唆がえられるはずである。こうした考え方は，単に「A幼稚園は自由だ」「子ども主体だ」「ごっこ遊びを大事にしている」などと捉えるよりも，具体的に実践の創造に役立つものではないかと思う。

3.「ごっこ遊び」概念の再検討

　次に，A幼稚園に見た〈リアリティ—ファンタジー〉の多層性は，他の保育実践研究にどのような示唆を与えうるか考えていきたい。

　まず，A幼稚園の保育実践における〈リアリティ—ファンタジー〉の多層構造は，第4章でみたような既存の「ごっこ遊び」研究からは捉えられないものである。八木（1992）による「ごっこ遊びの基本構造」では，保育室が「現実世界」であり，そこが「ごっこ遊び」中には「虚構世界」として見立てられるという二項対立的な構造が示されていた。また，一部の記述においては園の外にある模倣の対象を「現実世界」とするなど，多層的な認識も垣間見られたが，そうした理解は構造図には反映されていなかった。いずれにせよ，これまでの二項対立的「ごっこ遊び」像と，本研究でみてきたA

幼稚園の保育実践像は，異なっている。八木による二重構造を発展させ，子どもの生活・活動・社会の三層を基本としながらより複雑に保育実践を見たときに，新たに見えてくるものがあるということである。

リアリティの捉え方を再考する

　では，なぜ実践の解釈にこうした違いがでてきてしまったのだろうか。

　その原因は，リアリティについての捉え方の違いにあると考えることができる。先にみたように，A幼稚園では創設以来，一貫して「基本理念としてのリアリティの追求」を念頭においた保育実践を営んできた。リアリティの追求が望まれている場だからこそ，子どもたちはお茶を濁したような「ごっこ遊び」をするのではなく，わざわざ複雑な要素をもつIKEAの再現に腐心する。他方，保育者も子どもたちのリアリティ追求のためであれば，わざわざ新聞記者を招くといったことを歓迎する。そして，一つのリアリティ追求は，さらに他のリアリティの要素を必要とするようになる。また，複数の子を巻き込むために，リアリティを混在させたファンタジーの成立も必要になっていく。このように，村谷から現在に通底するリアリティの追求という理念は，〈リアリティ―ファンタジー〉の多層化の出発点であり，他の様々な要素を保育室に呼び込む，A幼稚園なりの活動を展開させていく源泉であると言える。また，子どもたちがリアリティを追求できるように，様々な制限をなくしていることも先に確認した。

　一方，第4章でみたように，これまでの「ごっこ遊び」研究ではリアリティの側面は軽視されてきた。たとえば，Garvey（1977）による「ごっこ遊び」の構成要素は，「ごっこ遊び」で子どもが発する言葉に注目したものであった。Garveyによる構成要素は現在の研究でも度々引用されているが，そこで発せられている言葉を現代的に解釈し直そうという試みはみられず，ただその構成要素のみが用いられるだけである。しかし，たとえば「ショッピングセンターまで運転していかなくちゃ」という子どもの発言ひとつをとってみても，1977年のアメリカの「ショッピングセンターごっこ」と，現在の日本の「ショッピングセンターごっこ」では，Garveyの構成要素としての解釈には差がなくても，実践レベルでは大きな違いがあるはずであ

る。また，同じく先にみたとおり，八木による「ごっこ遊びの基本構造」においては，「現実世界」の概念において混乱がみられた。リアリティの側面についての検討が徹底されていないことが窺える。

　すなわち，これまでの「ごっこ遊び」研究では，子どもや保育者が実社会をどう見ているかということには関心が向けられていたが，その実社会とは一体何なのかということは軽視されてきたのだと言える。これまでの「ごっこ遊び」研究においては，リアリティそれ自体は暗黙のうちに自明のものとされ，考察の対象にはなっていなかった。

　また一方で，A幼稚園においては，実社会がどういうものなのかと問うことは，実践を展開させる上で非常に重要なことである。実社会に目を向け，その要素を選び，活動に反映させようとすることが，多層的な活動を展開させる出発点となっている。このように，本研究とこれまでの「ごっこ遊び」研究には，リアリティの側面の捉え方においての大きな違いがあることが確認できる[5]。

「ごっこ遊び」の捉え方を再考する

　一般に，「ごっこ遊び」で「遊びこむ」姿を追い求めたいが，なかなかうまくいかないということは間々ありうるだろう。また，研究としても「ごっこ遊びの分析研究の行き詰まり」(無藤 2013b) ということが指摘されている。他方，A幼稚園の遊びにも，少なからず「ごっこ遊び」的な要素はある。A幼稚園の実践と，一般的な「ごっこ遊び」との差異をもう少しつぶさに確認しておくことで，「ごっこ遊び」実践・研究の閉塞感を打ち破るのに役立つ，新たな視座が導かれるかもしれない。

　では，どのような捉え方が可能であろうか。一般に，「ごっこ遊び」には終わりがある。ある期間のあいだだけ，保育室を何かしらの「おみせ」に見立て，その期間が終われば，保育室はもとの保育室にもどる。他方，A幼稚園の「ごっこ遊び」的活動は，基本的には終わることがない[6]。何もない保育室から始まり，1年をかけて，様々な紆余曲折を経て営まれていく。

　この違いを〈リアリティ―ファンタジー〉構造の多層性から考えるとどうなるか。一般の「ごっこ遊び」においては，その「ごっこ遊び」の背景にあ

るリアリティやファンタジーの層のかさなりは，比較的単純なものであることが想像される。ある期間だけリアリティが持ち込まれ，一時のファンタジーを楽しむという具合である。一方，A幼稚園では，活動は年間をとおして営まれる。その過程において，各層のかさなり合いは，時間を追うごとに複雑なものとなっていく。多くの場合，各層がかさなるほどに，「まち」は豊かなものとなっていく。

このように考えると，A幼稚園の保育実践においては，活動中の層のかさなり方をみていく[7]と同時に，次にどういった層を重ねうるかと考えることが重要になる。たとえば，リアリティの認識が子ども同士で食い違っている活動があった場合，まったく別の一層を加えることで，「おみせ」がうまく展開していくかもしれない。「IKEA」の事例において，IKEA以外の層がかさなってきたことが活動の展開にいい影響を与えたように，活動の場に次の一層が追加されるということは子どもの活動に大きな影響を与えうる。時に，そうした試みを保育者が意図的に行うことも可能であろう。さらに，本研究では活動同士のかさなり合いについても一部見てきたが，単に子ども個々の様子を見るだけではなく，背景に様々な層をもつ各活動がいかにかさなっているのか，あるいは各活動をかさねていくべきか否かということも重要な観点となりうる。もちろん，層をかさねていくことに制限を課さないという方針をもつことが前提にはなる。

さらに，第6・7章に事例として取り上げたように，リアリティ内の存在ともいえる人とのかかわりは，リアリティを追求する子どもたちに様々な影響を与えうる。だとすれば，保育者の姿勢は子どもに向くだけでなく，実社会へも向けられなければならないということになる。この点は，保育者養成の教育内容に示唆を与えうることが想像される。

〈リアリティ―ファンタジー〉構造として実践を捉えることで，具体的にはこのような発想が可能となる。これは，既存の「ごっこ遊び」研究からははっきりと示すことができなかった発想である。仮に，A幼稚園のような実践へ舵を切ることで「ごっこ遊び」を深めたいと思うのであれば，こうした新たな観点から実践を見て，新たな援助の仕方を探ることが有効となろう[8]。

さて，いずれの点にせよ，リアリティの追求とそこから広がる多層性にお

いて，A幼稚園と他の実践・研究には違いがあることを確認した。こうした差異を，「それぞれ多様な実践があっていい」として片付けることは容易いが，さらに踏み込んで，多層性を重視する実践を解することの一般的な意義について，「自由保育」という言葉と関連させながら考えてみたい。

4.「自由保育」概念の再検討

　第3章において，「自由保育」言説の拡散や，「自由保育」という言葉からA幼稚園の保育実践を解することの難しさについて確認した。実践事例についての考察を終えたところで，「自由保育」に関する言説や研究に与えうる示唆はないかとひるがえって考えてみたい。第3章で見てきた，形態，理念にあてはめて，A幼稚園との関連を探ることにする。

形態としての「自由保育」
　まず，形態としての「自由保育」とA幼稚園についてである。先に，河邉（2005）による「自由保育」と「一斉保育」の1日の時間の流れを示していた［表3-1］。もちろん，形態からのみ保育像を語ることには慎重になる必要があるが，A幼稚園をこの表に照らし合わせてみたならば，A幼稚園の保育はやはり形態としては「自由保育」であるということになろう。もちろん，A幼稚園でも一斉的な時間はあるが，多くの日は，「自由保育」の園の時間の流れのように過ぎていく。

　特筆すべきは，表の「自由保育」カテゴリ内にある，「片付け」という項目についてである。「片付け」についての捉え方が，A幼稚園とその他の「自由保育」園では異なっているのではないかと思われるのだ。他園の片付けでは，自分たちが自由な遊びの時間に出した道具などを，自分たちで遊ぶ前の状態に戻すといったことが行われるはずである。一方，A幼稚園では，遊びの時間のたびに，「おみせ」の中に物が増えていくことになる。ちらばったゴミや借りた道具などを元の場所に片付けることはあるが，それ以外の制作物は，長い時間「おみせ」の中に残り続ける。制作物を時間ごとにまっさらに片付けてしまっては，A幼稚園の活動は立ち行かなくなってしまう。

213

同じ「自由保育」の形態であっても、A幼稚園では、遊びの継続性・連続性をかなり重視しており、そこに差異があると言える[9]。

この例のように、形態としての「自由保育」との関連でA幼稚園の保育実践を見ていくと、時間的な幅についての注釈をいくつかはさみたくなってしまう。大まかには、この点が過去の「自由保育」の概念とのズレであると考えることができる。「遊びこむ」時間的な程度についての差だとも言えよう。ただし、形態からのみ「自由保育」を捉えること自体が否定的に語られることもあるため、ここではさしあたりひとつの考えとして押さえるにとどめておこう。

理念としての「自由保育」

次に、理念としての「自由保育」である。この理念としての「自由保育」が語られる背景には、現場の実践での混乱があった。そのため、この論点は、実践の解釈に大いにかかわるという意味で、先の点よりも重要な観点であるはずだ。

ここでは第3章での議論をふまえ、森上（1997）の言う「本来の自由保育」から考えてみたい。森上の言う「本来の自由保育」では、子どもの「自主性」「自由感」が尊重され、「主体的」に活動に取り組むことが望まれる。それは、「子ども中心」「子ども主体」の保育であるとされていた。ただし、これまで「子ども中心」「子ども主体」という理念は、「心理学的アプローチ」として「〔保育者―子ども〕関係」（加藤1993）の狭い枠組みから研究されるのみであった。結果として、実践の構造はいつまでたっても示し得ないという問題が残り続けていた。他方、本研究の試みは、子ども理解のための「心理学的アプローチ」ではなく、あくまで実践の構造を示すことを試みたものである。ここに、「本来の自由保育」と本研究の考察とをつなぐ道が見えてくるかもしれない。

「子ども中心」「子ども主体」という言葉だけを切り取り、そこに対応した場面をあてはめれば、A幼稚園の保育も「本来の自由保育」ということになろう。しかし、それでは何も語っていないのと同じである。双方にズレはないかと考えてみたい。

第 8 章　構造と意義

　A幼稚園の保育実践は，確かに「子ども中心」と言えそうなものではある。活動を進めていくきっかけとなるのは，多くの場合，保育者による一方的な指示でなく，子ども自身がリアリティを追求しようとすることである。IKEAをつくりたいというような，一般的な幼稚園ではありえないような願いにも，「それは難しいから，またいつかね」「おもしろいね～（と言って何もしない）」と諦めさせるのではなく，まずは子どもたち自身に追求させてみる。「自主性」「自由感」が尊重され，子どもたちが「主体的」に活動に取り組んでいる様を想像することができる。

　ただし，その後もリアリティ追求を基本として活動を続けるためには，当のその子についての「子ども中心」の発想だけではいられない。たとえば保育者は，その子が目指すIKEAについて詳しくなければならない。リアリティの層とのかかわりで，その子のことや活動の今後を判断しなければならない。活動を進めるために，「リアリティ中心」であることが必要な場合もある。

　また，A幼稚園では，ひとりだけで活動を継続していくのは難しい。活動が進むほど，他者とのかかわりが必要になってくる。活動の場には，様々なリアリティ認識をもつ子が集まる。IKEAに詳しい子もいれば，そうでない子もいる。そうした子らが，ひとつの場を共有していかなければならない。そのときには，単に「子ども中心」での保育が大事だというだけでは，事態を説明し切ることはできない。むしろ，「子ども中心」の保育という概念がくずれていくと言うこともできよう。「子ども中心」というときの「子ども」とは抽象的な概念であり，現場レベルでは，言わば「その子中心」の保育が無数にあり，それがかさなっていくことが重要だということになる。それらをまとめて言えば，確かに「子ども中心」ということにはなるのだが，実際の現場では，それぞれへの対応は異なったものになるはずである。そのようなかさなり合いを重視することは，A幼稚園の特徴そのものでもある。

　こうした傾向は，活動が深まるにつれて顕著になっていくだろう。たとえば，活動が［図8-2］のような単純な構造で解せる場合は，ひとりの子を中心に考えていいはずであるが，保育室全体が［図8-8］のように複雑な様相を示すようになると，誰が中心なのか，何が中心なのかは，もはやどうでも

215

よいことになる。こうなると、保育者に求められるのは、個々の子どもを中心に保育を考えることよりも、全体としてうまく「自治運営」がなされるように、子ども、「おみせ」、リアリティなどの関係性を調節することだと考えられる[10]。

ポリフォニーとしての〈リアリティーファンタジー〉構造

このことを、あるメタファーから語ることを試みて、理解を深めたい。Wertsch（1991, pp.63-66）は、コミュニケーションにおける発話の理解の仕方を分析し、私たちのコミュニケーションはいわゆる導管メタファーのように一方向的に成り立っているのではなく、様々な立場の人の声が「腹話」され、かさなり合い、言わば「ポリフォニー（polyphony）」のように響き合いながら成り立っていると言う[11]。

この「ポリフォニー」という音楽的な比喩を用いれば、〈リアリティーファンタジー〉の多層性は「ポリフォニー」として成り立っていると言うこともできよう。一人の中心的な声があるのではなく、バラバラな声があちこちで鳴っている。それらは一斉的な活動に集約されるのではなく、バラバラなままであり続ける。ただし、それぞれの声はバラバラであったとしても、全体としては調和のとれた響き合いをみせなければならない。また、ある「おみせ」の場においては、リアリティとファンタジーの層が幾重にもかさなっていく。それらが、うまく響き合ったときに、活動はうまく展開してくことになる。一方でうまく響かない層があったり、層のかさなりが物足りなかったりする場合には、活動は展開しづらいはずである[12]。層のかさなりが物足りない場合には、保育者が今ある響きに対して、何かしらの音や旋律を付け加えて豊かな響きを模索していくことが必要になる。あるいは、保育者の援助の仕方は、各層の響き方のズレをチューニングしていくものだという理解もできよう。個々の音が中心（子ども中心）なのではなく、その響き方（保育室の全体像）が関心事となっていくということである。

以上のとおり、A幼稚園の側から「本来の自由保育」を考えると、これまでの「子ども中心」という考え方が、あるひとつの仕方ではあるが、深まっていくことになる。一場面的「〔保育者―子ども〕関係」だけでなく、ある

「自由保育」実践の背後にある構造までを読み解くことによって，こうした差異が理解されることとなった。おそらく，「自由保育」実践の中には，このような多層的な構造のもとに行われていた実践もあるのだろう。しかし，これまでは実践の分析の観点は，一場面的な「〔保育者─子ども〕関係」のみであったり，あるいは友定ら（2002）のように素朴なエピソードをもとにした子ども理解が行われるのみであったりした。つまり，このような多層的な構造の可能性を語る言葉が，これまでは用いられてこなかったのである。今後は，この〈リアリティ─ファンタジー〉構造の概念をもとに，実践の意義がさらに深く語られていくことが期待される。

5. なぜ〈リアリティ─ファンタジー〉構造が重要か

　〈リアリティ─ファンタジー〉構造の枠組みは，たとえば Holloway（2000）のような諸要素の組み合わせから保育を捉えるという枠組みではなく，実践そのものの解釈の仕方を次のように広げようとする枠組みだということができる。Holloway の言う諸要素は，A 幼稚園においてもあてはまりうる。しかし，そうした客観的な諸要素をいくら組み合わせても，「おうち」の特徴は語り尽くせない。保育実践の全体像──特に A 幼稚園の実践の全体像は，諸要素として抽出できるものより，もっと「わかりにくい」ものである。子どもたちは，なぜ「おうち」を建てようとするのか，なぜそれがわざわざ IKEA だったのか。なぜそこまで「遊びこむ」のか。等々。

　そうした「わかりにくさ」の解明方法は様々にありうるはずだが，本研究におけるその方法は，実践におけるリアリティとファンタジーの構造を再検討することであった。既存の研究を真似て，「ごっこ遊び」を「現実世界」と「虚構世界」の二項のみから解することは容易い。実践について，よくわかったような気になることができる。しかしその実，──厳密には A 幼稚園においてのみということになるが──実践の場には，リアリティとファンタジーの層が幾重にもかさなっているのである。実践の現場で，こうした複雑な構造を瞬時に見抜くのは難しいかもしれない。考えれば考えるほど，実践がよくわからなくなるかもしれない。しかし，現に目の前で実践は成立し

ている。ならば，このわからなさを前提として，実践は解されるべきではないだろうかと考えてきた。

　さらに，こうしたA幼稚園での考察を一般化すれば，これまで私たちは保育実践およびそこでの子ども像や保育者像を，あまりに単純に解してきたのではないかと省察を求められることになる。

　保育実践の〈リアリティーファンタジー〉構造を複雑で多層的なものとして捉えるということは，すなわち，そこにある子ども像，保育者像，実践像，ひいては社会・世界像をより複雑なものとして捉えようとすることである。目の間の子を一口に「子ども」と呼んだとしても，その子のもつ背景や今いる場所，今考えているであろうことは，複雑で多層的である可能性がある。そして，その子に向きあう保育者も，複雑で多層的な背景をもちうる。それぞれの層がかさなり合い，活動が展開していく。各層がうまく響き合えば，よいかたちで活動は進むだろう。あるいは響き合えない部分があれば，一時の停滞があるかもしれない。その根拠は，子どもの発達状況や心理状態，人格や技能といったところだけにあるのではなく，その背景にある各層のかさなり方にもある，というのが本研究の主張である。このような仕方で実践や子どもを捉えることで，透けて見えてくるものもあるはずだ。本研究は，A幼稚園の実践によりそって考察を進めてきたものであるが，こうした意味において，ここで導かれた知見は，他の保育実践にも示唆を与えうるはずである。

　折しも昨今，保育界では，「保育の質」の向上や評価が議論の的になっている（秋田ほか2007；藤川2010；秋田・佐川2011；本間2012）。そうした中においては，保育実践を単純化してわかりやすく語ることの意義もあれば，複雑で多層的な捉え難いものであることを前提として語ることの意義もあるだろう。本研究の試みは後者の方向性にひとつの知見を付け加えようとするものであった。

注
1)　これに加え，保育者の層もあることが想定される。
2)　もちろんそこでは，「遊びこむ」ことを無理強いするのではなく，「センスと

タイミング」に留意しながらの援助がなされなければならないだろう。
3) クラス全員が「遊びこむ」姿を見せられるようになるまで、保育者は試行錯誤を繰り返す。時に、かなり苦労することもある。しかし、2月から3月頃になると、「もっと続けられたらいいのに」など、年度が終わってしまうことをさみしがるような発言が度々聞かれるようになる。年度末になるに従い、活動がぐっと盛り上がっていき、「自治運営」も機能するようにまでなると、このまま終わるのが惜しいという気持ちになるのだろう。
4) たとえば筆者の観察中には、年長の銀行の活動に強い興味を示していた年中の子が、年長になったら「銀行をつくりたい」という発言をしていた様子が見られた。また、「2階建てつくりたい」など、「おうち」の建築のイメージをもっている子もいた。保育者らに聞くと、このように年長になったときのことを思い浮かべる様は、よくあることのようだ。
5) さらに上記の考察からは、過去の「ごっこ遊び」研究がリアリティの側面を軽視してきたという以外に、そもそもこれまで「ごっこ遊び」自体において、A幼稚園のようなリアリティの追求はほとんどなされてこなかったという可能性があると想像することもできる。
6) たとえ、ひとつの「おみせ」が「おうち」から退去したとしても、その後違う子たちがその「おうち」に入り込むことになる。保育室全体を見回せば、盛り上がったり盛り下がったりしながら、活動はずっと続いていると言える。
7) たとえば、「メディア遊び」のはじまり期の事例のように、保育者がリアリティの層をどう見ているかということや、子ども同士がリアリティの層をどう見ているかということを保育者が見ているかということを、見ていくことが重要だと言える。
8) ひとつ例を挙げよう。筆者による数年間の参与観察中に、その実践の珍しさからか、他の幼稚園の教諭がA幼稚園を訪問するという機会が度々あった。そこでしばしば聞かれるのは「自分たちも「ごっこ」のような活動を大事にしているのだが、どうしたらここまでのことができるのか？」といった疑問の声であった。その意味は、アート的指導を徹底していないのにどうしてこんな本格的なものを子どもがつくれるのかということや、子どもそれぞれが自由に遊んでいるのにどうしてある種の秩序が保たれているのかということであった。自分たちの「ごっこ遊び」実践と、A幼稚園の実践の違いが、本質的にどこにあるのだろうかという問いである。これまで、そうした疑問への回答としては、創設者のアート・デザインに関する素養が現在にまで影響しているとか、たまたま「おうち」という実践があるからとか、子どもの発想を大切にしているからとか、いわば「そういう文化があるから」という回答が導かれることが多かった。すなわち、明確な回答はなされていなかったのである。他方、本研究をふまえれば、〈リアリティーファンタジー〉の多層的構造が背景にあるということを、これからは回答として語りうることになる。また、そのために様々な制限

をなくすということも必要である。もちろんA幼稚園においては，子どもが扱う素材にこだわるなど，アート・デザイン的な工夫もみられる。ただし，そうした点は実践を成立させている構造においては表面的な事象でしかない。その背後には，〈リアリティ―ファンタジー〉の層が幾重にもかさなっており，そうした構造を捉えた上で，ひとつひとつの現象について検討していくことが重要である。また，そのときの検討の一観点は，保育者である自分たちはどういう制限を子どもに与えているのかということになる。そうした試みが，「どうしたらこんな実践ができるのか？」という疑問についての納得に至る道筋となろう。表面的な指導や，歴史・文化などが違うということは実践の理解においては本質的なことではなく，むしろ，リアリティの追求からはじまる多層性をどのように捉えていくか，層をかさねることにどれほどの制限を与えているのかということが重要な観点となる。

9) なお，遊びの継続性・連続性ということに関して言えば，A幼稚園では時間が経つにつれ，子どもたちが遊んでいる場の枠組み自体が，子どもたち自身によって変えられていくことになる。もちろん保育室の構造自体は変わらない（はずだ）が，その中に「おうち」が一軒建てば，その保育室で過ごすということの意味は変わっていくだろう。遊びを切り取る枠組み自体が常に時間的な幅のあるものであり，捉え難いものとなっているのである。

10) もちろん，個々の子どもの心理状態についての把握がまったく不要だということではない。全体をみることがより必要になるという意味である。

11) Wertschの論は，バフチンの諸議論をふまえたものだとされる。バフチンからWertschに至る思索をふまえて考察をすることで，より厳密な議論が可能になるだろう。今後の課題としたい。

12) 「しんぶんしゃ」においては，編集長の制度は子どもに響かず，メモ帳などは子どもに響いたと考えられる。

第9章

まとめと展望

　A幼稚園を舞台とした探究の物語にも，終わりが近づいてきた。改めて，探求の発端となった，村谷の言葉に戻ってみたい。

　　夕方，母親が公園に「ご飯よ」と子どもを迎えに来る。その言葉で子どもは顔を上げる。上げた子どもの顔には夕日があたる。辺りが暗くなるのにも気づかず遊びこんでいた子ども。そんな，子どもの遊びこむ姿を園で追い求めたい。

　これは，公園すなわち園外での子どもの姿を述べたものであり，村谷の保育理念が比喩的に語られたものだと解すべき言葉であろう。この比喩的な子ども像，保育実践像は，A幼稚園という不思議な舞台において，長年の試行錯誤を経ながら，あまり他では見られないようなかたちで具現化してきた。長年の保育者らの試行錯誤と，子どもたちの自由闊達な発想・創作によって，A幼稚園なりの特徴的で魅力的な「遊びこむ」保育が実現するようになったのである。

　子どもたちがキラキラした目で，ワクワクした心持ちで，「遊びこむ」姿を見せてくれることは，幼稚園や保育所の保育者たちも，おうちの方々も，たくさんの大人が共通して望んでいることであろう。一方で，A幼稚園の「遊びこむ」保育は，他とはちょっと異なる様相で現れるものであった。思えば，本研究のねらいを次のように述べていた。

A幼稚園の実践は，いかなる特徴をもつものであり，いかなる意味において既存の保育実践研究からは捉え難いものであり，そしてそれらに示唆を与えうるのか——こうした問いを導きつつ，そして問いに応えていくことが本書の試みである。A幼稚園の保育実践は独自性が強いと思われる実践であるがゆえ，安易に理想化したり他の実践に援用したりすることには慎重にならなくてはならない。しかし，だからこそ，これまであたりまえのように用いてきた既存の枠組みを批判的に捉えるために機能しうるはずだと期待される。

　ここまでの探求で，「A幼稚園の保育って，おもしろそう，楽しそう」と素朴に思ってもらえたのであれば，それは幸いなことである。そして，「A幼稚園の保育を読むことで，これまで見えてこなかった保育を捉える視座が見えてきた」と思ってもらえたのであれば，尚更に嬉しい。
　最後に，子どもの「遊びこむ」姿を追い求めるA幼稚園の保育実践を解き明かそうという出発点から始まった本研究の成果をまとめ，さらに今後の展望を示したい。

1. 本研究のまとめ

　本研究のここまでの道のりをふりかえった上で，本研究の成果を示す。
　まず，第Ⅰ部では，A幼稚園の独特の実践を，いかなるフレームで捉えるべきかを考察した。
　初めに，第1章において，A幼稚園の成り立ちや象徴的な実践例を記述した。A幼稚園は，デザイナー・画家であった村谷壯一郎と妻・玲子によって創設された園であり，創設当初から，村谷によるアートやデザインの素養が存分に活かされた保育実践が行われていた。村谷の願いは「受け身ではなく，自主的で，創造的な人間」を育てることであった。そうした子どもの育成を目指して，それまでの「一斉保育」を「自由保育」の形態に転換してきたという経緯がある。ただし，「自由保育」および村谷の理念を真に達するのは簡単ではなく，これまで様々な試行錯誤が営まれてきたという。その試

行錯誤の過程は，現在の象徴的な実践例に結実している。

　本書では，象徴的な実践例として，年長での「おうち」「おみせ」「まち」の様子と，夏の「林間保育」の様子を記述した。年長の保育室では，子どもたちがリアリティある「おみせ」を営んでいく。また，途中導入される園通貨の演出などにより，子どもたちの「おみせ」はさらに本格的なものを志向していくようになる。本格的な「おみせ」が増え，子どもたちがひしめき合う様子は，さながら「まち」のようである。他方，「林間保育」では，ファンタジーあふれる演出がなされている。このように，第1章では，A幼稚園の保育実践の特徴を，リアリティとファンタジーに特徴があるものだとさしあたり理解しておくことにした。

　第2章から第4章までは，A幼稚園の保育実践は，これまでの保育実践研究の枠組みからいかに捉えられうるのかということを考察した。

　第2章では，はじめに，A幼稚園に関する新垣（2006）の先行研究について中心的に考察した。新垣は創設者夫妻の娘でありA幼稚園の教諭でもある。そうした立場から，実践の記述や保育者へのインタビューをとおして，複雑であり解釈の突き合わせが難しいA幼稚園の実践の構造を明らかにしようと試みた。新垣は，A幼稚園の実践の要素として，保育者の援助においては「リアリズム」追求の理念や，保育者が「リアリズム」を提示する際の「センスとタイミング」が重要であることなどを抽出した。

　こうした新垣の研究は，A幼稚園の保育実践の要素をある程度は明らかにしているものだと言えるが，一方で，A幼稚園内でのみ解釈や検証が可能な事柄を用いての考察がほとんどであり，既存の保育実践研究との接点はほとんど見えないという課題も指摘される。

　そこで，これまでの保育実践研究からA幼稚園の保育実践はいかに解せるかということを考察することにした。日本保育学会設立以降，近年へかけて，保育研究においては「実践性の高まり」（無藤2003）が志向されてきた。森上（1994）は，「参与観察」「分厚い記述」「省察」などの方法論を用いて，「特定の園文化の枠組み」を解きほぐすような研究を志向すべきだと述べている。A幼稚園での探究も，こうした文脈に位置づけられると解せるものである。

しかし，「参与観察」「分厚い記述」「省察」を用いて「特定の園文化の枠組み」を読み解こうとする研究は少ない。結城（1998）によるエスノグラフィー研究はあるものの，結城の対象としたS幼稚園は，「一斉保育」的，平等主義的，「同質原理」志向的な園であり，A幼稚園の実践像とは異なった園である。結城の研究と本研究とは，研究の関心が異なっており，ここで，本研究独自のアプローチをとる必要が示唆された。
　すなわち，保育研究においては「実践性の高まり」の志向は指摘されているものの，多様な保育実践ひとつひとつの「園文化の枠組み」までを読み解き，公に問うといった課題は，ほとんど手つかずだということが明らかとなった。また，他方で日本の保育実践の多様性（Holloway 2000）は指摘されているが，そこでの多様性の意味とは，保育中の要素の組み合わせでしかない。したがって，A幼稚園の保育実践を解していくためには，実践そのものを包括的に語りうる言葉を用いる必要があるということが導かれる。
　そして，第3章では，現在のA幼稚園において重要な概念である「自由保育」という言葉から解釈を深められないかと考察した。しかし，様々に用いられる「自由保育」という言葉を見ていくと，その意味は拡散してしまっていることが明らかとなった。その中でも，「自由保育」という言葉は理想的な実践像を示す心理主義的な理念として用いられることが多いという課題がある。この考え方には一理あるといえるものの，結局は子ども理解を重視するというスローガン的な言葉の使用に陥ってしまうことが懸念される。「自由保育」という言葉は，実践そのものを語る言葉としては機能しづらいというのが現状である。本研究においては，別の言葉を探す必要があることが示唆され，他方では，本研究の試みが，実践を語る言葉としての「自由保育」の成立に寄与しうるかもしれないことが示唆された。
　続けて，第4章では，「ごっこ遊び」という言葉の使用を検討した。A幼稚園の保育実践は，素朴な意味では「ごっこ遊び」とも言えそうだと判断したからである。既存の「ごっこ遊び」研究では，「ごっこ遊び」は，リアリティとファンタジーの二項対立の枠組みで語られている。しかし，たとえば八木（1992）による「ごっこ遊びの基本構造」を見てみると，「現実世界」「虚構世界」として語られている概念に矛盾があることも理解される。「ごっ

こ遊び」研究においては，不十分なかたちで「ごっこ遊び」の構造が理解されていることがわかった。また，「ごっこ遊び」を研究として捉えようとする観点は様々あるが，子どもが追い求めるリアリティの側面について熱心に検討しようとする研究は少ない。

　他方，A幼稚園においては，第1章で簡単に触れたように，リアリティとファンタジーが様々なかたちで現れうる可能性がある。ここまでの考察をふまえ，リアリティとファンタジーという概念との接点から，A幼稚園の保育実践を具体的に解していくことにした。

　次に第Ⅱ部では，筆者による参与観察でみられた事例をもとに，A幼稚園の保育実践におけるリアリティとファンタジーの構造について記述してきた。考察にあたっては，実践中の写真を多く示したり，構造を簡略化した図を示したりするなど，実践の実際とその背景がA幼稚園を未見の方にでも理解しやすくなるよう努めた。いずれの事例においても，端的に言語化するのが難しいほどの複雑な〈リアリティ―ファンタジー〉構造があることが示された。

　第5章では，「IKEA」を事例とした。「IKEA」は「遠足型消費」（中沢・古市2011）の舞台であるIKEAの再現を子どもたちが志向した活動である。子どもたちは，「遠足型消費」という新たな消費の舞台のリアリティをうまく再現しており，また一方で，集団としてIKEAを知らない子にも楽しんでもらえるように，IKEA以外の要素も取り入れたファンタジーある「IKEA」を成立させていた。結果，IKEAおよび「IKEA」について多様な認識をもつ子たちが，ひとつのファンタジー空間で遊ぶ，というリアリティが確認された。これは，リアリティとファンタジーを二項対立的に考える仕方では捉えられない構造である。

　第6章では，リアリティとファンタジーの構造の複雑さについての理解を足がかりとし，必ずしも「ごっこ」にこだわらず，メディアを子どもたちが自発的・積極的に活用する遊びである「メディア遊び」の事例を追った。特に，子どもたちのリアリティ追求の仕方や，そこでの保育者の援助の仕方に注目し，いくつかの「メディア」遊びの事例におけるリアリティとファンタジーの構造を，前章よりも，より複雑な仕方で記述した。

たとえば，実践を成立させているのは，子どもがもつリアリティの認識のみならず，保育者がもつリアリティについての認識，子どもがもつ保育者についての認識，保育者がもつ保育者のメディア使用についての認識，保育者がもつ子どもがリアリティをどう認識しているかということについての認識といった観点があることが解された。こうした子どもたちのリアリティの認識の多様性や，それに応じようとする保育者の認識の多様性が，うまくファンタジーとしてかさなり合ったときに，活動はリアリティあるものとして展開していく。また，保育者の認識の「センスとタイミング」の発揮の仕方が，過去の実践の経験をとおして「身体化」（新垣2006）され洗練されていくということはすでに示唆されていたが，「身体化」されるものは，リアリティとファンタジーについての認識の仕方だということが考察された。

　第6章後半では，保育者が援助しきれないリアリティを子どもが追求するという事例を取り上げた。キャラクターづくりに困っていた子たちが，理想とするキャラクターの制作者本人からアドバイスをもらえたという事例である。この事例においては，いわゆる本物（者）からアドバイスをもらうということは，大人にとってはファンタジーあふれることとして捉えられうるものであるが，一方で子どもたちにとっては自分たちの活動を進めるためのリアリティある世界での話であり，さらにひるがえれば，そうした子どもたちにとってのリアリティとなりうるファンタジーあふれる出来事は，大人にとって重要なリアリティとなりうるものだということを，比喩的に理解した。

　第7章では，「しんぶんしゃ」と「アナウンサー」の活動を取り上げ，本物（者）との交流のあり方について考察を深めた。「しんぶんしゃ」では，本物の新聞記者が，「アナウンサー」ではアナウンサー志望の大学生が，それぞれ子どもとかかわった。「しんぶんしゃ」においては，新聞記者の指導において，新聞記者本人による子どもに伝えたいリアリティの選択があることと，そこで選択されたリアリティが，子どもに受容される場合もあれば受容されない場合もあるということが考察された。「アナウンサー」では，アナウンサー志望の学生であり，幼稚園の先生でもない学生Hのあり方自体が，「ごっこ遊び」的であることを考察し，子どもに出会うリアリティ内の

第9章　まとめと展望

存在も一面的ではないことを示した。

　そして第8章では，A幼稚園の保育実践における〈リアリティ―ファンタジー〉構造の多層性が既存の保育実践研究に与えうる示唆について，改めて検討した。ここでの考察の結果が，本研究の具体的な成果ということになる。

　まずは，A幼稚園の保育実践から導いた〈リアリティ―ファンタジー〉の多層的構造の要点を，(1) 基本理念としてのリアリティ追求，(2) リアリティの選択，(3) リアリティ認識の多様性，それらをまとめるファンタジー，(4) 保育者のリアリティの認識，(5) リアリティの多層性，リアリティ内の存在とのかかわり，(6)〈リアリティ―ファンタジー〉の多層化としての活動の展開，としてまとめた。

　また，こうした多層的な構造がつくられていくためには，単に子ども個々にリアリティを追求させようとするだけでは不十分で，リアリティを追求していきたくなるような豊富なリソースを用意することや，活動の仕方についての制限をゆるくすることなどの要素が必要であることを考察した。A幼稚園では，そうした諸要素がそろっていることで，リアリティとファンタジーが多層的にかさなっていくことになる。

　そして，こうした〈リアリティ―ファンタジー〉の構造から，既存の「ごっこ遊び」研究の課題について考察した。これまでの「ごっこ遊び」研究および「ごっこ遊び」実践がリアリティの側面を軽視していることと，A幼稚園の保育実践から〈リアリティ―ファンタジー〉構造を意識した保育実践のあり方を学びうることを考察した。

　さらに，「本来の自由保育」言説との関連で，「子ども中心」という言葉の捉え方の差異について検討した。A幼稚園保育実践は，概括的な意味としての「子ども中心」という言葉では捉えきれないものである。「子ども中心」と言うときの「子ども」とは抽象的な概念であり，A幼稚園の現場レベルでは，言わば「その子中心」の保育が無数にあり，それがかさなっていくことが重要だということになる。また，最終的な「まち」の場では，むしろ個々の子どもに注目しなくてもいいような状況であることが求められる。本研究の試みは，「子ども中心」の保育を長期間かけて継続して達成していくため

のひとつの具体策を,「心理学的アプローチ」とも異なった仕方で明らかにすることであったと言うことができる。

こうした〈リアリティ―ファンタジー〉の多層的構造として示される実践は複雑で捉え難いものであるが,だからこそ,これまで私たちはあまりに単純に保育実践を捉えてきたのではないかと省察することが可能になるのである。

本研究では,以上のことを示すことができた。単に「遊びこむ」ことを志向しためずらしい保育実践というだけでなく,その背後は複雑な〈リアリティ―ファンタジー〉構造があることと,その構造が既存の保育実践研究にも少なからず示唆を与えうるものであることを示した。「遊びこむ」姿を追い求める――言うは易し――その背後には,リアリティとファンタジーの複雑だが奇跡のような,よくできたポリフォニーのような美しい響き合いが必要となるのだ。

2. 今後の展望

最後に,本研究で検討が不十分だった点と,新たに認識された検討すべき点を挙げ,今後の展望を示したい。

まず,A幼稚園を対象とした研究としては次の5点について研究をかさねることが必要である。

(1) 本研究では,主として活動ごとの〈リアリティ―ファンタジー〉構造について検討してきた。他方,本研究中には,子どもの活動同士のかさなり合いも活動の展開においては重要な意味をもっていることが示唆された。それぞれ個性的な「おみせ」が,どのようにかかわりあっていくのかを追うことで,〈リアリティ―ファンタジー〉構造の多層性に新たな層を付け加えることができるかもしれない。たとえば,A幼稚園の実践は総体としては「異質原理」的な実践といえるものであるが,個々の「おみせ」に目を向ければ,そこは「同質原理」的な空間であるともいえる。「同質原理」的なコミュニティがいかにつながりうるのかということは,社会ネットワーク分析などに様々な知見がある。そうした異分野の知見にも学びながら,A幼稚園

を見ていく必要がある。

　(2) 本研究では，子どもや保育者など，主に人的な要因に目を向けてきた。他方，活動を行っていく上では，物的な要因とのかかわりも重要なはずである。特に新たな視座としては，A幼稚園の「おうち」の物理的影響について検討していくということが導かれる。たとえば，本研究では暗黙のうちに「おみせ」が建ち並んでからの活動の様子を考察の対象としてきたが，今後は，まだ「おうち」がまばらに建っているときの子どもたちの様子はどのようなものであるのか，「おうち」の引っ越しは子どもたちにどのような影響を与えるのか，といったことが関心事となりうるだろう。

　(3) 本研究では，年長の「おうち」「おみせ」を中心に追ってきた。それらはA幼稚園を象徴するような実践ではあるが，A幼稚園の実践はそれだけではない。他の実践における〈リアリティーファンタジー〉構造について検討し，構造図を補強していくことが必要である。たとえば，例示した「林間保育」は，「おうち」「おみせ」の活動と比して，保育者の側からファンタジーが積極的に提案される傾向にあり，そうした意味で，「おうち」「おみせ」とは性質の異なった活動であるとも思われる。しかしながら，考えようによっては，子どもたちはIKEAに憧れるのと同じように「酉長」に憧れているのだとみることもできる。すると「酉長」という存在は，大人からすれば架空の存在であったとしても，実は子どもに憧れられるだけのリアリティが演出されており，他のリアリティと何ら変わらない存在であるとも考えられる。いずれにせよ，他の実践（特に保育者が積極的ファンタジーを演出することが多い行事など）については，本研究ではほとんど言及できなかった。今後の課題としたい。

　(4) 本研究では，保育実践および活動の展開を追うことが主たる試みであった。そのため，個々の子どもの発達までを具体的に描くことはできなかった。しかし，一般的な幼児の発達についての捉え方と，A幼稚園なりの発達の捉え方についての差異を探ることは有意義であると思われる。様々な幼児の発達に関する研究をふまえて，今一度この実践を見ていくという課題が残った。また，本研究では年長の保育実践を追うことしかできなかったが，年少・年中時の経験が，どのように年長に活きているのか，A幼稚園内

での発達を追うことも手付かずの課題である。

（5）前項とも関連するが，こうした実践を経験した彼・彼女らが，その後の小学校文化[1]や，広くは実社会のことがらをどのように受容していくのかということは興味深い。それは，A幼稚園の独特の実践は，子どもたちにとってどういう意味のあるものかという問いでもある。たとえば，次のような話がある。年長の「おうち」「おみせ」については，3月の卒園式前の1〜2週間のあいだに，「卒園したらどうする？」ということが子どもたちによって議論される。自分たちの「こわしたくない」という思いや，来年の年長の子のために部屋を空けるという思いなどのあいだで揺れ動き，白熱した議論がかわされる[2]が，多くの場合，自分たちの手でこわすという結論が出される。その結論が出た後は，「おみせ」の中をからっぽにし，その中で一泊するという行事が行われる[3]。思い出のつまった部屋に泊まり［写真9-1］，翌朝，自分たちの手で順番に「おうち」をこわしていくことになる［写真9-2］。そして，その数日後，年度の始めのような姿になった保育室で，卒園式が開かれ，子どもたちは小学校へ巣立っていくことになる。この「おうちこわし」は，これまでの〈リアリティーファンタジー〉の多層性との別れの儀式のようなものなのかもしれない。泣きながら「おうち」と別れる子も多い。しかし……数日後の登園日には，子どもたちは案外平然としているのである。物理的にはその構造は消えてなくなったわけだが，それまでの経験はその子たちに一体どのようなものとして残されているのだろうか。

写真9-1　最後の「お泊まり」

写真9-2　「おうちこわし」

こうした点は，検証が難しいことであるが，さらに長期的に園によりそいつつ考えていきたいことである。

　また，A幼稚園以外での研究における課題を2点記す。

　(1) 本研究をふまえ，A幼稚園以外の実践に〈リアリティ―ファンタジー〉構造をあてはめ，その実践の解釈に活かしたり，こちらの構造図の修正や補強を行ったりする必要がある。本研究で示唆されたように，〈リアリティ―ファンタジー〉の多層性に注目することで，「ごっこ遊び」がより深いものとして捉えられるかもしれない。また，リアリティとファンタジーが関心事となるのは，何も保育実践だけではない。小学校以降の授業を思い浮かべてみても，たとえば，子どもに提示される教材というものは，教師があるリアリティを選び取り，それを当のリアリティとは違うかたちで，すなわちファンタジーの層をしのばせながら，子どもに提示するものだとも言える。キャリア教育などの文脈で，ゲスト講師と連携して授業を行う際には，K記者や学生Hで考察した知見が役立つかもしれない。学校種の違いを超えながら，それぞれの〈リアリティ―ファンタジー〉構造について考えていく可能性がある[4]。

　(2) 〈リアリティ―ファンタジー〉構造の多層性を語りうる言語についての問題がある。本研究の主張は，一見すると一面的にみえる実践が，実は幾重にもかさなったリアリティとファンタジーの上に成り立っているというものである。そうした構造を語るためには，ときにあえて複雑な言い回しが必要だと判断されることがあったが，実践を解釈するための言葉の用い方については，本研究をふまえた上で今後も検討を続けていく必要がある。特に，ファンタジーという言葉の用い方についてはより厳密な議論が必要であろう。このように，本研究の試みは，実践を真に語るということは，いかにして可能となるのかという問題を提起するものでもあった。

注
1) たとえば，A幼稚園の彼・彼女らにとって，小学校生活科の授業とは，どのようなものとして受け止められているのだろうか。
2) 幼児でもこれほど議論ができるのかということに驚く。この例をもとに，幼

児なりの議論のあり方について考えることも今後の課題としたい。
3) 年度によっては，翌朝まで「おうち」をこわすか否かを議論していることもある。保育者らはぎりぎりまで，子どもの意見を尊重しようとする。筆者の数年の参与観察では，特殊な事情がある場合をのぞいて，1軒のみ，子どもの意見が尊重され，こわすことが避けられた。
4) リアリティとファンタジーという概念を異なる文脈に応用する試みが，少しずつではあるがすでにいくつか試みられている。たとえば，以下の文献を参照。

太田貴之・城亜美（2015）「中学校社会科における物語を導入したカリキュラム開発の試み」，藤川大祐編『社会とつながる学校教育に関する研究（3）』，千葉大学大学院人文社会科学研究科研究プロジェクト報告書，第293集，pp.53-62

藤川大祐（2015）「「魔法の世紀」と授業づくり―授業におけるリアルとバーチャルの融合に関する試論―」，授業実践開発研究，第8巻，pp.1-7

阿部学（2016b）阿部学「出前授業をどうデザインするか―「社会とつながる授業」の教育方法―」『授業づくりネットワーク』No.20（通巻328号），学事出版，pp.44-49

阿部学（2016c）「デジタル教材設計におけるリアルとバーチャルの融合のあり方―「魔法の世紀」論をたよりに―」藤川大祐編『教育におけるゲーミフィケーションに関する実践的研究』千葉大学大学院人文社会科学研究科研究プロジェクト報告書，第306集，pp.79-89

阿部学・市川秀之・土田雄一・藤川大祐（2016）「熟議民主主義を背景とした道徳授業の教育方法についての検討―熟議シミュレーション授業の開発と実践を通して―」授業実践開発研究，第9巻，pp.89-98

補論

A幼稚園におけるタブレットPC導入期の記録──新しい道具をどう使うか

1. はじめに——保育と道具

　保育実践においては，子どもたちがどういった道具を使うのかということが，実践の展開に影響する。ハサミかカッターか，あるいは刃物はまったくダメなのかによって，つくれる物は変わる。また，どういう道具をどのように子どもに使わせようと思うのか，道具使用について保育者がもつ理念も実践に影響をする。カッターは幼児には危ないと保育者が思っていたなら当然使用は禁ずるであろうし，逆に幼児でも問題なく使えると思っていたなら積極的に使わせるはずである。

　A幼稚園では，豊富な素材をストックしている「倉庫」があり，子どもたちは必要に応じて好きな道具を好きなように使えるようになっている。また，釘や金槌，木材といった，おおよそ幼児が扱うには難しいと思われる道具が「おうち」づくりに用いられる。道具についての認識も，他の多くの園とは異なっているのかもしれない。

　そうしたことを掛け合わせると，A幼稚園における道具使用のあり方を追うことで，A幼稚園における保育実践の特徴や，保育実践における道具のあり方についての理解をさらに深めることができるのではないかと期待をもつことができる。ここでは補論として，A幼稚園にiPadという新たな道具が導入されたときの記録を，他の先行実践との差異をふまえながら書き残しておきたい。A幼稚園の子どもたちや保育者らは，iPadを何のための道具として認識したのだろうか。

2. タブレットPCと保育実践

　近年の教育界での話題のひとつに，学校現場でタブレットPCという新たな道具を導入しようという議論がある。この数年のうちに，文部科学省による「学びのイノベーション事業」[1]，総務省による「フィーチャースクール推進事業」[2]，関連業界団体による「デジタル教科書教材協議会」[3]の実証研究など，様々な立場からの取り組みがなされてきた。自治体レベルでは，佐賀県武雄市の取り組み[4]が注目を集めているところである。

ところで,こうしたタブレットPCに関する議論は,主に小学校以降を舞台としたものである。保育実践の中での活用に関する議論は少ない。保育実践におけるタブレットPC活用の道を探る可能性はないのだろうか。

もっとも,幼─小の教育のあり方の違い,そもそもの発達段階の違い,さらには日本の保育実践の多様性といったことを考慮すれば,保育実践にタブレットPCを導入することには慎重にならざるをえない。

おそらく,小学校の成功事例を真似て,幼稚園や保育所にも同じようにタブレットPCを導入すれば,即,良いことやおもしろいことが起こるという魔法のような話はありえない。もし,保育実践でタブレットPCを活用しようと思うのであれば,主に学習活動の改善・創造のためにタブレットPCを活用しようという小学校以降での発想に依拠するのではなく,情意や発達段階に留意しながら遊び・生活を中心とした教育を行っていくという保育の特性に留意することに迫られるはずだ。

また,そもそも幼児の望ましい発達のためには,タブレットPCなどの機器に触れるより,生身の身体をいっぱいに使って遊びまわったり,対面での直接的なコミュニケーションをしたりすることの方が望ましいという意見もあるかもしれない。

こうした点について,個々の機器に限らずメディアという概念にまで視野を広げると,たとえば次のような主張がみつかる。小林(2006)は『メディア時代の子どもと保育』という著書の中で,「本書の主張は,メディア時代といわれる現在,子ども・保護者・保育者に,希薄化する「生の実感」を取り戻そうということです」(p.148)と,子どもおよび保護者が無自覚的にメディアの影響を受けることを否定的に述べている。この例のように,幼児と新しいメディアとの関係は否定的に捉えられることもある。

ある立場からすると,幼児がメディアに接触することは避けるべきことなのかもしれないが,実際のところは,タブレットPC(およびスマートフォン[5])などの新しいメディアは,幼児にとって避けては通れないほど身近なものになっている。ベネッセ教育総合研究所(2013)が,0歳6か月～6歳までの乳幼児をもつ母親を対象に行った「乳幼児をもつ親子のメディア活用についての調査」では,「母親がスマートフォンを使用している 2歳児の

2割超が,「ほとんど毎日」スマートフォンに接している」という結果が出ている。また,「保護者は,子どもに学習アプリ・ソフトを使わせることに対して,「知識が豊かになる (81.5%)」「歌や踊りを楽しめる (77.1%)」「作る,描くなどの表現力を育む (68.7%)」などの可能性を感じている」と,新しいメディアに期待を寄せている結果も出ている。これからますます,幼児はタブレット PC やスマートフォンに触れていくことになるだろう。

なお,A 幼稚園の活動からも,子どもと新しいメディアの身近さが窺える。2008 年頃,すでに子どもたちは[写真補 -1]のような携帯電話をつくり遊んでいた。園内には,遊びで使ってもらうための黒電話もあったのだが,この時期の子どもたちには見向きもされず,「倉庫」に眠ることになっていた。当たり前のことかもしれないが,この時期の子どもたちにとっては,黒電話より携帯電話の方がリアリティあるものだったということだろう。さらに,2012 年頃からは,子どもたちは[写真補 -2]のようなスマートフォンをつくるようになった。ものの数年であるが,この幼稚園の子どもの世界のトレンドも,大人の世界と同様,フィーチャーフォンからスマート

写真補 -1　携帯電話　　　　　　写真補 -2　スマートフォン

フォンに移り変わった。

　もちろん，子どもにとって身近だからといってやみくもにタブレットPCを活用させればよいということではなく，また，多様性があるとされる我が国の保育実践の場に一律にタブレットPCを導入すればよいということでもないが，もし，タブレットPCが子どもにとって無理なく自然に使いこなせる道具なのであれば，活用の仕方によっては，よりよい保育実践を創造するひとつの契機が生まれるのではないかと期待をもつこともできる。

　では，具体的に，どのように活用の仕方を探っていけばいいだろうか。

3. 保育実践におけるメディア活用の先行研究

　すでに，保育実践におけるメディア活用の仕方についてのまとまった研究はいくつもある（中坪2005；堀田2007）。ただし，先行研究が対象としているのは，テレビ番組，デジタルカメラ，PCおよび教育ソフトなどである。

　タブレットPCには，そうしたメディアとは異なった特徴もある。タブレットPC自体に注目し，その活用の仕方を具体的に追っていく必要がある。その際，方法は中坪（2005）にならい，短期的な教育効果を追うのではなく，活用状況を継続的・具体的に追うよう留意しなければならない。そうした先行研究の方法論を参考にしつつ，タブレットPCそのものの活用方法を探ってみたい。

4.「アプリの時間」の先行実践

　保育実践の中でタブレットPCを活用している先行実践はある。そのひとつに，幼児向けアプリを開発している株式会社スマートエデュケーション[6]による事例がある。スマートエデュケーションは，当社の開発したアプリがインストールされたiPadを幼稚園や保育所に貸与するという取り組みを行い，各所での活用事例を園長へのインタビューやレポートとしてまとめ，ウェブサイトにて公開している。たとえば，次のような活用方法が挙げられている。

朝，徒歩通園とバス通園それぞれの園児が全員揃うまでの時間を，自由な遊びの時間にしているのですが，その時間にスマートエデュケーションのアプリが入った iPad で遊ぶことができます[7]。

　5 歳児クラスはおおよそ 1 週間に 1 回，文字の練習などの後に「お楽しみ」の時間として導入しています。集中力を要する活動を行った後の息抜きのような位置づけです。遊ぶ時間は 30 分程度です[8]。

　5 歳児（年長さん）クラスの子どもは 16 人で，4 つのグループに分かれ，3 人～5 人で 1 つの机を囲んでいます。／週に一度の"iPad 時間"を前に，園長の三鍋先生が iPad（iPad2 を 3 台，iPad-mini を 1 台）を持って教室に入ってきました。／先生が各机に iPad を置き，先生のお話が終わるまで，行儀よく待つことができています。／まずは，音楽アプリ「おやこでリズムえほんプラス」で遊びます。／1 回目は三鍋先生が「曲」と「レベル」を指定します。今回は「おもちゃのチャチャチャ」[9] の「かんたん」レベルに挑戦！／先生が「みんなで力を合わせて，上手に楽器をひきましょう！」と声をかけると，子ども達は一気に画面に集中。／もう何度か遊んでいることもあるのか，とても慣れた様子です。自分に一番近い楽器を演奏するように，自然と役割分担されていました[10]。

　これらの活用方法は，子どもに特定のアプリで遊ばせるという活用方法である。これらの記述の限りでは，iPad で遊べる時間が保育者によって設定されており，子どもたちはその時間の中で，特定のアプリで遊んでいるようである。本稿では，こうした活用方法を便宜上「アプリの時間」としての活用と呼ぶことにする。
　「アプリの時間」での活用事例の積み重ねによって，アプリで遊ばせる際の留意点についての蓄積もなされているようである。たとえば，次のようなことが語られている。

最新のiOSではロック機能がかなり向上しており，子どもたちに触らせたくない部分を細く指定してロックすることが可能です。アプリを変更したい時は先生に言えば，先生が変更してくれます。園児が勝手にアプリを購入したり，他の機能に触れたりすることは一切できないので，心配なく遊ばせることができるのです[11]。

保育室ではだいたい4人で1台のiPadを使用するので，全員が同時に触ろうとすると大変なことになってしまうのではないかと最初は心配したのですが，実はそうなるとゲーム自体が動かなくなってしまうんですよね。敢えて口を出さずに見守っていると，子ども達が自分たちでルールを見つけ，話し合いをしながら順番に操作するようになりました[12]。

このように，「アプリの時間」としての活用事例の報告はすでにあり，各所で「アプリの時間」を有意義なものにするための留意点についての蓄積もなされてきている。ウェブサイトではどちらかといえば良い面の紹介が中心となっており，課題についての詳細な考察も知りたいところではあるが，「アプリの時間」について何かしらの知見の蓄積はあるということは確認できる。

5. 問題と方法

さて，タブレットPCの活用の仕方は，「アプリの時間」以外にも考えられるはずだ。タブレットPCには，他のメディアにはない特性がある。モニターを複数人で覗き込みやすい，持ち運びやすい，それでいてネット接続が可能，1台に複数の機能が備わっている，最初から汎用性のあるアプリがプリインストールされている，等々。そうしたタブレットPCの特性からすれば，遊び方が決まっている特定の教育アプリの中で遊ぶという使い方だけでなく，様々な使い方ができるはずだ。

また昨今，保育研究においては，子ども個々の関心によりそうことや，長

期的に遊びを深めていくこと，状況に応じて環境を整えていくことなどの重要性が語られている（大豆生田 2014）。短時間的で脱文脈的な「アプリの時間」ではなく，長期間かけて「遊びこむ」ことを目指すようなカリキュラムの中では——すなわち A 幼稚園では——タブレット PC はいかに活用されるのだろうか。保育実践の総体の中で，どういう道具として関連づけられていくのだろうか。

　以上の考えから，ここでは「アプリの時間」以外での活用を追うことにする。具体的には，A 幼稚園に iPad を貸与し，自由に活用してもらうということを試みる。このとき，A 幼稚園では，iPad 活用経験はなかった。が，保育者らは iPad 導入にもささやかに興味をもってはいた。諸々の都合もあり，いざ導入するというところには踏み切れていなかったという背景がある。

　A 幼稚園には，5 台の iPad[13] を 2013 年 4 月から 2014 年 3 月までの約 1 年間のあいだ貸与し，自由に活用してもらった。この期間を，「導入期」と呼ぶことにする。この導入期に，「アプリの時間」ではなく，A 幼稚園での生活に馴染むよう，無理のない範囲で iPad を使ってもらうことを期待した。A 幼稚園には，最初から筆者が使い方を提案するのではなく，「使えると思ったときに，好きなように使ってほしい」「必要がなければ使わなくても構わない」，また，「子どもが壊すかもしれないと気にしなくてもいい」ということを事前に伝えた。なお，導入の結果として，「アプリの時間」での活用が A 幼稚園内で望まれても，それは園の選択として是としたいと考えていたが，結果としてそのようにはならなかった。

　研究上，ひとつ留意点がある。長期間の貸与であるため，筆者がすべての活用場面を参観できたわけではない。取得したデータとしては，筆者による不定期の観察結果と，それらを補足する保育者らへのインタビューである。解釈に用いたのは，これらの限定的なデータとなってしまっていることを断っておきたい。

6. A 幼稚園年長クラスでの iPad 活用事例

　先に知らせておくならば，最も積極的に iPad を活用したのは年長クラス

であった。年中・年少のクラスでは，音楽プレイヤーとしての使用などにとどまっていたが，年長クラスでは，それよりも多様な活用の仕方を模索していた。そのため，ここでは年長クラスの事例を追うことにする。

　取り上げるのを年長クラスに限定しても，1年間をとおしての活用場面は，無数に挙げられる。ここでは，それらを事例としていくつかにまとめて，ひとまず［表補-1］に記す。【保育者】となっているのは，主に保育者側の使用や意図に関することであり，【子ども】となっているには，主に子どもの使用に関することである。所謂「自由保育」を行っていることもあり，実質のところは保育者と子どものカテゴリがかさなることもある。また，いくつか写真も示す。考察は次章で行う。

表補-1　2013年度の年長クラスでのiPad活用事例

4月	【保育者】音楽を流す際に使っていたCDをiPadに変えた［写真補-3］。専用プレイヤーはiPad貸与後すぐに，園で購入した。 【子ども】保育者が試行的に，数名に写真撮影をさせてみた。ただし，保育者は「使いづらそう」という認識をもち，継続的な活動には発展しなかった。
6月	【子ども】偶然飛来し巣をつくったツバメに数名の子が関心をもち，観察記録（動画・静止画）をiPadで行い始めた。動画も静止画も撮りたいという子どもの申し出を聞き，保育者がどちらの機能も備わっているiPadを与えた。複数の子が撮影をしたがったので，デジカメを使う子もいた［写真補-4］。
7月	【子ども】「テレビ番組」をつくろうと活動していたあるグループが，動画撮影をiPadでやりたいと保育者に申し出て，活用し始めた［写真補-5］。
10月	【子ども】「映画」をつくろうと活動していた別のグループが，動画撮影をiPadでやりたいと保育者に申し出て，活用し始めた。ただし，使い勝手がよくなく，途中からビデオカメラも併用し始めた。 【子ども】「写真屋」として活動していたグループが，静止画撮影をiPadでやりたいと保育者に申し出て，活用し始めた。しかし，撮影後すぐにプリントアウトしたいという希望もあり，園にはコンパクトフォトプリンターしかなかったため，それを使えるデジカメにすぐに移行した。
2月	【子ども】【保育者】「博物館」として，鳥のことを熱心に調べていた子たちのために，保育者が，QRコード付きの図鑑を与えた。専用のアプリでそのQRコードを読むと，様々な鳥の鳴き声が聞けるというものである。その後，子どもたちは，他の子にもその使い方を教えるという活動を行っていった。

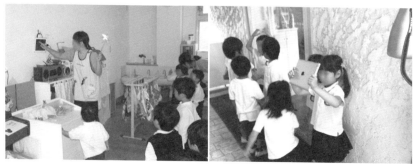

写真補-3　音楽プレイヤーとしての使用　　写真補-4　動画と静止画の撮影

写真補-5　「テレビ番組」の制作

7. 活用事例についての考察

　前章に記した事例を補足しながら，A 幼稚園での iPad の活用のあり方について考察していく。

　まず，4 月当初は，iPad の活用経験がある保育者がいなかったこともあってか，すぐに積極的な活用はなされなかった。筆者が行ったインタビューにて，年長の担任保育者はこのことについて次のように話した[14]。

　　せっかく〔筆者注:iPad を〕借りたので，どうしよっかな〜って。そうそう，どうしよっかな〜って。なんとなくどうしよっかな〜とは思ってたけど，毎日のことの方が大変で。でも何かないかな〜とは思って。たまにこう〔スワイプのジェスチャーをしながら〕触ったりもしてたけ

補論　A幼稚園におけるタブレットPC導入期の記録——新しい道具をどう使うか

ど。う〜ん，まあ，でも，毎日やることの方があって。でもおもしろそうだとは思ってたよ。うまく，いい感じで使えるなら使いたいなあって。

　保育者の言葉のニュアンスを補足して言えば，研究としてiPadを貸与されたから，無理にでも，必ず，今すぐに，使おうという認識は保育者にはなかったようである。ただし，日々の保育を営んでいく片隅で，それとなく活用のチャンスは窺っていたようである。複数の保育者が，暇が許すならばそれとなくiPadを触っていたという。
　誰かに言われるがままに活用するのではなく，保育者自身による試行錯誤の期間が許されており，その期間がその後に活きてくるのは，他のメディア導入と同様であろう。事後的な理解ではあるが，A幼稚園においては，このような保育者自身によるゆるやかな試行錯誤の時間や，それとない探求の意識が，後に活きていった。
　おそらく，どちらの面も重要である。たとえば，時間的余裕はあっても，探求の意識がないのであれば，後に活用を試みることにもならなかっただろう。A幼稚園では，道具の使い方の探求にこだわる文化がある。そうした素地があることも，iPad導入の仕方には関係していたと思われる。
　また，4月当初は，年長のみならず，全学年がこれまで使っていたCDプレイヤーをiPadに変えるということを試みている。保育者らによれば，CDを入れ替える手間が省けたり，ランダム再生で思いがけない子どもの反応が見られたりと，有意義な成果が得られたとのことである。このように，iPadを導入することによって，何かを一度に刷新しようとするのではなく，今あるものをちょっと便利にする代替物として使えるところから使っていくということも，A幼稚園での活用においては，重要な点であったのだろう。刷新ではなく，ゆるやかな移行である。
　その後，子どもたちに少しずつiPadを活用させながら，保育者らはiPadの使い勝手を細かく認識していった。それは，大雑把に，写真が撮れる，動画が撮れる，といった認識ではなく，たとえば次のような認識である。

243

晴れてて外で撮影するときは，iPadだと見づらいのよ。ビデオの方がいい。光っちゃって，（筆者注：子どもが撮影しても，うまくディスプレイで確認ができず）足しか写ってないとかあって。こう，下がってきちゃうのね。見えないから。子どもから，「う〜んこりゃだめだ」って。子どもの方から。だったら，ビデオじゃんって。

とっさに撮影をしたいときには，そういうのが大事なときが多いんだけど，どうしてもすぐ撮るには慣れてた方がいいってのもあって，ちょっと……（筆者注：iPadの操作にまだ時間がかかることをジェスチャーで表す）……反応が速いのは，うん，だから，デジカメの方がいいかなって。

子どもが……こういう姿勢（筆者注：固定できる姿勢）で撮影するなら（ブレないので）iPadがいい。

　保育者は，このように場面や用途に応じて使い勝手を細かく認識していた。そして，そのことが，ある場面において他の道具ではなくiPadを<u>道具</u>として選択する際の重要な基準となっていった。
　保育実践においては，子どもが触れるもの，保育者が提示するものなどが，活動の展開に大きな影響を与えうる。保育者が新たな道具を差し出しても，その道具を子どもがうまく使えなければ，遊びは停滞してしまうかもしれない。一方，道具ひとつで遊びが盛り上がることもあるだろう。iPadも十全な道具として取り入れるのではなく，道具としての細かな特徴を認識した上で，取捨選択の上で活用されるべきなのだろう。おそらく，A幼稚園の保育者は，他の道具についても細かく使い勝手を認識していて，それを個人の引き出しとしているはずである。するとやはり，iPadに固有の価値があるのではなく，使用者の「センスとタイミング」が重要だということなのだろう。
　他方，学習用に整備されたタブレットPCや，特定の教育アプリであれば，使う場面や用途が限定されているため，使い勝手について不満があって

も受け入れるか，活用を断念するかしかないのかもしれない。
　また，子どもにおいて重要なのは，iPad が○○のための道具となるかどうかというところであったのだろう。iPad がただただ珍しい道具であり，だからやみくもに触りたいということであれば，もしかしたら奪い合いのケンカが起こっていたかもしれない。ところが，A 幼稚園においてはケンカは見られなかった。珍しいから触りたいという興味だけでなく，何かものをつくったり表現したりというときに，それに適した道具を使いたいという，言わば成果優位の発想をもっていた[15]。子どもから「う〜んこりゃだめだ」という言葉が出たとされるように，iPad が自分が目指す表現に適さない道具なのであれば，子どもの方で使わないという選択がなされていた。iPad そのもので遊ぶのではなく，何かをつくるために道具のひとつとして iPad が適しているかどうかということである。
　こうした認識は，おそらくは一朝一夕で身につくものではない。日頃から，こうした発想のもと道具を使わせているかどうかということが，新しいメディアを受け入れる際にも影響するのだろう。
　日々の保育実践で iPad を活用していくのであれば，子どもにおいても，iPad の道具としての細やかな使い勝手が認識される必要がある。そのためにはもしかしたら，使用時間を過度に縛るのではなく，まずは思う存分，触れられるようにした方が，その道具としての認識が深まるのではないかと仮説立てることができる。これは，「アプリの時間」で重ねられる知見と異なるものだと思われる。

8. 成果と課題

　A 幼稚園の iPad 導入期の事例を考察し，保育実践における「アプリの時間」以外での活用方法や，iPad の道具としてのあり方について示唆を得ようと試みた。その試みにあたっては，条件を統制して成果をみていくような手法ではなく，活用事例をもとに，解釈的なアプローチで考えていく手法をとった。
　本研究におけるデータは限定的なものではあったが，次のことは示唆され

た。iPad の道具としての使いやすさ／使いづらさを大人も子どももできるだけ細かく認識することが，特に保育実践においては，無理なくタブレットPC を導入・活用する一歩となるではないかということである。他の道具との差異を認識することも重要である。また，ゆるやかな試行錯誤の時間，それとない探求の意識，代替物としての使用などの積み重ねがひとつのモデルとなりうる。A 幼稚園での導入・活用の過程は，ゆるやかなものであった。これをもとにするのであれば，タブレット PC のことを，保育実践を刷新する魔法の道具と思わないことがまずは重要であろう。

　今後の課題としては，まずは 2013 年度の事例をふまえて，より詳細な調査・分析をする必要がある。本章の記述が実践についての大雑把な記述にとどまっていたことは否めない。また，本稿では仮説を導いたにすぎない。ここでの仮説をふまえ，多様な調査，継続的な観察を続けていくことが求められる。

　さらに，導入期である 2013 年度を経た，2014 年度以降の保育者の認識や技能の変容を追う必要がある。導入期の活用を経て，保育者らに使用したいアプリの候補が挙がっていたり，こんなことはできないかという構想がなされていたりする。またすでに，実践の場以外でも，ドキュメンテーション作成のために気軽に活用されるという様子が見られるようになってきた。今後は，きっとより積極的な活用が見られるだろう。

　すると，iPad の活用の仕方をサポートする者の存在があるとよいかもしれない。日々の業務に追われる保育者らだけでは，どうしても試行錯誤の限界がある。A 幼稚園の実践の特徴を認識しながら，A 幼稚園に継続してかかわることができる者で，できれば iPad に詳しいという者がいれば，新たな展開が起こるかもしれない。その者は，どういったリアリティを子どもに与えるのだろうか，あるいはファンタジーなのか，ということも考察するに値するだろう。

　最後に，より遠くを見据えた課題を付す。保育実践においてあたりまえに使われている道具の存在について，改めてその意義を問うてみたい。新しいメディアであるタブレット PC をどういう道具として認識するかは，その園が他の様々な道具を普段どのように認識しているかということを示しうるの

ではないか。タブレットPCの活用の仕方は，その園なりの道具の使用に関する隠れたセオリーをあらわにするのではないかということである。ひいて言えば，その園の保育に対する理念があらわれてくるはずである。一般に，自らの園の文化を自ら振り返ることは難しい。新しいメディアの導入期に注目し，そこでの自分たちの認識を省察することによって，普段は見えづらくなっていることが見えてくるのではないか。

注
1) http://jouhouka.mext.go.jp/school/innovation/（閲覧日 2016 年 11 月 11 日）
2) http://www.soumu.go.jp/main_sosiki/joho_tsusin/kyouiku_joho-ka/future_school.html（閲覧日 2016 年 11 月 11 日）
3) http://ditt.jp/（閲覧日 2016 年 11 月 11 日）
4) https://www.city.takeo.lg.jp/kyouiku/cat67/ict.html（閲覧日 2016 年 11 月 11 日）
5) タブレット PC とスマートフォンは異なるものであるが，類似点も多いため，ここでは同列に扱う。
6) 株式会社スマートエデュケーション　ウェブサイト
http://www.smarteducation.jp/（閲覧日 2016 年 11 月 11 日）
7) 聖愛幼稚園園長・野口哲也氏へのインタビュー
http://www.smarteducation.jp/interview_noguchi.html（閲覧日 2016 年 11 月 11 日）
8) コビープリスクールよしかわ園長・三鍋明人氏へのインタビュー
http://www.smarteducation.jp/interview_minabe.html（閲覧日 2016 年 11 月 11 日）
9) 鍵括弧の重複は原文ママ。
10) コビープリスクールよしかわでの活用事例レポート http://www.smarteducation.jp/casestudy_yoshikawa.html（閲覧日 2016 年 11 月 11 日）
11) 前掲，野口哲也氏へのインタビュー
12) 前傾，三鍋明人氏へのインタビュー
13) 千葉大学教育学部授業実践開発研究室（藤川大祐研究室）が所有しているiPadを借りた。5台という台数にしたのは，借りられる台数に実質的に制限があったからではあるが，ひとまずは1クラスに1台以上貸与できればいいと考えた。なお，A幼稚園には，基本的には年少・年中・年長の3学年があり，各学年は2クラスずつである。ただし，クラスや学年の枠をこえて活動することはとても多い。iPadの機種は，iPad2である。
14) 筆者による半構造でのインタビューの一部である。インタビューは録音した。本章の記述は，それを文字起こししたものである。本稿で取り上げたインタビューは，年度末の，子どもたちが卒業して業務が一段落したあたりに実施したものである。本稿中のインタビューに関しては，すべて同じ条件のもので

ある。
15) かつて新垣が「A幼稚園では，結果よりも過程にこだわっていることは確かなのだが，結果にこだわらないと過程も充実しないという，矛盾したようなことが言える」といった主旨のことを筆者に話したことがある（筆者の記憶による記述であるが）。ここでは「成果優位」という言葉を使ったが，プロの芸術家を育成するという意味とは異なる意味で，つくるものにはこだわっているのだと言える。どうこだわっているのかは，本論で示したとおりである。

おわりに

　本書の大部分は，筆者が千葉大学大学院人文社会科学研究科に提出した博士論文「ある「自由保育」実践のエスノグラフィー―〈リアリティーファンタジー〉構造の再検討―」（2014年3月，博士（学術）の学位取得）を再構成したものである。全体にわたって手を加えているものの――音楽的な比喩を用いるならば――リミックスして新たな解釈を提示するというレベルではなく，より伝わりやすくなるようリマスターを施したというレベルにとどまっている，と自分では思っている。また，過去の音源のリマスターだけでは物足りないかと思い，ボーナストラック（補論）を一つ収録した。

　筆者が10代の頃，ビートルズの再来とも言われ世界中を席巻していたoasisというロックバンドがいた。時は流れ，この数年の間に，20年ほど前のアルバムがいくつかリマスターされるという企画があった。かねてより，バンドのほとんどの曲を作詞・作曲した中心人物であるノエル・ギャラガーは，3rdアルバム『BE HERE NOW』の出来に不満があると語っていた（映画『LIVE FOREVER』などで確認できる）。そして，どういう都合か筆者にはわかるよしもないが，『BE HERE NOW』のリマスター盤は，当初の発売予定日を大幅に遅れていた。もしかしたらこのアルバムだけは発売されないのでは……ということも一ファンの頭をよぎった。

　結果として，めでたくそのアルバムも発売されたわけであるが，博論から本書へのリマスター作業は，ちょうどそのアルバムが発売された頃に集中的に行われていた。過去の自分の文章を読み直し，修正するということは，思っていた以上につらい作業であった。当時は見えていなかった粗も散見され，直せるものは直した。わずか数年前の文章であり，大枠としては間違ったことは言っていなかったと思うのだが，それでもやはり人の思考は進歩する。自分の文章なのに自分の文章ではないような，不思議な違和感があった。20年前の音源を，ノエルはどういう思いでリマスターしていたのだろうか……なんてことも考えた。

　制作者が良かれと思ってリマスター盤を出しても，熱心なファンが「当時

のバージョンの方が好きだ」「音が変わりすぎて違和感がある」と言うことは，よくある。本書では，論文から書籍へとフォーマットが変わることの意味を考え，硬い言葉をより親しみやすい言葉に変えたり，比喩的な語り方を散りばめたりということを意図的に行ってみた。そのことで，博士論文をそのまま出版するよりは，手に取り読んでくださる方が増えるのではと淡い期待をもっているのだが，逆に，厳密さに欠け曖昧で腑に落ちづらい文章になってしまっているかもしれない。そうした点を含め，奇譚のないレビューをいただければ幸いである。

＊　　＊　　＊

　A幼稚園と出会ってから，もう10年以上の月日が流れている。本論でデータとして扱ったのはそのうちの6年間であるが，筆者はそれ以前もそれ以後も継続してお邪魔をしている。こちらは「お邪魔」しに行っているわけだが，園のみなさんはいつも「おかえり」と迎えてくださる（園児たちは，かつては「あべちゃん！」，今は「誰のパパ？」と呼んでくれる。月日が流れたことを実感する）。教育研究者として駆け出しのような者が，このような温かいフィールドに巡り会えたことは，ものすごく幸運なことなのだと思う。現在では，自分の後輩やゼミ生がお世話になることもある。研究者としても育ててもらい，教育者としても育ててもらっている。もうひとつの家である。感謝しても感謝しきれない。

　飽きっぽい自分がこれだけ長く通っているということのわけは，A幼稚園の温かさにもあるのだが，やはり自分はA幼稚園の実践に魅せられているのだろうと思う。かのジョン・デューイは『学校と社会』の中で，自身の理念を具現化しようとした実験学校の様子を見たならば，旧来的な教育観をもった人は「平手で横面を打たれた」（！）ような衝撃を受けるだろうと語っていた。初めてA幼稚園の保育室をのぞいたとき，筆者も「平手で横面を打たれた」のだろう。当時，筆者は小学校以降の「授業づくり」について研究をしていた。自分でプランをつくり，実践するということを行っていたのだが，自分が考える授業プランよりはるかにおもしろそうな実践が目の

前で繰り広げられている——ちくしょう負けた！　うらやましい！　一体これは何なんだ！——という衝撃。その残響が，今も鳴っている。

　長年にわたりA幼稚園の実践に寄り添えたことが，この先ずっと自分の思考フレームとなっていくのだと思う。迷ったら問う。A幼稚園の先生なら，どうするか？

＊　　　＊　　　＊

　本書で導いたリアリティとファンタジーの多層構造については，厳密さに欠けるモデルであるという批判や，変化自在な言葉の使い方からイタズラに読者を混乱させるだけではないかという批判などをいただいた。そうしたご批判を真摯に受け止めた上で，このモデルは未完成である分，様々な分野に対しての触発性をエネルギーとして内在しているのではないかとあえてポジティブに考えている。

　すでに様々な試みを始めている。日本教育工学会の2014年度全国大会では，「教材のリアリティとファンタジーを考える」というテーマでワークショップ企画を担当した。以降，毎年類似したテーマでワークショップを実施して，様々な分野の方々と議論を深めてきている。その中で，この概念の可能性や限界，修正すべき点，新たな展開などが見えてきている。また，筆者がライフワークのように行っている授業・教材づくりにおいても，リアリティとファンタジーという発想を拠り所とすることで，より豊かな発想が可能になっている。さらに，保育における「遊びこむ」という言葉を，授業における「学びこむ」という言葉に置き換えて，探求的な授業のあり方を探ることにも可能性が感じられ，折りに触れ仲間と議論をしているところである。そうした冒険的な試みから立ち現れてくるものを，またつぶさに捉えていきたいと考えている。その成果は，これから随時発表していく。

　本論の最後に紹介したように，A幼稚園の「おうち」は最後には壊され，保育室はリセットされる。翌4月には新しい年長児が「おうち」をつくり始めることにあるのだが，実はその始まりはゼロからの出発ではないのだと思う。新・年長児が見る保育室には，昨年度の楽しい記憶，たくさんの声が残

響として残っているはずである。ゼロからではなく，過去を引き受けつつ，そこに何かを積み重ねていく営みなのだ。本書の探究も，それ自体はこれで終わりとなるが，ここからさらに様々な論点を重ねて，たくさんの方々と議論をしていけたらと思っている。

＊　　＊　　＊

　さて，ここまでのとおり，好きなことを好きなように語ってきたわけですが，本書をまとめるまでには，たくさんの方にご迷惑をおかけし，たくさんの方に支えていただきました。本当に，ありがとうございました。
　学部ゼミから，博士後期課程に至るまで，長きにわたりご指導をいただいた藤川大祐先生（千葉大学）には，研究から何からあらゆる面において様々なことを教えていただきました。修士課程進学の際に「大きい研究を期待します」というお言葉をいただいたことの意味を，今も考えています。
　博士後期課程の副指導教員である金本正武先生（千葉大学），水島治郎先生（千葉大学）には，研究についてのご指導をいただいただけでなく，実践の場での貴重な経験の機会も与えていただきました。金本先生には，千葉大学教育学部附属小学校での講師経験の機会をいただきました。水島先生には，千葉市のまちづくりの活動にお誘いをいただきました。多様な実践の場で，様々な経験をさせていただいたことで，教育実践をみる目が養われてきたと勝手ながら思っております。
　博士論文の審査を引き受けてくださった中澤潤先生（千葉大学），戸田善治先生（千葉大学）には，論文の細部にわたり，丁寧なご指摘を賜りました。研究についてのご指摘だけでなく，これからどういう研究者になっていきたいのか考えよ，という課題もいただいたと認識しております。
　本研究をどうまとめるかうじうじ悩んでいた頃，相馬靖明先生（和泉短期大学）にある研究会にお誘いいただきました。えいやっと思い切って発表した内容が，論文の構成の基盤と言ってよいほどのものとなりました。
　また本書は，敬愛大学総合地域研究所の学術叢書の1冊として出版していただきました。所員である敬愛大学の先生方，日頃お世話になっている職員

の皆様には，着任後それほど月日もたっていない筆者にこのような機会を与えてくださり，心より感謝を申し上げます。

　本書は，筆者にとって初めての単著です。出版にあたり，白桃書房代表取締役社長の大矢栄一郎氏には，色々とご迷惑をおかけしてしまったと思います。何もわからない筆者に，丁寧にご助言してくださいました。

　A幼稚園の教職員のみなさん。いつもありがとうございます。この文章を書いている年には，A幼稚園は60周年。筆者が初めて訪れたのは50周年のときでした。60ページの物語のうちの10ページをご一緒できたこと，とてもうれしい気持ちです。色々なことを教えてくださったみなさんに，これから何か恩返しをしていけたらよいのですが。

　A幼稚園の子どもたち。みなさんの活動を追ってこられたことは，私の一生の財産になると思います。いつも素敵な活動を見せてくれて，どうもありがとう。みなさんのように，私も「遊びこむ」ことを追い求めたい！

　筆者が参与観察を始めた頃，玲子先生はたくさんのお話をしてくださいました。もっともっと，お話を伺いたかったです。村谷壮一郎さん。壮一郎さんは本書をどう読まれるでしょうか。常々，「何事も，面白いと思ってやらなくては，身につくものではありません」とお話されていたそうですが，本書もおもしろい，ワクワクするものになっているでしょうか？　壮一郎さんの追い求めた「遊びこむ」姿は描けているでしょうか？

　最後に，筆者の参与観察時，ほとんどの年度で年長クラスの担任だったM先生。筆者の探究は，M先生の実践を追うということでもあったと思います。今は退職され，お子さんもお生まれになったとのこと。小さなお子さんに，お母さんの素敵な実践の様子を伝えたく，勝手に本書を捧げます。大きくなったら読んでね。

2016年11月
阿部　学

引用・参考文献

論文・書籍

青井倫子（2009）「幼児期にふさわしい教育の方法」，小田豊・青井倫子編『新保育ライブラリ　保育の内容・方法を知る　幼児教育の方法』pp.1-21

秋田喜代美・箕浦潤子・高櫻綾子（2007）「保育の質研究の展望と課題」，東京大学大学院教育学研究科紀要，第47巻，東京大学大学院教育学研究科，pp.289-305

秋田喜代美・佐川早季子（2011）「保育の質に関する縦断研究の展望」，東京大学大学院教育学研究科紀要，第51巻，東京大学大学院教育学研究科，pp.217-234

麻生武（1996）『ファンタジーと現実』金子書房

麻生武（2009）『「見る」と「書く」との出会い―フィールド観察学入門』新曜社

阿部学（2009）「ある自由保育幼稚園における参与観察の困難さについて―観察者が観察できるものは何か―」，授業実践開発研究，第2巻，千葉大学教育学部授業実践開発研究室，pp.43-52

阿部学（2010a）「ある幼稚園における「メディア遊び」のエスノグラフィー―保育者の試行錯誤の過程を中心に―」，授業実践開発研究，第3巻，千葉大学教育学部授業実践開発研究室，pp.27-36

阿部学（2010b）「幼小連携のあり方に関する考察―小学校向け授業プログラムの保育実践への応用―」，人文社会科学研究，第21号，千葉大学大学院人文社会科学研究科，pp.75-88

阿部学（2011）「ごっこ遊び概念の再検討―八木紘一郎編著『ごっこ遊びの探究―生活保育の創造をめざして―』をたよりに―」，人文社会科学研究，第22号，千葉大学大学院人文社会科学研究科，pp.194-206

阿部学（2013）「消費社会の変化とごっこ遊び―「遠足型消費」の概念および「IKEAごっこ」の事例から―」，水島治郎編『都市コミュニティにおける相互扶助と次世代育成』千葉大学大学院人文社会科学研究科研究プロジェクト成果報告書，第257集，pp.18-30

阿部学（2015）「保育実践へのタブレットPC導入期の記録―「アプリの時間」以外での活用―」，藤川大祐編『社会とつながる学校教育に関する研究（3）』，千葉大学大学院人文社会科学研究科研究プロジェクト報告書，第293集，pp.9-15

阿部学（2016a）「IoT（モノのインターネット）について学ぶ授業の開発―「半歩先の未来」をどう教えるか？―」，『授業づくりネットワーク』No.23，通巻331号，学事出版，pp.26-29

阿部学（2016b）阿部学「出前授業をどうデザインするか―「社会とつながる授業」の教育方法―」,『授業づくりネットワーク』No.20，通巻328号，学事出版，pp.44-49

阿部学（2016c）「デジタル教材設計におけるリアルとバーチャルの融合のあり方―「魔法の世紀」論をたよりに―」,藤川大祐編『教育におけるゲーミフィケーションに関する実践的研究』千葉大学大学院人文社会科学研究科研究プロジェクト報告書，第306集，pp.79-89

阿部学・市川秀之・土田雄一・藤川大祐（2016）「熟議民主主義を背景とした道徳授業の教育方法についての検討―熟議シミュレーション授業の開発と実践を通して―」授業実践開発研究，第9巻，千葉大学教育学部授業実践開発研究室，pp.89-98

網野武博（2012）「一般社団法人日本保育学会 第65回大会の開催にあたって」, 一般社団法人日本保育学会第65回大会要旨集，p.4

新垣理佳（2006）「幼児教育における「仕事」の時間のカリキュラム開発―芸術表現活動と経済活動に重点をおいたカリキュラム―」, 千葉大学大学院教育学研究科カリキュラム開発専攻修士論文

新垣理佳（2008）「自由保育と課業的な行いのかかわりについて―土粘土での制作活動を例にして―」, 授業実践開発研究，第1巻，千葉大学教育学部授業実践開発研究室，pp.51-58

新雅史（2012）『商店街はなぜ滅びるのか―社会・政治・経済史から探る再生の道―』光文社

あんず幼稚園編・宮原洋一撮影（2012）『きのうのつづき―「環境」にかける保育の日々―』, 新評論

井手則雄『美術のみかた―原子芸術からピカソまで―』酒井書店

井手則雄・久保田浩（1978）『新 幼児の絵―見方・育て方―』誠文堂新光社

稲垣恭子（1999）「書評 結城恵［著］『幼稚園で子どもはどう育つか―集団教育のエスノグラフィー―』」, 教育社会学研究，第64巻，pp.232-234

今井和子（1992）『なぜ ごっこ遊び・―子どもの自己世界のめばえとイメージの育ち―』フレーベル館

今村光章編著（2011）『森のようちえん―自然のなかで子育てを―』解放出版社

上淵寿・フィールド解釈研究会編（2013）『フィールド心理学の実践―インターフィールドの冒険―』新曜社

榎沢良彦（1994）「保育学の基本的特質」, 保育研究，Vol.15，No.1，建帛社，pp.69-79

大須賀隆子（2008）「「自由保育」に活かす「I as We, We as I としての自己感」を育てる「情動調律」―幼・小移行期におけるその意義と役割」, 淑徳短期大学研究紀要，第47号，淑徳短期大学，pp.35-61

太田貴之・城亜美（2015）「中学校社会科における物語を導入したカリキュラム開

発の試み」，藤川大祐編『社会とつながる学校教育に関する研究（3）』，千葉大学大学院人文社会科学研究科研究プロジェクト報告書，第293集，pp.53-62

大場牧夫・海卓子・平井信義・本吉圓子・森上史朗（1978）『これからの保育2「自由」とは何だろう』フレーベル館

大豆生田啓友編（2014）『「子ども主体の協同的な学び」が生まれる保育』学研教育みらい

岡本夏木（2005）『幼児期―子どもは世界をどうつかむか―』岩波書店

小田豊・青井倫子編（2009）『幼児教育の方法―保育の内容・方法を知る―』北大路書房

加藤繁美（1993）『保育実践の教育学―〔保育者―子ども〕関係の論理と構造―』ひとなる書房

加藤繁美（1997）『子どもの自分づくりと保育の構造―続・保育実践の教育学―』ひとなる書房

河邉貴子（2005）『遊びを中心とした保育―保育記録から読み解く「援助」と「展開」―』萌文書林

加用文男（1990）『子ども心と秋の空―保育のなかの遊び論―』ひとなる書房

加用文男（1994）『忍者に出会った子どもたち―遊びの中間形態論―』ミネルヴァ書房

北岡孝義（2010）『スウェーデンはなぜ強いのか―国家と企業の戦略を探る』PHP研究所

鯨岡峻（2005）『エピソード記述入門―実践と質的研究のために―』東京大学出版会

久保田賢一（2000）『構成主義パラダイムと学習環境デザイン』関西大学出版部

久保田浩（1973）『遊びの誕生』誠文堂新光社

久保田浩（1970）『幼児教育の計画―構造とその展開―』誠文堂新光社

久保田浩（2003）『根を育てる思想』JULA出版局

久保田浩編（1986）『改訂　保育内容総論』建帛社

倉橋惣三（2008）『幼稚園真諦』フレーベル館

桑野隆（2008）「「ともに」「さまざまな」声をだす・対話的受動性と距離―」質的心理学研究，第7号，pp.6-20

是澤博明・是澤優子（2012）『子ども像の探究―子どもと大人の境界―』世織書房

小林紀子（2006）『メディア時代の子どもと保育―求められる遊び経験と保育者の専門性―』フレーベル館

酒井朗・横井紘子（2011）『保幼小連携の原理と実践―移行期の子どもへの支援―』ミネルヴァ書房

佐久川肇編（2009）『質的研究のための現象学入門―対人支援の「意味」をわかりたい人へ―』医学書院

好井裕明・櫻井厚（2000）『フィールドワークの経験』せりか書房
佐藤郁哉（2006）『フィールドワーク　増訂版―書を持って街へ出よう―』新曜社
佐藤郁也（1984）『暴走族のエスノグラフィー―モードの叛乱と文化の呪縛―』新曜社
佐藤郁也（2008）『質的データ分析法―原理・方法・実践―』新曜社
佐藤学監修・ワタリウム美術館編（2011）『驚くべき学びの世界―レッジョ・エミリアの幼児教育―』ACCESS
佐伯胖（1995）『「学ぶ」ということの意味』岩波書店
佐伯胖（2001）『幼児教育への誘い―円熟した保育者になるために―』東京大学出版会
柴坂寿子・倉持清美（2009）「幼稚園クラス集団におけるお弁当時間の共有ルーティーン―仲間文化の形成と変化」，質的心理学研究，第8号，pp.96-116
柴崎正行（1997）「わが国において保育学はどのように探求されてきたか」，東京家政大学研究紀要，第37集，第1巻，pp.139-145
柴崎正行編（2013）『子どもが育つ保育環境づくり―園内研修で保育を見直そう―』学研教育みらい
柴崎正行（2016）「保育内容とカリキュラムの変遷」，日本保育学会編『保育学講座1―保育学とは　問いと成り立ち―』東京大学出版会，pp.147-175
柴山真琴（2006）『子どもエスノグラフィー入門―技法の基礎から活用まで―』新曜社
柴田愛子・青山誠（2011）『子どもたちのミーティング―りんごの木の保育実践から―』りんごの木
清水宏吉編著（1998）『教育のエスノグラフィー―学校現場のいま―』嵯峨野書院
清水武（2004）「遊びの構造と存在論的解釈」質的心理学研究，第3号，pp.114-129
白梅保育構造研究会（2011）『保育構造を考える』白梅学園大学（未公刊）
新保真紀子（2010）『小1プロブレムの予防とスタートカリキュラム―就学前教育と学校教育の学びをつなぐ―』明治図書
砂上史子（2000）「ごっこ遊びにおける身体とイメージ―イメージの共有として他者と同じ動きをすること―」，保育学研究，第38巻，第2号，pp.41-48
角尾和子編（2008）『プロジェクト型保育の実践研究―協同的学びを実現するために―』北大路書房
関根和生（2010）「幼児期における発話産出に寄与する身振りの役割」，質的心理学研究，第9号，pp.115-132
高橋たまき（1993）『子どものふり遊びの世界―現実世界と想像世界の発達―』ブレーン出版
田代和美（2008）「一斉保育」「自由保育」，森上史朗・柏女霊峰『保育用語辞典［第4版］』ミネルヴァ書房，pp.107-108

多田幸子・大田紀子・井上聡子・杉村伸一郎（2009）「3歳児における保育者参加型ごっこ遊び―事例分析をとおした保育者の役割の検討―」，幼年教育研究年報，第31巻，広島大学大学院教育学研究科附属幼年教育研究施設，pp.47-54
立川多恵子・上垣内伸子・浜口順子（2001）『自由保育とは何か―「形」にとらわれない「心」の保育―』フレーベル館
田中浩司（2014）『集団あそびの発達心理学』北大路書房
津田大介（2012）『動員の革命―ソーシャルメディアは何を変えたのか―』中央公論新社
津守真（1997）『保育者の地平―私的体験から普遍に向けて―』ミネルヴァ書房
津守真・森上史朗編（2008）『倉橋惣三と現代保育』フレーベル館
苫野一徳（2014）『教育の力』講談社
友定啓子・山口大学教育学部附属幼稚園編（2002）『幼稚園で育つ―自由保育のおくりもの―』ミネルヴァ書房
中沢明子・古市憲寿（2011）『遠足型消費の時代―なぜ妻はコストコに行きたがるのか？―』朝日新聞出版
中田基昭（1996）『教育の現象学―授業を育む子どもたち―』川島書店
中田基昭（2008）『感受性を育む―現象学的教育学への誘い―』東京大学出版会
中坪史典（2005）『コンピュータを利用した保育実践に関するエスノグラフィー的研究』北大路書房
中坪史典（2009）「方法としての様々な保育形態」，小田豊・青井倫子編著『新 保育ライブラリ　保育の内容・方法を知る　幼児教育の方法』北大路書房，pp.64-79
中邑賢龍・近藤武夫編（2013）『タブレットPC・スマホ時代の子どもの教育―学習につまずきのある子どもたちの可能性を引き出し，未来の子どもを育てる―』明治図書
西村清和（1989）『遊びの現象学』勁草書房
速水健朗（2012）『都市と消費とディズニーの夢―ショッピングモーライゼーションの時代―』角川書店
久繁哲之介（2010）『地域再生の罠―なぜ市民と地方は豊かになれないのか・―』筑摩書房
久富陽子編（2002）『実習に行くまえに知っておきたい　保育実技―児童文化財の魅力とその活用・展開―』萌文書林
日名子太郎（1991）『保育学概説』学芸図書
藤川いづみ（2010）「保育の質をめぐって問われていること」，桜美林論考心理・教育学研究，第1巻，桜美林大学，pp.15-29
藤川大祐編・NPO法人企業教育研究会著（2004）『企業とつくる授業』教育同人社
藤川大祐編・NPO法人企業教育研究会著（2006）『企業とつくるキャリア教育』教育同人社

藤川大祐（1993）『「個を育てる」授業づくり・学級づくり―5つのキーワードで築地久子学級を読む―』学事出版
藤川大祐（2008）『ケータイ世界の子どもたち』講談社
藤川大祐（2015）「「魔法の世紀」と授業づくり―授業におけるリアルとバーチャルの融合に関する試論―」，授業実践開発研究，第8巻，千葉大学教育学部授業実践開発研究室，pp.1-7
古市憲寿（2011）『絶望の国の幸福な若者たち』講談社
堀田博史（2007）『幼児とメディア―緊急提言 どう取り入れる？ どう使う？―』学習研究社
本田由紀（2009）『教育の商業的意義―若者，学校，社会をつなぐ―』筑摩書房
本間英治（2012）「保育の質に関する保育士の意識の実態―A市内における保育士へのアンケート調査を通して―」，保育学研究，第50巻，第2号，pp.192-201
三浦展（2004）『ファスト風土化する日本―郊外化とその病理―』洋泉社
箕浦康子（1999）『フィールドワークの技法と実際―マイクロ・エスノグラフィー入門―』ミネルヴァ書房
溝上慎一（2014）『アクティブラーニングと教授学習パラダイムの転換』東信堂
宮里和則・北島尚志（1986）『ファンタジーを遊ぶ子どもたち―南大井大作戦ミスターXを探せ―』いかだ社
無藤隆（2003a）「保育学研究の現状と展望」，教育学研究，第70巻，第3号，pp.393-400
無藤隆（2003b）『幼児教育のデザイン―保育の生態学―』東京大学出版会
無藤隆（2009）『幼児教育の原則―保育内容を徹底的に考える―』ミネルヴァ書房
村谷壮一郎（1989）「家づくりから広がっていったもの」，東京都私立幼稚園協会編『新幼稚園参考書―その教育と運営―』フレーベル館，pp.229-233
森眞理（2013）『レッジョ・エミリアからのおくりもの―子どもが真ん中にある乳幼児教育―』フレーベル館
森上史朗（1984）『児童中心主義の保育』教育出版
森上史朗（1987）『保育の科学』ミネルヴァ書房
森上史朗（1994）「保育における実践と研究を結ぶ」，『発達』No.58，Vol.15，ミネルヴァ書房，pp.61-66
森上史朗（1999）「結城恵著「幼稚園で子どもはどう育つか―集団教育のエスノグラフィ」」，教育学研究，第66巻，第1号，pp.124-126
森上史朗（2008a）「園長（所長）」，森上史朗・柏女霊峰編『保育用語辞典［第4版］』ミネルヴァ書房，p.170
森上史朗（2008b）「小1プロブレム」，森上史朗・柏女霊峰編『保育用語辞典［第4版］』ミネルヴァ書房，p.298
森上史朗・高杉自子・今井和子・後藤節美・田中泰行・渡辺英則（1997a）『保育

の基本1　環境を通しての保育とは』フレーベル館

森上史朗・高杉自子・今井和子・後藤節美・田中泰行・渡辺英則（1997b）『保育の基本4　自由の中で規律が育つ保育とは』フレーベル館

守屋光雄（1985）『保育学研究』昭和堂

師岡章（1992）「ごっこ遊び実践の現状と課題」，八木紘一郎編著『ごっこ遊びの探究―生活保育の創造をめざして―』新読書社，pp.10-32

八木紘一郎編著（1992）『ごっこ遊びの探究―生活保育の創造をめざして―』新読書社

安田雪（2010）『「つながり」を突き止めろ』光文社

安田雪（2011）『パーソナルネットワーク―人のつながりがもたらすもの―』新曜社

結城恵（1998）『幼稚園で子どもはどう育つか―集団教育のエスノグラフィ』有信堂高文社

幼年教育研究所編（2003）『《久保田浩》史探検―その生き方と思想―』幼年教育研究所

レッジョ・チルドレン著・ワタリウム美術館編（2012）『子どもたちの100の言葉―レッジョ・エミリアの幼児教育実践記録―』日東書院

Burt, R. S.（1992）*Structural Holes: The Social Structure of Competition*. Harvard University Press.［安田雪訳（2006）『競争の社会的構造―構造的空隙の理論―』新曜社］

Emerson, R., Fretz, R., & Shaw, L.（1995）*Writing ethnographic fieldnotes*. University of Chicago Press.［佐藤郁哉・好井裕明・山田富秋訳（1998）『方法としてのフィールドノート―現地取材から物語作成まで―』新曜社］

Engestrom, Y.（1987）*Learning by Expanding: An Activity-Theoretical Approach to the Developmental Research*. Orienta-Konsultit Oy.［山住勝広・松下佳代・百合草禎二・保坂裕子・庄井良信・手取義宏・高橋登訳（1999）『拡張による学習―活動理論からのアプローチ―』新曜社

Garvey, C.（1977）*Play*, Harvard University Press.［高橋たまき訳（1980）『「ごっこ」の構造―子どもの遊びの世界―』サイエンス社］

Geertz, C.（1973）*The Interpretation of Cultures*. Basic Books.［吉田禎吾・中牧弘允・柳川啓一・板橋作美訳（1987）『文化の解釈学』岩波書店］

Glaser, B.G. & Strauss, A.L.（1967）*The Discovery of Grounded Theory; Strategies for Qualitative Research*. Aldine Publishing Company.［後藤隆・大出春江・水野節夫訳（1996）『データ対話型理論の発見』新曜社］

Holloway, S. D.（2000）*Contested Childhood: Diversity and Change in Japanese Preschools*. Routledge.［高橋登・南雅彦・砂上史子訳（2004）『ヨウチエン―日本の幼児教育，その多様性と変化―』北大路書房］

Lave, J & Wenger, E.（1991）*Situated Learning: Legitimate Peripheral Participation*. Cambridge University Press.［佐伯胖訳（1993）『状況に埋め込まれた学習―正

統的周辺参加―』産業図書］
Wertsch, J. V.（1991）*Voices of the Mind: A Sociocultural Approach to Mediated Action*. Harvard University Press.［田島信元・佐藤公治・茂呂雄二・上村佳世子訳（2004）『心の声―媒介された行為への社会文化的アプローチ』福村出版］
Wertch, J.V.（1998）*Mind as Action*. Oxford University Press.［佐藤公治・田島信元・黒須俊夫・石橋由美・上村佳世子訳（2002）『行為としての心』北大路書房］

ウェブサイト（閲覧日 2016 年 11 月 11 日）
合田経郎　http://www.dw-f.jp/about/staff.html
株式会社ティー・ワイ・オード　ワーフ　http://www.dw-f.jp/
株式会社スマートエデュケーション　http://www.smarteducation.jp/
コストコ　http://www.costco.co.jp/p/
サンリオピューロランド　http://www.sanrio.co.jp/themepark/#puroland
総務省「フィーチャースクール推進事業」
　　http://www.soumu.go.jp/main_sosiki/joho_tsusin/kyouiku_joho-ka/future_school.html
武雄市教育委員会「武雄市「ICT を活用した教育」検証報告」
　　https://www.city.takeo.lg.jp/kyouiku/cat67/ict.html
デジタル教科書教材協議会　http://ditt.jp/
東京ガールズコレクション　http://girlswalker.com/tgc/13aw/
どーもくん　http://www.dw-f.jp/works/domo.html
ニトリ　http://www.nitori-net.jp/
ミスタードーナツ　http://www.misterdonut.jp/
文部科学省「学びのイノベーション事業」
　　http://jouhouka.mext.go.jp/school/innovation/
ピタゴラスイッチ　http://www.nhk.or.jp/kids/program/pitagora.htm
ベネッセ総合教育研究所「園での経験と幼児の成長に関する調査」
　　http://berd.benesse.jp/jisedai/research/detail1.php?id=4940
ベネッセ教育総合研究所「乳幼児の親子のメディア活用調査報告書」
　　http://berd.benesse.jp/jisedai/research/detail1.php?id=4105
ららぽーと　http://tokyobay.lalaport.net/
H & M　http://www.hm.com/jp/
IKEA　http://www.ikea.com/jp/ja/
NHK スタジオパーク　http://www.nhk.or.jp/studiopark/
NPO 法人企業教育研究会　http://ace-npo.org/
NPO 法人企業教育研究会　ことばの授業　http://ace-npo.org/info/kotoba/index.html

資料1
「生活」ということばをめぐって
（入園案内添付文書）

「生活」ということばをめぐって

～ ▒▒▒▒ の保育～

　昭和３２年３月３日 ▒▒▒▒ は、この地に誕生しました。当時、園の周囲には、殆ど家がありませんでした。
　東は ▒ の丘、北には ▒ の丘、西には ▒ の丘、遠くには ▒ の丘 ･･･ 手にとるように、近くに見えました。
　昔は ▒ の入江だった周囲の畑には、春になると菜の花、桃の花、その後は梨の白い花も咲いて、今では信じられないのどかな場所でした。

　　　たっぷり豊かな自然
　　　　・ 黒く栄養豊かな土
　　　　・ ふりそそぐ透明な光
　　　　・ 水、近くの用水にはドジョッコもフナッコも
　　　　　たくさんいました。
　　　　・ 吹き抜ける風も透明、胸いっぱい吸い込むと、
　　　　　体まで透明になるようでした。

　今の ▒▒▒▒ の十字路、▒ 段行の向かい側にある駐車場、スーパーのあたりは牧場でした。乳牛が何頭もいました。
　時々、牧場のおばあさんが、"仔牛が生まれたで見にこんか？" と園児たちを呼びに来てくれました。
　夏になると、赤いカンナの花が一面咲く、楽しい牧場でした。

そのうち、何だか、時代が変わってきました。やたら忙しくなりました。
園の周囲にも、どんどん家が建ち、周りのローム層の丘も見えなくなってしまいました。ぬかるみだった道も、きれいに舗装され、車が主役の道になってしまいました。

たっぷり、豊かな自然も変わりました。
土 ・・・ 農薬の問題が出てきました。
水 ・・・ 用水はコンクリートで固められ、ドブになってしまい
　　　　ドジョッコやフナッコなど、ずい分昔に姿を消しました。
光 ・・・ 夏になると、光化学スモッグ、南極上空にはフロンガスによる、オゾン層の大きな穴。
風 ・・・ 花粉症を運んでくる風、酸性雨も運んできます。

高度成長時代です。先進国に追いつき、追い越せ、そのための人材育成、教育の構造、それは当時仕方のなかったことかもしれません。皆 懸命に働きました。そして、ある程度、その希望は達成されました。先進国の仲間入り。

しかし、現在、日本という国、困っているのではないでしょうか？今まで、追いつけ追いこせということには、先を行く国の背中を見て真似をしていればよかったのですが、その背中が消えた時、一体何をこれからやればいいのか？
この新しい世界に対応できる人間像、それに向かってあわてて人材の育成を考えはじめたようです。

3

将来の日本を支える人材・・・　もっと、受け身ではなく、自主的で、創造的な人間。　・・・　そんな人間育成・・・

何でもない文章ですが、このことに対応できる保育がまことにむつかしい。
当園としても、このことは創園の頃からの課題でした。
自分たちが、生活を作り、生活者であること。教師たちは、どうしたら、そんな保育ができるか、いろいろと考えてきました。

教師の作ったカリキュラム通り、子どもたちが活動することも必要です。でも、そればかりでは、教師からの一方通行。

・・・子どもたちが、キラキラと光る目で登園して来る・・・
このことは、教師と子どもたちが「今日はこれをやろう」という共通の楽しく、強い意志を持った時に表れて来ます。
このキラキラした目が、彼等の"生活"を作っていくのだと思っています。

こんな目的に向かって、いろいろな保育が行われてきています。
　…そんな課題の一例として、

● ペアさん
　入園式の翌日、子どもたちは、期待と不安で胸を一杯にして、おかあさんに手をひかれてやってくる。
　その子を受け取るのは、年長組のお兄さん、お姉さん。
　その子たちに手をひかれて自分の部屋へ。
　カバンのしまい方、など、を教えてくれる。
　子どもと子ども… 兄弟の少ない現在、教師抜きのこういう空間も、大切なことのようです。
　このペア活動、ずーっと続けています。
　個人単位、クラス単位として… 　春の遠足、新入園児は、お兄さんお姉さんと手をつないで、近所のイチゴ園に行っています。

上履きを探してあげるね

ここにシールを貼るの…

5

面白いものですね。ペア活動…世話をする年長組の子どもたちにも、多くの得るものがあるようです。
　いつも受け身、いつも世話を受けている子が逆の立場になった時、何と生き生きとした表情になるものか。

● 粘土

　自然、風光水土、昔ほどきれいではありませんが、とにかく、人間の生活を支える基本のものです。

　砂場での遊び、それに水を加えたドロンコ遊び、これは風光水土をたっぷり味わえるものです。抑圧からの解放として、心理療法としても使われています。

　焼き物粘土 … 砂場で子どもたちの作ったものは、消えてしまいますが、この粘土を焼成したものは半永久的に残ります。

　この陶器は幼児の生活の活動にはたいへん有効です。3歳児などは、ビー玉のように丸め、焼いたあと、セロハン紙に包むと本物そっくりのキャンディーになりますし、丸い玉をつぶして薄い円形にし、両面黒い4角形の形をはると、ノリセンベイ。知らない人は、口に入れそうな物になります。この様なものは、保育室でのオモチャになり、買物ゴッコなどに使われます。

　このように、自分たちのオモチャは自分たちで作り、園生活の活動に組み入れています。

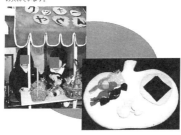

　年長組になりますと、オモチャでなく、実際の生活で使うもの、コップ・皿などを焼き、実際に使っています。これも、生活を作り、生活をするという子どもたちの活動になってほしいという、園の願いです。

● 人形作り（年長組）

　これは、教師の側から、一方的に子どもたちに行わせる課業です。でも子どもたち、教師から与えられた課業を行っているうちに、いろいろのことを体得し学習し、自分たちも考えなかったような世界を味わっていきます。

　顔は発泡スチロールで形成し、上に紙粘土を重ねて作っていきます。衣類も注意して、自分たちで縫って作ります。このことは、保育の場を二倍にしました。

　年長組になりますと、自分たちの家作りをはじめます。

　秋になって寒くなる。お人形さんも寒いのでは？それでは、みんなでお人形さんたちの家を作ろう。人形の家・・・小さなドールハウスを想像しますが、人形は自分自身。自分たちも入れる家を作ると思っておりましたら、果たしてそうなりました。

　今は慣習化されていますが、家作りの発端はこのことでした。

　その後彼等は、寒くなるにつけ、フトンなども作っています。

　ずーっと昔の話ですが、どうも先生のいうことを全然聞かない子がいました。先生、何度も注意するのですが、全く効果なし。そんな時、その子の作った人形がありました。「どうして、先生のいうことを聞いてくれないの？」と人形にいうと、その子シューン、自分自身にいわれたより、だいぶ、こたえたようです。

9

● 木工

　子どもたちの生活を作り、それを使って生活するという面では、たいへん良い素材です。

　つまり、幼児にとっては、たいへんやっかいな素材です。切るにしてもハサミでは切れない。一人が板を支え、一人が鋸で切る、相当の重労働。・・・切れる、・・・二人でニッコリ。"やったー！"という充足感。

　年長組になると、7～8人のグループで彼等の家を作りはじめます。

　・・・なぜ家を作りはじめるかというと、ペア活動の中で年中少の子どもたちが、年長児の部屋に遊びに行きます。建設中の家を眺め、出来上がった家に招待される・・・　楽しくて、なかなか自分の部屋に戻らない・・・

　自分たちも年長組になったらこんな家を作るんだ、という伝統みたいなものになってしまいました。・・・

　さて、この家作り、簡単にできるものではありません。柱を立て、部屋を作る。・・・むずかしい作業ですので皆で話し合う、相談する、人のいうことを聞き、自分の考えたことをいう。・・・時には、ケンカになって、作業ストップ。園としては、こんな試行錯誤のプロセスを大事にしています。自分たちで考え、力を合わせて作る・・・

　こうして作られた家が彼等の生活の場になります。

　そして、この家から、彼等で考えた生活がはじまります。

　この生活の内容は一つとして同じものはありません。ある家がレストランになったり、病院になったり、絵本屋になったり、年長組の横丁はたいへん活気のある、子どもたちの自主的活動の場になります。

　そして、卒園前、子どもたちは自分たちで作った家に泊まる・・・というお泊まり保育を行っています。

　夕食は自分たちで作り、家の中や周りにフトンを敷き、自分たちで作り上げた生活の場で寝ていきます。

10

家づくり

彼等の住処作り。この作業、苦労が多ければ多い程、完成後、この家を拠点とした活動が大きくなり、生活が広がります。

こんなふうに家ができ、その自分たちで創り出したお店屋さんの中では、必然的に、文字や数が必要になってきます。たとえば、絵本屋さんだったら本作りの中で、又、他のお店も、カンバン、メニュー、値札などに…その後、お買い物ごっこには数の計算もはじまります。いやいやお勉強をするのではなく、子どもの方から楽しんで文字・数を学ぶというように、遊びの中に生きた知恵がたくさんもり込まれています。

年長組、三学期になりました。
□□□□横丁には、いろいろな店が出て来ます。
これはその一例。人形の病院だそうです。往診にもでかけます。
こわれた人形の修理、結構忙しそうです。

13

卒園前、自分たちで作った家に泊まっていきます。

食事は自分たちで作り…

自分たちの家でお泊まり　…人形と一緒に寝ている子どももいます。…

14

資料1

遠足

ペア活動を主体とした遠足です。春は、近所のイチゴ畑に行きます。秋もペアさんと近くのお芋畑に行っています。

林間保育

日常の園内の保育では出来ない、スケールの大きい遊びをしよう…。そんなことから、8月末、佐倉の草笛の丘というところに行っています。
…草笛の丘には、ネーティブアメリカンのおじさんやお兄さんが待っていてくれる。一緒に遊ぼう。…
その内容は、ご兄弟が当園に在園しておられる方はご存知でしょうが、一応内密にしておきましょう。まあ、スケールの大きい宝探しです。写真だけお見せいたしますので、ご想像ください。

酋長、宝物なくした、宝物のある場所はみんなで園内で探そう。

宝物みつけた！酋長、喜んでみんなに、いろんなものをくれた。

17

うんどうかい

運動会のテーマ ～メリーポピンズの年より～

お花を摘んで走ろう

煙突そうじやさんのダンス

18

資料１

クリスマス

—小さな音楽界—
自分たちで作った
楽器を演奏したり、
歌を歌ったり…
（クラス別）

初代の園長が、自分で勝手に作った脚本を演出し、大道具・小道具も作って一人で楽しんでいたという人形劇です。
園児たちも、まあ、楽しんで見てくれているようです。

園児の作ったクッキー。
おうちの人たちへのプレゼント。焼いたのは先生たちです。

資料2

2011 年度「生活展」配布資料

タウンの始まり…

年長組になり、初めて ███ さんのお部屋に来た子どもたちからは
「ひろ～い！」「何もない！」
そんな声が…。確かに何もない広い部屋ですが、そこは一人一人がこんな物が欲しい！作りたい！と
思い描くことのできる夢と期待が詰まった場所だったのです。
次第に子どもたちから「木でおうち作りたい！」「映画館作りたい！」という声が聞こえてきました。

> おうちを作ろう！

昨年度、みんながまだ年中組だった頃、███
さんから、金づちと木を譲り受けました。

「どうやって作ろう？」
「前の ███ さんが木の壁を作ってたのを見たよ」とある子が言いました。
昨年度の ███ さんのことをよく見ていたんですね。
「よしやってみよう♪」
自分たちの身長よりも大きな木の壁を2枚作りました。
ここからはみんなが金づちを持っていては作れません。板を押さえている人が必要なのです。
ところが…
「ぼく"金づち"やるね」「私も"金づち"がいい」「みんなもやりたいから順番にやろうよ」…
こんなやり取りが1学期の間はよく聞こえてきました。
しかし、次第に「僕が押さえててあげるよ」「次、金づちやる？」そんなやり取りに変わっていきました。
また、自分のおうちだけでなく「誰か手伝って！」と言う声に「私が手伝うよ」「僕も！」と、友だちと
協力しながら作るようになっていきました。

> 僕が押さえててあげるよ！

子どもたちはこの1年間、家作りだけではなく様々な活動を通して、"一人ではできないこともある"
"協力することの大切さ、楽しさ"ということに気付いていきました。共に活動していく中で、気持ちが
行き違うこともありましたが、そうした経験を重ね"自分の気持ちを言葉で伝える""相手の気持ちを知る"
ことの大切さを知っていきました。また、たくさんの"？""！"に出会い、困った時にはみんなで考え、
うれしかった時はみんなで喜びを分かちあっていきました。
「素敵な街にするにはどうしたらいいだろう？」███ さんみんなで考え、協力して作りあげた "███
███ タウン" が出来るまでの軌跡をご覧ください。

プリンセスファッション

アクセサリーを作ろう♪

「きれいなビーズ！」「ブレスレット作ろうかな」
みんなでテーブルを囲み夢中になって紐に通す子どもたち。
「先生ひも結わいて♪」紐に通すとブレスレットが出来上が
りました。
「ネックレスも作ろうよ」「ピン止めも作りたいな」
と言って、初めは通すことを楽しんでいましたが、だんだん
とビーズの配列や素材にこだわるようになっていきました。

> かわいいアクセサリーが
> いっぱい出来ました

ドレス作りに挑戦！

「ドレス作りたいな」
「どんなドレスを作りたいの？」と聞いてみると…
ドレスを着た女の子の絵を見せてくれました。
その絵を元に布を選び(ドレス(スカート)を作り始めました。
初めは少し縫っては失敗していましたが、諦めずに何度も
何度もチャレンジして数日かけてドレスが完成しました。さっそく
鏡の前で試着してみます。

> もう少しで完成だね！

> 子どもたちは、ロングスカートを
> ドレスとして作っていました。

デザイン画

「ドリームステージで着て踊りたい」と
作ったドレスを着て舞台の上で歌やダンス
を楽しんでいました。

███ さんが遊びにくると、ドレスを着せ
てあげていました。

資料2

お店の名前は…

アクセサリーやドレスがたくさんできてきて、「お店にしよう」と言う声が聞こえてきました。
本でお店を作ると
「お店の名前はどうしよう？」
「ドレスがあるからプリンセスファッションはどう？」
「かわいいね！そうしよう」
さっそく新しくオープンしたお店を宣伝するため、ポスターを作りました。

2学期、お店にはアクセサリーの他に、一学期に作ったサンリオキャラクターの商品（カバン、キーホルダーなど）も置いてありました。
「お店の名前を『プリンセスファッション』と『サンリオ』を1日ごとにしようよ」
「でも毎日変わったら、みんなわからなくなっちゃうよ」
「じゃあ、『サンリオ』と『プリンセスファッション』どっちにする？」
「私は『サンリオ』がいいー…」
「なんでそう思うの？」
何日もかけて、お互い意見を出し合いながら話し合いました。そして、"サンリオ"以外の物もたくさん売りたい！そんな思いから、『プリンセスファッション』にすることに決まりました。

新しいドレスを作りたい！

お店にはロングスカートのドレスしかなかったのですが、『ウェンディから教えてもらったドレス（ワンピース型）を作ってお店で売ろうよ♪』と運動会の時に作ったドレスを作ることになりました。
「他の色もあったほうがお客さん喜ぶかな？」
「じゃあ私はピンクの布で作るよ」
様々な色のドレスが出来上がりました。
自分たちが作りたい！という気持ちだけでなく、買いに来てくれるお客さんの気持ちも考えるようになっていきました。

「お客さん喜んでくれるかな？」

願いごとが叶うよ！〜ミサンガ〜

11月中旬
「見て、お家で作ってきたの♪お店で売ったらどうかな？」と言ってかわいいミサンガを見せてくれました。
他の子たちも「いいね！私も作りたい」とミサンガ作りが始まりました。
友だち同士で教え合いながら色々な色の組み合わせで作っています。

「どうやって作るの？」

〜ミサンガの秘密〜
ミサンガが自然に切れると願いが叶うよ♪
みんなにも知ってもらおうと紙に書きました。

ポイントを貯めてもらっちゃおう♪

「ポイントカード作ろうよ！」
「買ったお客さんにスタンプを押してポイントが貯まった人にリボンとかあげたらどう？」
「貯めたポイントによってもらえる商品が違うことにしよう！」
子どもたちは、お家の人が買い物をしている姿をよく見ているんですね。

7ポイント シュシュ	14ポイント カチューシャ

ポイントを最後まで貯めると、ドレスがもらえちゃうんです！

もちろん、このカワイイ商品はガチャで買うこともできます。

もっとお客さんに来てほしいな…

もっとお客さんに来てほしいそんな声が聞こえてきました。
「どうしたらいいかな？」
「売っているのをみんなに教えてあげたらいいんじゃない？」
「どうやって？」
「プリンセスファッション来てください」って言いに行く？」
「写真を撮ろうよ！」
「いいね！でもどんなふうに撮ったらいいかな？」
そこで、本物のファッション雑誌を見て研究してみると…
かわいい洋服や小物を付けてモデルさんがポーズをして映っていました。
「私たちも売ってる物を着て写真撮ろうよ！」こうして雑誌作りがスタート！

「どうやって特集を作るか相談中…」

「雑誌完成」

モデル、カメラマンどちらも自分たちで行っていました。

2012年カレンダーのふろく付きです♪

1冊目の雑誌よりも2冊目は表紙や背景にもこだわりを持って作っていきました。

277

"プリンセスファッション"って名前なのに…

かわいい商品はできたけど、なんかプリンセスっぽくない！そんな声が聞こえるようになりました。
「もっとプリンセスみたいに（お店を）したいな」
「どうしたらお姫様っぽくなるかな？」
「う〜ん…みんなに相談してみよう」
すると
「看板にキラキラをつけたらどうかな？」
「カタカナにしたいね」
「看板もう一回作ろうよ！」
看板を作り直すことにしました。看板一つにも子どもたちはこだわっていました。そして
「ティアラ作りたい！」
「キラキラしたビーズでネックレス作ろうよ」
と次々とみんなの作ったドレスに似合うアクセサリーを作っていきました。

かわいい看板が出来てきたね♪

プリンセス会議

「お店の名前どうする？」「どうしたらお客さんがたくさんくるのかな？」「何がバチョで売ろうかな？」
自分ひとりのお店ではないからこそ、何度も話し合いをすることで子どもたち同士でイメージを共有していきました。時に意見が分かれることもありましたが、お互いにどうしてそうしたいいのか理由を伝える姿やお店のためにどうしたいのかを一生懸命考えていました。

ショーウィンドーを覗いてみると…

「お店にお洋服を着た人形がいたよ」
プリンセスファッションにマネキンを置くことになりました。ショーウィンドーに飾られているドレスは、子どもたちが毎日コーディネートを楽しみながら着せ替えをしていました。

今日はこのドレスにしようよ！

"どんな物を売ったらたくさんのお客さんがきてくれるのか" "どうしたらお客さんが買い物がしやすくなるか" などお客さんのことを考えてくようになりました。
また、「作りたい！」と思うからこそ、うまくいかなくても何度もチャレンジし、長時間集中して作業をする子どもたち。その子どもたちの集中力には繋がされました。出来上がった時、お客さんに「かわいい」と言われた時の子どもたちの嬉しそうなキラキラした笑顔がとても印象的でした。このことで自信がつき「もっと作りたい！」という意欲に繋がり、次々と素敵な物ができていきました。

ミスタードーナツ

2学期になり、■■■■タウンにたくさんのお家が建ち並び賑やかになってきましたが、■■■■タウンには食べ物屋さんが一軒もありませんでした。すると「街には食べる所も必要だよ」何のお店がいいか考えていると「ドーナツ屋さん作ろう」そこにいたみんなも大賛成です。さっそく紙粘土でプレーン味とチョコ味のドーナツを作りました。

お店の名前は…

次の日…
「見て！ミスタードーナツにするのはどうかな？」ある子がミスタードーナツのメニューと看板の写真を持ってきてみんなに見せてくれました。そのメニュー表には、色々な味のおいしそうなドーナツがたくさん映っていました。
「私これ食べたことあるよ」
「ポン・デ・リング作りたい！」
「色んなドーナツがあるんだね！」
お店はミスタードーナツに決めました。

本物ドーナツみたいなドーナツが作りたい！

まずはプレーンドーナツをたくさん作ることになりました。初めは紙粘土を丸め、穴をあけてドーナツの形を作るだけでしたが、だんだんと
「薄いとおいしそうじゃないね」
「もっとふっくら作ろう！」
と形にもこだわるようになりました。
またゴールデンドーナツは、ふりかけるココナッツが初めはコルクを砕いた茶色のものでした。でも「これは茶色じゃなくて黄色だよね」
「もっと黄色いものないかな？」
素材にもこだわり、試行錯誤しながらより本物に近いものを作ろうと頑張っていました。

チョコレートかけるよ♪

資料2

問題発生！どうしよう？？

いつも大人気なドーナツ屋さんの店内はお客さんでいっぱい。調理道具をお客さんの邪魔にならないように、お店の外に置くようになってしまったのです。
お客さんがたくさん来てくれて嬉しいけれど、こんな悩みがでてきました。

「これじゃドーナツ作れないね」
「大きい新しいお家がいいな」
「でもこのお店せっかく作ったのに壊しちゃうの？」
「じゃあもうひとつお家作ろうよ！」

いらっしゃいませ〜♪

リニューアル
お家を2つ、くっつけてお店の中でドーナツを作れるようにしました。

外看板

「外にいるお客さんは何売ってるかわからないよ」
「外にもメニュー書いたらいいんじゃない？」
「でも文字だけじゃわからない人もいるかな？」
みんなで話し合った結果、写真付きの外看板を作ることになりました。

ドーナツストラップあげるよ♪
大きなドーナツを作っているときに残った小さな粘土で、小さなドーナツを作りました。そして、チョコレートやカラースプレーを付けると
「かわいい！これストラップにしたらどう？」
「いいね、ミスタードーナツはポイント貯めるとくれるよ」
「じゃあ、ポイントカードも作ろうよ」
本物のポイントカードは機械に入れてポイントを貯めていくものでした。
「機械がないね、どうしようか？」
悩んでいると
「私たちがポイント書いてあげればいいんだよ！」
書いても消えにくいできるボールペンで店員さんがポイントをつけることになりました。

ポイントを貯めてもらおう♪

お客さん：「かわいい！このストラップ何ガバチョですか？」
店員　　：「これはドーナツ買ってポイント貯めたらもらえるよ」
お客さん：「そうなの？じゃあいっぱいドーナツ買ってポイント貯めよう♪」
こんなやりとりがたくさん聞こえてきました。

エプロン作り
「エプロンを作ろうよ」そんな子どもたちの声が聞こえてきました。そこで、自分たちで布を選び、エプロンを作り始めます。すると、「ポケットを付けたい」「どんなポケットがいいかな？」と自分で形やポケットの数を決め、針と糸を使って上手に縫い合わせていきました。

かわいいエプロンできたよ♪

ポケットの中にポイントカード・ペンを入れています。

お店のこだわりポイント！
「ドーナツがもう置けないよ！」たくさん作ったドーナツがお店に置けなくなってしまいました。
ドーナツ焼きさんは、たくさんのドーナツをどうしているんだろう？
写真を見てみると、
「上にも置いてるよ！」
ドーナツが置けるように台を作ることになったのですが、
何で作ろう？
「トイレットペーパーの芯は？」
「それじゃすぐに壊れちゃうよ」
「じゃあ木で作ろうよ！」
木を使い3段式のドーナツ置き場を作りました。

ギコギコ〜切れてきたよ

自動ドア風スライド式ドア

ピンクの扉

ドーナツを置く場所にもこだわっていて、「ミスタードーナツは中でドーナツ売ってるよね」「お店の中で売ろうよ」「そうだね！中にしたい」子どもたちは自分たちで話し合い決めました。

■タウン限定ドーナツ

今まで本物みたいなドーナツを作ろう！と、紙粘土でどうしたら本物みたいに見えるかを考え作ってきた子どもたち。
1月のある日、
「ふわふわのドーナツが作りたいな」
紙粘土で作ったドーナツは、見た目は本物でも触ってみるとカチカチです。
「紙粘土じゃふわふわにならないよ」
「どうしたらいいかな？」
柔らかい感触のドーナツを作るために子どもたち、そして先生たちも一緒になって感触を楽しむための素材を探し、研究していきました。そして見つけたのが低反発のスポンジです。
「気持ちいい！これで作ろうよ♪」
食感ならぬ、感触を楽しめるドーナツ作りが始まりました。
スポンジを染める色もいくつかの絵具を混ぜてこだわりの色を作っていました。

さぁ限定ドーナツの名前は…
「ハニードーナツは？」
「ふわふわしてるから"ふわふわ"はどう？」
「じゃぁ"**ふわふわハニードーナツ**"にしようよ♪」

おいしそうな色になったよ

■タウン限定のこだわりふわふわハニードーナツ！ぜひ手にとってお楽しみください♪

■ドーナツの他にも…

「ドーナツのグッズも作ろうよ！」
低反発の素材のスポンジを使って、見て楽しめて触っても楽しめるキーホルダーを作ることになりました。ドーナツ色にスポンジを染め、かわいく飾りを付けて完成。
「他にも作ろう♪」とポン・デ・ライオンのストラップも作りました。

この飾りをつけたら、かわいくなるかな♪

「本物みたいなドーナツを作りたい！」とメニュー表をみながら素材を考え、試行錯誤を繰り返していました。「もっとこうしたい」とおもいのイメージを伝え合いながら、少しずつ友だち同士でイメージを共有し、自分たちのミスタードーナツを作りあげていきました。
■タウンに来た際は、ぜひおいしいドーナツを食べに来てください！

■シアター人形劇

4月、『小さな自分（人形）』を作った子どもたち。人形に毎朝「おはよう」と挨拶する子、自分とお揃いの髪型にする子、一緒にステージを飾る子・・・自分の分身である人形をとても大切にしていました。4月、5月生まれの■さんのお誕生日会で「大きなかぶ」の人形劇を見て、「私も人形劇やりたいな。でも、まだ誕生日じゃないの」との声が聞こえてきました。すると、「そうだ！■さんの部屋で人形劇が出来るお家をつくろうよ」と、劇場づくりが始まりました。

人形劇の舞台を作ろう！

「どうやって作ろうかな？」
「大きな窓を作って、そこから人形がみえるようにしよう」
「入口は、ここにしよう」
「カーテンをつけて劇が始まる前は閉めておこう」

言葉を交わしながら作っていくことで、一人一人のイメージがつながっていき、人形劇の舞台の形になっていきました。

『大きなかぶ』の劇がはじまるよ～

舞台ができあがると、はじめは、「〇〇ちゃーん」「は～い」と人形が窓から顔をだしたり、歌を歌ったりして遊んでいました。
すると、
「大きなかぶの劇をやろうよ」
「いいね～」
「私は娘の役がやりたいな」

お誕生日会で見た『大きなかぶ』の劇を真似て、劇遊びを楽しむ子どもたちの姿が！！
「か～ぶを　ひっぱる　おじいさん　よ～いしょ　よ～いしょ」

劇が終わると・・・インタビュー
先生役の子：「何の役をやってくれましたか？」
人形劇の子：「おばあさんの役です」
先生役の子：「〇〇ちゃんに拍手～」
先生達の司会！？子どもたちは、よく見ているのですね。

♪かぶをひっぱる、おじいさん♪

資料2

アルバイト募集しま〜す！

困った！ 3匹のコブタの劇をやりたいけれど、その日、人形劇のグループの子は3人しかいませんでした。
「大変！子ブタの役が3人でしょ、オオカミ役の1人が足りないよ〜」

どうしようかと、3人は考えていました。
「いいこと思いついた！」
「他の████さんにオオカミの役やってくれるアルバイトしてくれる人を募集しようよ」

『アルバイトぼしゅう』
と紙に書いて劇場に貼っておきました。

すると、それを見た他のお店の████さんが
「ぼくがやってあげるよ」と言いに来てくれました。
そして、無事に「3匹のコブタ」の劇を披露することができました。

今では・・・
新聞社に
お願いして、
広告を載せています！

「おばけはともだち」の劇を始めます

7月、子どもたちが楽しそうに話しているのを聞いていると・・・
「おばけの劇をやろうよ」
「いいね〜」
「しろくてペラペラしているオバケがでてくるのはどう！？」
「それじゃ、私はガイコツになろう」
それは、新しい劇「おばけはともだち」の相談でした。

それまでは、お誕生日会で見た劇を披露していましたが、
この頃になると、お話を考え、小道具や人形の衣装
を作ったりして、劇遊びを楽しんでいました。

ストーリーや衣装がなくても、
「今日はペンギンのお話にしよう！」
「お姫様のお話」
と、その場で役やセリフを決めて、即興で劇を進めていきます。

「誕生会の劇は最後に歌を歌うよね」
「でも"オバケはともだち"の劇に歌がないよ」
「どうしよ〜」
「自分たちで作っちゃおうよ」
歌の歌詞を考えていました。
「おばけはともだち〜♪」
████先生にピアノ弾いてもらおう」
♪おばけはともだち♪の歌ができました。

もっとお客さんをよぶためには・・・

10月、「お客さんが、もっとたくさん来てもらうにはどうしたらいいのかな？」と子どもたちで話し合う姿がありました。
☆話し合い☆
「何校に何の劇がやっているか書いてあるといいんじゃない？」
「映画館みたいに聞くしたらいいんじゃない？」
「それじゃあ、ポップコーンが食べられるようにしよう」
ジュースやポップコーンを作り、劇場の座席に黒い布を
かけて、お家を模しました。
そして人形劇をやってみると、

問題発生！

「大変！暗くて人形の顔が見えないよ」
「暗いからお客さんが怖がっちゃうよ」
☆話し合い☆
「劇が始まる前に電気をつけたらいい」
「人形の顔に懐中電灯をあてたらどうかな」

ポップコーン作ろう！

人形の顔、良く見えるよ

懐中電灯をあててみよう！

劇場、いつも満員です！

懐中電灯で人形の顔にあててみました。「暗くても人形の顔がよく見えるよ」「これなら大丈夫だね」と問題は解決！そして、客席には電気をつけると、様々な問題が出てくると、████さんは、一つ一つ自分たちの力で解決していきました。

シアター

11月、映画づくりをしていた子どもたちと、「映画館を作ろう」と相談していると、こんな声が聞こえてきました。
「人形劇場と、映画館って似ているね」
「映画館に行った時、スクリーン！、スクリーンとっておいたよ〜」
「それじゃ、人形の劇場と、映画館を一緒にしない？」
「████シアター」として、リニューアルオープンしました。

初めは自分たちが「楽しい！」「面白い！」という気持ちで、劇遊びをしていました。それが、「もっと、お客さんに来てもらいたい」「楽しんでもらいたい」という思いに変化していきました。いつからか、「お客さんに楽しんでもらおう」という事が子どもたちの目的となっていました。
一人一人が自分の役割に一生懸命取り組み、とてもキラキラと輝いていました。

シアター映画

9月、木で作ったテレビの中に入り、ニュースを伝えたり歌を歌ったり、楽しんでいました。すると、「テレビでアニメがやっているんだよ」「映画もやってるよ」子どもたちから、そんな会話が聞こえてきました。すると、「映画作ってみたいな」「おもしろそう、やろうやろう！」と映画づくりへと発展していきました。

映画を作ろう！

どんな映画にしようか？と話し合いが始まると、
「こないだテレビで見た映画は怪獣がでてきたんだよ」「怪獣の映画をつくろうよ」「いいね～」「怪獣の人形を使おうよ」と人形を使って、怪獣映画を作る事に決まりました。
「どうやって人形を使って映画を作る？？？」
しばらく考えていると、一人の■■■■さんが
「パラパラ漫画みたいにすればいいんだよ」
「えっ？パラパラ漫画って？」
「絵が少しずつずらして描いてあって、パラパラすると動いてみえるんだよ」
「だから、人形を少しずつ動かして写真を撮ったら動いてみえるんじゃない？」
「よし！やってみよう」

デジタルカメラで映画作りスタート

実際に人形を動かしては写真を撮るという事を繰り返し行いました。撮った写真の枚数は45枚！写真を先生に編集してもらい映画が完成し、■■■■さんで上映会を開きました。
時間にしたら1分もない短いものでしたが、怪獣が本当に動いている事にみんな驚き、「どうやって作ったの？」「なんで動いてるの？」とみんな興味津々。「ちょっとずつ動かして写真をとったんだよ」と映画作りの工程を丁寧に教えてくれました。

新キャラクター"ふせんくん"

11月、子どもたちと一緒に事務所に行くと、電話の横に"ある物"を発見。
「これに顔描いたらおもしろそう」と■■■■さん。
『これ』と言っているものを見てみると、"付箋"が置いてありました。

"ふせん"に顔を描きました

"顔名"を紙に書いて写真撮影

「"これ"って"ふせん"っていう名前なんだよ」と先生が伝えると、
「それじゃ、"ふせんくん"って名前にしよう」
「この"ふせんくん"を使って映画をつくろうよ」
と付箋を使っての映画作りがはじまりました。
付箋に顔を描くと、どんな話にしようか相談をして、撮影がスタートしました。怪獣の映画と同じように、少しずつ付箋を動かして、シャッターを押そうとすると、「あっ！倒れちゃった～」薄い紙なので、すぐに倒れて写真一枚撮るのも一苦労。何枚も撮影し、失敗を繰り返しながら、やっと第1話「ふせんくんのたび」が出来上がったのです。
編集してもらった作品を見て見ると、

「あれ！！」
「ふせんくんの声はどうするの？」
「写真だから声はでないよ」
「う～ん。」
「"そうだモクモク（吹き出し）"にセリフを書いて写真を撮ればいいよ」

第1話「ふせんくんのたび」
第2話「ふせんくんのかくれんぼ」
第3話「ふせんくん海に行く」
第4話「ふせんくん人気投票に会いに行く」

なるほど・・・子どもたちのアイディアにはいつも驚かされます。
画用紙で吹き出しを作り、セリフを書いて写真を撮影しました。
ストーリーを練り、背景や見え方にもこだわりが見られるようになりました。

ポケモンの映画を作ろう！

同じころ・・・「ポケモンの映画を作りたい！」との声が聞こえてきました。
7月、ステージでは「ポケモン」の歌を楽しむ子どもたちの姿がありました。「ポケモン」の曲を使っていいのかという迷いもありましたが、子どもたちの様子を見ていく事にしました。すると、大好きなアニメの歌を通して、今までステージに興味を示さなかった子もステージに上がり歌ったり、表現することを楽しむ姿が多くみられました。そして「ポケモンの映画を作りたい」と興味の幅が広がり、「こうしたい」と次の表現の意欲につながっていきました。

「ポケモン」のキャラクターを紙粘土で作り映画の準備をしました。「キャラクターの声を自分たちでやりたい」「ビデオカメラなら声が入るよ」とデジタルカメラではなく、ビデオカメラでの撮影になりました。

映画作りって大変だなぁ

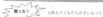
困った！

人形を子どもたちが手にもって動かして撮影していくと、

見えないいところに隠れて
撮るよ！

「体が映っちゃうよ」「どうしたら映らないかな？」体や手が映ってしまい、撮影ストップ！

なかなかうまくいかず、「作るのって大変なんだな〜」と子どもたちから聞こえてきました。けれど諦めることなく、「人形を持つ人はしゃがんだら？」「人形の下に棒を付けたらいいんじゃないかな？」一人一人が考え撮影していきました。

やっとできた「ポケモン」を上映するとお客さんから拍手いっぱい。「やったね」とおたがいの顔を見合いガッツポーズ。充実感や満足感を持って、自信に満ち溢れた子どもたちの姿に私たちも嬉しく思いました。

戦隊シュリケンジャー！

次に子どもたちが考えたことは、「ゴーオンジャーみたいなヒーローが出てくる映画を作りたい」と自分たちのオリジナルのヒーローを作り、自分たち自身が出演する映画づくりへと発展していきました。けれど、自分たちのイメージするものをどうやって、映画にしたらいいかわかりませんでした。

そんな時、大学で映画の勉強をしている、卒園生が遊びに来てくれました。お兄さんは、■■■さんの話を聞いて映画作りに色々な準備が必要な事を教えてくれました。

1. 企画する　2. 脚本を作る　3. 配役を決める
4. 衣装や小道具を作る　5. 撮影　6. 編集

卒園生のお兄さんと、話し合い

ますます張り切るつくしさんは、何度も話し合い、映画の準備をしていきました。

①企画
ロケットレンジャー、■■■ンジャー…様々なヒーローの名前を挙げ、みんなで相談しました。「手裏剣で戦うシュリケンジャーはどうかな？」の意見に「いいね」と■■■さんみんな大賛成！映画の名前は「■■戦隊シュリケンジャー」に決定。

②脚本・登場人物を考える
「宇宙からやってきたカニ職人が地球をカニの世界に変えちゃうんだ」「6人の忍者ヒーローが助けにくるのはどうかな？」アイディアを出し合いながら、登場人物やストーリーを考えていきました。

③配役を決める
「ぼくはシュリケンブルーがやりたいな」
「ぼくもやりたい！」
「どうしようか？」「順番でやろうよ」
子どもたち同士で役を話し合い、決めました。
映画に大切なのは、ヒーローだけではありません。悪者だって大事な登場人物だということを、■■■さんは、わかっていました。「ぼくがやる」と、カニ職人、小ガニ星人の役も決まりました

映画撮影していると、「カニに隠れる役も必要でしょ？」「私たちがてあげる」その場で出演決定！なんてことも・・・

みんなで集まって、打ち合わせ、セリフやストーリーを話し合っています。

④衣装づくり
「手裏剣が取り外しできるようにしたいな」
取り外しができるように工夫していました。
カニ職人の衣装作りでは、図鑑で蟹について調べていました。
「カニ職人の手は10本だね」と蟹の手をくっつけました。

カニバサミを必須性にしようか？

図鑑を見て、研究中です

⑤撮影開始
もちろんカメラマンは■■■さんです。
「ここからジャンプして登場してくるのはどうかな？」とその場でアイディアを出し合いながら撮影しています。

本番いくよ〜！

⑥編集
撮影したものの編集は実に■■■やりました。
子どもたちも編集作業に参加していました。
「ねぇねぇ、ここに爆弾の音っていれられないかな？」
「ピカピカってイナズマが入ったらかっこいいな」

爆発する音があるといいな

戦隊シュリケンジャー上映＆握手会

■戦隊シュリケンジャーを■■■さんで上映すると、「続きがみたーい！」の声で続編も、撮影していきました。「握手会をしよう」とポスターを制作し年中、年少さんがやってきて、握手会をすると、たちまちみんなに大人気♪

シアターのお土産売り場まで買う事が出来ます！ふせんくんキーホルダー、手裏剣も売っています！

チケット売り場、照明、司会、案内する子、炎分かれのお仕事のおかげで、握手会は大成功！みんな自分の役割を喜びを持って行っています。

年少さんでは最初に「せんせい一フック絵師になって！怪獣になって！」の声から「せんせい一カニ職人になって！」なんてリクエストがあるくらい「シュリケンジャー」は幼稚園のヒーローになり、カニ職人はすっかり「悪者」になっていました。でも、愛らしいカニ職人のキャラクターは「カニ職人ってかわいいよね〜」なんて言われることも・・・シュリケンジャーに負けないくらい、人気ものなんですよ♪

カニ職人のキーホルダー

主題歌決定 ♪戦うぼくらはシュリケンジャー♪

握手会後、年中さんから、「シュリケンジャーの歌はないの？」との声が、すると、次の日、■■■さんが「シュリケンジャーの歌を考えてきたよ」

　♪しゅしゅっと、夢上シュリケンジャー
　　　　みんなの未来を守るため♪
　歌になっているような、いないような・・・

「そうだ！■■先生にお願いしようよ」
■■さん、■■先生の街へお願いをしにいきました。
そして、■■さんの歌のイメージを聞いて、

　♪たたかうぼくらはシュリケンジャー♪
　という曲を作ってくれました。

曲があることで、一段と映画も握手会も盛り上がってきました

「先生と一緒に
♪たたかうぼくらは
シュリケンジャー♪
を歌いました！」
「■■先生ありがとう」

「映画上映は
信造に任せて」
映写室

■■さんで流行中！
その名も「シュリケンバトル」
子どもたちが作ったシュリケンカード
でカード勝負！子どもたちルール
を作り出し、日々進化しています。
シュリケンカード

シュリケン
バトル♪

ようこそ！握手会へ

お家の人を呼んでシュリケンジャーの
握手会を開きました。お母さん達が来る
という事に、子どもたちは大張りきりです。

ドキドキ・・・

お家の人の笑い声や、大きな拍手は、子
どもにとって、大きな喜びとなり、自信
に繋がっていきました。

■■シアターの人たちだけでなく、■■さんみんなで映画を作ってきました。「手裏剣作って
きたよ」「こんなお話はどう？」と考えてくれたり、「撮影中だから静かにしよう」と声を掛け合った
り、みんなが協力してくれました。出演者で、裏方さんがいて、「一人でできなかったことも、
みんないたから頑張れた！」その事を、■■さん一人一人が感じ、自分の役割に自信を持って取
り組んでいけるようになりました。

■■■銀行

9月、お部屋にIKEAやプリンセスファッションのお店ができると、子どもたちから、「ガバチョが
ない」「お買い物できない」そんな声が聞こえてきました。すると、■■さんが「■■さんの時にとって
おいた私にガバチョがあるよ」と、一人の■■さんが言いました。年中さんの時、グランドパールで品物
を売った時に私に残しておいたガバチョがあったのです。

もっとガバチョがほしいなぁ。

数えてみると、138ガバチョ。■■さん一人一人に1枚ずつ配っていくと、一人3ガバチョ。
　■■さん（年中さん）や、■■さん（年少さん）の分もほしいよね
「誰がガバチョ持っているのかな？」「園長先生ならガバチョを持っているんじゃない？」
「よし！園長先生にガバチョを持っているか聞いてこよう！」
　事務所に行って園長先生に聞きました。
　　子：「園長先生はガバチョを持っていますか？」
　　園長：「持っているよ」
　　子：「■■さんにガバチョが、138ガバチョしかないんだ」
　すると、園長先生は「仲良く使ってね」と封筒を渡してくれました。

「園長先生から
もらってきたよ」

お部屋に戻り、封筒の中を見てみると・・・
中には、1ガバチョ紙幣が5枚入っていました。
そして138ガバチョに5ガバチョを足してみました。
　「139、140、141、142、143」
　「143ガバチョになった！」
☆話し合い☆
　「なんで園長先生は5ガバチョくれたのかな？」
　「143ってなんだろうね？」
　「幼稚園のみんなの人数じゃないの？」
　「そうかも！私が聞いてくるよ」
と、■■さんの一人が事務所に行って幼稚園のみんなの人数を聞きにいきました。
　「143人だって！！」
　「それじゃ、幼稚園のみんなの分ってことじゃないの？」
　「幼稚園のみんなで分けるように、園長先生が仲良く使ってねって言ってた」
　「前？■■さん、ガバチョの入った手作りのお財布をくれました」
　「だから、■■さん、■■さんにもガバチョを分けようよ」
幼稚園のみんなに財布を作ってガバチョを配る事に。
そして、手作りの財布に1ガバチョを入れてプレゼントしました。

ガムテープの
お財布づくり

1ガバチョ
入っているよ

年中さんにお財布を届けに行きました

資料2

「困った！」数日後・・・年中さんから、
「1ガバチョだけじゃ、すぐに買い物が終わっちゃうんだよ」
「■■■さんにガバチョはありませんか？」
それを聞いた■■■さんは、「大変だ！ガバチョがないよ！」「ガバチョを増やさなくちゃ！」
ガバチョを増やす為にはどうしたらいいのかを考え始めました。

ガバチョを増やすには？

「どうやったらガバチョが増えて、たくさん買い物ができるかな？」と子どもたちは考えました。そして、「園長先生から、もっと、ガバチョをもらおう！」ということになりました。

☆★会議☆★
「どうしたらガバチョもらえるかな？」
「園長先生のお仕事のお手伝いしたらガバチョくれるんじゃない？」
「でも、ガバチョじゃなくて違うものをくれるかもしれないよ」
「そうだ！園長先生に、■■■さんで作った物を買ってもらえばいいよ」
「どんな物なら買ってくれるかなあ？」
早速、園長先生に聞きに行きました。

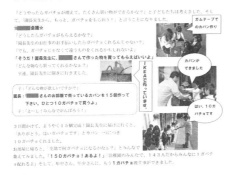

ガムテープでのカバン作り
カバンができました
IKEAで売っています
はい、10ガバチョです

子：「どんな物が欲しいですか？」
園長：■■■さんのお部屋で売っているカバンを15個作って下さい。ひとつ10ガバチョで買うよ」
子：「よーし！みんなでがんばろう！」

3日間かけて、ようやく15個完成！園長先生に届けに行くと、「ありがとう。はい、ガバチョです」とカバン一つにつき10ガバチョくれました。
お部屋に帰ると、「全部で何ガバチョになるかな？」とみんなで数えてみました。「150ガバチョ！あるよ！」幼稚園のみんなで、143人だからみんなに1ガバチョ配れるよ」そして、年中さん、年少さんに、もう1ガバチョ渡す事ができました。

■■■銀行登場！

ガバチョを持って、年中さん、年少さんが買い物にやってきて、■■■タウンが賑やかになってきました。すると、「銀行が必要だよ」との声が聞こえてきました。
「■■■さんがお店で買い物して、ガバチョが集まったら金庫にいれておかなくちゃいけないよ」と言う事までは、金庫を作りました。

よし！これなら安心

「銀行ってどんなところかな？」と話しながら、銀行に必要な物を作っていきました。
「お金がでてくる機械があるよ」　「カードが必要だよ」

ATMの機械は、ボタンの押す感触にこだわり作っていました。
カードはパソコンでデザイン

「昨日お母さんと銀行に行ったら、待つ所に、本が置いてあったよ」
「待つ人は、番号の紙をもらうんだよ」

絵本を読みながら、待とう
銀行の待合室

■■■新聞や、プリンセスマッシュンの雑誌を置いて、待合室を作りました。
銀行が出来上がると、ガバチョの管理や、■■■タウンに買い物にやってきた、年中さん、年少さんにガバチョ渡したり、■■■さんは大忙しです。

おとしだま

1月、始園式で、幼稚園のみんなが集まると、園長先生からサプライズ！みんなに、お年玉をくれました。■■■銀行の■■■さんが、みんなを代表してお礼を言いました。
そして「みんなに分けてください」と園長先生にお願いされました
次のは、お年玉袋の中に何ガバチョ入っているのか数えました。
そして、何ガバチョずつ配れるのかを、先生と一緒に考えていきました。

みんなに分けてね
たくさんあるね

5ガバチョ紙幣が、143枚
「幼稚園のみんなが143人だから、5ガバチョ紙幣は1枚ずつ配れるよ！」
1ガバチョ紙幣は・・・数えるのが大変！ぐらいたくさんありました。
「429枚」あったよ！」
「何枚ずつ配れるのかな？」
「幼稚園のみんなは143人だから、143枚あれば、1枚ずつ配れるね」
「それじゃ429枚で、143枚が何回出来るか数えればいいんじゃない？」
とガバチョを床に1枚ずつ並べ、数えていきました。
すると、143枚が3回できました。
「それじゃ、1ガバチョ紙幣は、一人3枚ずつだね」5ガバチョと足したら、一人8ガバチョずつ配れるよ！」
年中さん、年少さんに8ガバチョ渡しにいきました。

5ガバチョ紙幣を初めて見る年少さんに「5ガバチョは、1ガバチョ紙幣5枚のことなんだよ」と教えてあげました。すると、年少さんの反応は「ワワッ！・・・まだ少し、むずかしいかな？」
それでも、ガバチョを貰ったことが嬉しくて、年少さんは、ニコニコ笑顔で「ありがとう！」と言ってくれました。

5ガバチョ紙幣流通

5ガバチョ紙幣が流通すると、
「今日は何ガバチョ集まったかな？」
「5ガバチョが2枚あるから・・・10ガバチョ」
とガバチョを足したり、
「2ガバチョだから・・・3ガバチョのおつり」
とおつりを考えたりする姿がみられるようになりました。
5ガバチョ紙幣の存在は、子どもたちの数への興味、関心をますます深めていきました。

両替しま〜す！

IKEAに中学さんが、5ガバチョ紙幣を持って、粘土1個（1ガバチョ）を買いにきました。
「お釣りは4ガバチョだよ、ちょっと待ってね」
とレジを見てみると、
「大変！1ガバチョ（紙幣）がないからお釣りがないよ」
「銀行で5ガバチョを1ガバチョに交換してもらったらいいんじゃない？」
「そっかー」
「1ガバチョにかえてください！」

と銀行に行き、5ガバチョ紙幣1枚を、1ガバチョ紙幣5枚に変えてもらいました。
すると▇▇▇▇さんが、「そういうの、『両替』って言うんだよね」・・・
銀行の仕事に、「両替業務」も加わりました。

ガバチョが流通したことで、さらに「お客さんに買い物してほしい」と、その為にはどうしたらいいのか話し合う姿がみられました。「宣伝したらいい」と〝チラシ〟を作ったり、「こんなの作ったらいいかな？」と応募を募やしたり・・・▇▇▇▇タウンは、ますます賑やかになっていきました。

「幼稚園のみんなにガバチョを渡したい！」という思いから、
「どうしたらガバチョが増えるのかな？」と一生懸命考え、
行動を起こしてきました。人の数と物の数を対応させるのは
大変なこと、「どうやって分けたらいいのかな？」と悩みなが
ら答えを導き出していきました。▇▇▇▇さんのがんばりの
おかげで幼稚園のみんなが、お買い物を楽しんでいます。

銀行のキャラクター〝スターくん〟

IKEA〈イケア〉 ▇▇▇▇

6月、「IKEAって知ってる？」「椅子買いに行った時あるよ」「子どもが遊ぶ場所もあるよね」「私はソフトクリームを食べてきたよ」と会話から、IKEA▇▇▇▇作りが始まりました。IKEAはスウェーデン発祥の家具の専門店です。家具屋なのに、遊ぶ？ソフトクリーム？とお思いの方もいるかと思います。ですが、IKEA▇▇▇▇に遊びに来ればそれが何故か分かるはず♪

ベルトコンベアーを作ろう

「昨日ね、IKEAに行ったの。そしたらレジで買ったものが流れてきたんだよ」
と、目を大きくしながら話す▇▇▇▇さん。すると、それを聞いた子どもが「私も知ってるよ」と集まってきて、IKEAのレジについて話していました。

IKEAは、商品をレジ台のベルトコンベアーに自分で載せるシステムです。その子は、IKEAに行って、何よりも「商品が流れた」という事に驚いたようで、みんなに報告していました。

そして「レジをつくろう！」とベルトコンベアー作りが始まったのです。
「動くには、どうすればいいのかな？」と試行錯誤の毎日
「タイヤをつけたらいいよ」
「ベルトコンベアーはタイヤついてなかったよ」
「そっか・・・」
「それじゃぁ、紐で引っ張る？」
紐をつけて引っ張ると、確かに動くけど、
「戻す時どうする？」
「紐を両方につけたら前にも進むし、後ろにも進むよ」
「そっか〜！やってみよう！」
大成功！・・・と思ったら今度は
「紐が、長いから集魔だね、紐をしまえるように、
クルクル巻けるようにしたらどうかな？」

タイヤで転がそう

紐で引っ張ろう♪

しまえるようにしよう♪

一生懸命考え、改良をくりかえし、ようやく
子どもたちのイメージするベルトコンベアー
の形になりました。

店内は黄色い袋を使って下さい！
IKEAでは、店内で物を入れて運ぶのは、イエローバック。買ったものを袋に入れて帰る人は、青い袋を自分で購入します。

資料2

IKEAは2階建てのお家がいいな

子どもたちの次の夢は、2階建てのお家を作る事。それは・・・
「IKEAは駐車場が上にあってね、そこからお店の中に行けるんだよ！」
「5階建てだったかな？」
「5階建てじゃ、　　　　さんの部屋の屋根にぶっかっちゃうよ」
「何階なら作れるかな？」
「2階建てないよ！」
2階建てのお家をみんなで協力して作りました。
2階を駐車場と考えていたのですが、「2階に車はあがれないね」
と言う事から、今では、モデルルーム（男の子部屋）になっていて、
みんなの和みの空間になっています♪

こんな事もありました・・・2階建てのお家ができると、「IKEAのエスカレーターはね、カートと一緒に乗れるんだよ、すごいよね～」と、エスカレーター作りも始まりました。ですが、子どもたちがイメージする「カートと一緒に乗れるエスカレーター」には、なかなかならず、2階に登れる場所になりました。折にならなくても、作っていく過程を楽しみ、「次はこうしようか？」「こうしてみたらどうかな？」と声を掛け合いながら、次に進んでいく子どもたちのパワーって凄い！

ベルトコンベアーや、駐車場から入れる入口、カートが乗れるエスカレーターの事を、目をキラキラ輝かせて話す子どもたち。　　　さんにとって、大きな発見で、驚きだったのでしょうね。子どもたちの『視点』って素敵ですね。

小さなお友だち預かります！

「IKEAでね、ボールプールで遊んだ」
「　　　さん、　　　さんが遊べる場所を作ろうよ」
IKEAには、子どもを預かってくれる場所があり、
ボールプールや、お絵かきができるそうです。

絵本の読み聞かせ

子どもたちも、　　　幼稚園でしかできない「楽しいこと」
を考え、「ピタゴラスイッチは？」「車のオモチャを作ろう
かな？」「輪投げができたらいいかな？」と遊べるように
準備しました。

この場所は、　　　組（木遊開児クラス）の職員室
としても、使われていて、小さな先生たち　　　さん
が、遊びに来た、年少さん、年中さんのお世話をしてくれます。

ピタゴラ装置作り

お客さんがこないなぁ。

IKEA　　　が、オープンし、椅子や、テーブルなど、家具を並べてみたけど・・・
「お客さんが来ないね」「みんなのお部屋にも、椅子はあるから買いに来ないんじゃない？」
「どうしようか？」と子どもたちは、IKEA会議を開きました。

☆IKEA会議☆
「IKEAには、ぬいぐるみも、写真立ても売っていたよ、色んな物が売ってるよ」
「みんなが使う物を売ろうよ」
「そうしよう」
「何がほしいかな？」
「聞いてこよう」

みんなが良く使う物
画用紙、画用紙、ガムテープ、ティッシュ、折り紙など
商品棚に並べました。

みんなが欲しいものを買ってみると、お客さんが少しずつやってくるようになりました。
ティッシュペーパーや、トイレットペーパーなど、足りなくなると、事務所に行って注文。届いた、商品はガチャで買いとります。

商品を作ろう！

「IKEAに行ったら、指人形が売っていたんだ」
「シャンデリアも売ってた！」そんな声がたくさん
聞こえてきました。様々な素材を工夫して、見てきた
物を作っていきました。

「IKEAにこんな
もの売ったらどう？」
とIKEA　　　
オリジナル商品もた
くさんあります。

やった！シャンデリアが売れたよ・・・
年少さんが、IKEAに買いものに来ました。すると、モデルルームに飾られているシャンデリアを見て、　　さん（年少さん）のお部屋のお城にこのシャンデリアはほしいね」と、シャンデリアを買っていきました。そして、年少さんのお城に飾られたのでした。子どもたちは、
自分たちで作った家具が初めて売れて、とっても喜んでいました。

あっ、これいいね！

年少さんのお城

シャンデリア！

287

商品の値段を決めよう・・・ 最初の頃は、ほとんどの商品が1ガバチョでした。年少さんに売ったシャンデリアも5ガバチョ。年少さんも「やっす〜い」と言うくらい、驚きの価格で売っていました。しばらくすると、商品作りをしている子どもたちからこんな声が聞こえてきました。
「これは、作業が大変だから3ガバチョにしようか」
「シャンデリアの材料は、全部で10ガバチョだったから、11ガバチョで売っていけないかな？」

シャンデリアの材料を園長先生から買います

たくさんのお客さんが来て買い物をしてくれるようになった事、そして、実際に自分たちが作った家具やインテリアが売れた事で、子どもたちの中の"ガバチョを増やしたい""お客さんに来てもらいたい"と以前よりも強く願うようになりました。だからこそ、値段の決め方にも変化がでてきたのでしょう。

IKEAレストラン

「IKEAにレストランがあって、買い物の途中で食べられるんだよ」
「黄色い旗を掛ける所もあるんだよね」
「ソフトクリームに、ホットドッグも食べたよ」
「券を買って、食べるんだよ」

子どもたちが、見た物、食べた物を、作っていきました。
ソフトクリームやポテト、スウェーデン料理のミートボールも食べられますよ。

券売機のボタンの感触にこだわって作りました。触って見て下さい♪

IKEAの宣伝しようよ

チラシお願いします！

「テレビでIKEAのCMがやっていたよ」
「新聞にIKEAのチラシが入っていたんだよ」
「そうだ！つくし新聞社にお願いして
IKEAのチラシを配ってもらおうよ」
「そうすれば、IKEAの事知ってもらえるよ」
クーポン持ってIKEAに行こう！
「IKEAのチラシに、クーポン券があったよ。クーポン券ももっていくと、IKEAレストランで、ポテトが無料で食べられるんだって！」と発見。IKEA○○のチラシにも、クーポン券を作りました。「このクーポンを持ってくれば、ポテトは無料ですよ〜！」
みなさんも、クーポン券を持って、○○レストランへ来て下さいね。

つくし新聞へ！

IKEAのあんなこと・こんなこと

看板づくり
「IKEAの看板はなんで、青と黄色なのかな？」「スウェーデンの国旗の色と同じだ！」世界地図を広げてスウェーデンの場所を見たり、スウェーデンってどんな国だろう？と調べたりしました。

ガムテープのカバンづくり
ガムテープのカバンは、IKEA○○オリジナルです。ガムテープの色を選んで、注文できます。
どの色がいいですか？
○○先生は水玉のカバンをオーダーメイド

モデルルーム
「IKEAには、いろんなお部屋があるんだよ」と、モデルルームづくり。
ピンクのお部屋は「女の子ルーム」、黄緑のお部屋は「リビングルーム」、そして、2階の水色のお部屋は「男の子ルーム」。
みなさんは、どのお部屋がいいですか？

役割分担
キッズルーム、レジ係、レストラン、案内係、毎朝、分担を決めてお仕事！
自分の仕事に責任を持って取り組んでいます。
これください

IKEAを全て再現する事はできないけれど、子どもたちが「こんな風にしたい」「あれを作りたい」と願ったことを、友だちと協力して作っていきました。
困った事がでてくれば、すぐにIKEA会議を開いて、みんなで解決してきました。みんなの工夫がたくさん詰まったIKEA○○、是非、遊びに来てくださいね。

IKEA会議中です！

「問題発生！」

「昨日の虹も記事にしよう♪」
「IKEAに２階建てが出来たことも書こう！」
と精米の記事の他にも書きたいことがたくさんありました。一人が記事を書いている間、他の子たちは見ているだけ。すると…
「これじゃ、今日新聞配れないよ」
「僕も書きたい」
どうしたらいいか考え、紙を切り、それぞれ記事を分担して書くことになりました。
分担して書き"新しい出来事を早く伝える"新聞記者にとって大切なことに気付いたようです。

新聞ってどんなことが書いてあるんだろう？

子どもたちから「本当の新聞は何が書いてあるのかな？」そんな疑問がでてきました。

「今日のニュースは…」

「お天気が書いてあったよ」
「ぼくたちの新聞にも書こうよ！」
「でも字だけじゃ、■■さんとか読めないよ」
そこで実際の新聞を見てみることに…
「お天気のマークがあるね！」
「これならみんなにわかるよ」
新聞にお天気のマークで天気予報を書くことになりました。

「新聞には色んなことが書いてあるんだね」
そんな発見から…
「僕は恐竜について書きたいな」
「僕は４コマ漫画を書きたい」
「広告も載ってるよ！」
"見たこと聞いたことを書く"ということにとどまらず、自分たちで調べたり、考えたことをコーナーとして、書いていくようになりました。

４コマから生まれたキャラクター

どんな服装？どんなキャラクター？
「何度もかけて、みんなも書けるキャラクターにしよう」
そこで考えたのがロボットの『ロボック』です。
「ロボットの国"ロボクニ"に住んでいることにしよう」
こうして■■新聞オリジナルキャラクターの４コマ漫画が始まりました。

「どんなキャラクターにしよう？」 「ロボック」

広告募集中！

■■先生（体操の先生）が
「新聞にこの広告をのせてくれないかな？」
とやってきました。
先生が持ってきた広告代３ガバチョをもらい、早速、お願いされた広告を新聞に載せました。

「お願いします！」 「IKEAのチラシを新聞の折り込みにください」

お客さんは幼稚園の人だけじゃない？

今まで園内で配り読んでもらっていた新聞ですが、子どもたちは
「幼稚園の人だけじゃなくて、いろんな人に読んでもらいたい」
という気持ちが出てきました。

そこで、お米を配達に来ていた■■さんや商用紙に来ていた教材屋さんの方に「新聞いりませんか？」と聞いてみると…「ぜひ売ってください」と喜んで買ってくれました。
３ガバチョももらえたこと、そして何よりいつも配っていない人たちに買ってもらえてとても嬉しそうでした。

「３ガバチョになります」

プロと一緒に取材しよう♪

１月になると、子どもたちから
「本当の新聞は何人で書いているんだろう？」「なんで新聞は白黒なの？」
様々な疑問がでてきました。そこで、読売新聞社の■■さんにお願いをして新聞について教えてもらえることになりました。
〜みんなも一緒に園長先生に取材してみよう〜
"園長先生はどんな人なのか？"そのことがわかるための質問をし、必要な情報をノートに書いていきます。

「新聞も見ていただきました。」

新聞作りを通して、子どもたちは伝えたいことを"文字"という方法で伝えていきました。文字化して伝えることは決して簡単なことではありません。「あいうえおもじが書ける」そんな姿も見られました。書きたい気持ちから自発的に調べる、そうした流れから自信と共についていくのです。苦労して書いた字、完成した時や、思いが伝わった時の喜びは子どもたちに自信をつけて、また次への意欲に繋がっていきました。この新聞の１文字１文字に子どもたちの"伝えたい"という気持ちが込められているのです。

資料2

春夏秋冬 ～あんなこと こんなこと～

資料2

ドリームステージ

ドリームステージは、子どもたちが"夢のあるショー"という意味を込めてつけた名前です。この1年間子どもたちはステージの上で歌ったり、踊ったり表現することを楽しんできました。「小さい子にも見せてあげようよ」と▉タウンのステージの上だけでなく、園庭にステージを作り幼稚園に遊びに来た未入園の子どもたちにも披露してきました。

園庭解放の日には…

「どんな曲をやろうか」「どうしたら楽しんでもらえるか」など、子どもたち自身が考えて活動をしてきました。ハロウィンやクリスマスにはかわいいスティックを作りプレゼントしたり、小さい子たちの隣に行き一緒に踊ってあげたり…小さい子たちが見るだけでなく、一緒に楽しめるよう工夫してきました。

▉タウンのステージ

いくつもある曲の中から、子どもたちがどの曲にするかを選び、自分たちで踊りを考えステージで披露してきました。ステージは、▉さんだけでなくても、▉さんも一緒に参加して楽しめる、そんな空間になっていきました。

■ 著者略歴

阿部　学（あべ　まなぶ）

1982年，秋田県秋田市生まれ。千葉大学大学院人文社会科学研究科博士後期課程修了，博士（学術）。
千葉大学教育学部附属小学校講師，千葉大学大学院特別研究員，NPO法人企業教育研究会主任研究員などを経て，現在，敬愛大学国際学部専任講師。
専門は，教育方法（授業・教材づくり，幼児教育）。
著書に，『楽しく学ぶメディアリテラシー授業―ネット・ケータイ，ゲーム，テレビとの正しいつきあい方―』（共著，学事出版），『企業とつくるキャリア教育』（共著，教育同人社）など。

■ 子どもの「遊びこむ」姿を求めて〈敬愛大学学術叢書14〉
　　―保育実践を支えるリアリティとファンタジーの多層構造

■ 発行日――2017年3月31日　初　版　発　行　　〈検印省略〉

■ 著　者――阿部　学

■ 発行者――大矢栄一郎

■ 発行所――株式会社　白桃書房
　　　　　〒101-0021　東京都千代田区外神田5-1-15
　　　　　☎03-3836-4781　📠03-3836-9370　振替00100-4-20192
　　　　　http://www.hakutou.co.jp/

■ 印刷・製本――藤原印刷

© Manabu Abe 2017 Printed in Japan
ISBN 978-4-561-56096-8 C3337

本書のコピー，スキャン，デジタル化等の無断複製は著作権法上での例外を除き禁じられています。本書を代行業者等の第三者に依頼してスキャンやデジタル化することは，たとえ個人や家庭内の利用であっても著作権上認められておりません。

JCOPY　〈（社）出版者著作権管理機構　委託出版物〉
本書の無断複写は著作権法上での例外を除き禁じられています。複写される場合は，そのつど事前に，（社）出版者著作権管理機構（電話03-3513-6969，FAX03-3513-6979，e-mail:info@jcopy.or.jp）の許諾を得てください。

落丁本・乱丁本はおとりかえいたします。

敬愛大学学術叢書

平屋伸洋【著】
レピュテーション・ダイナミクス 本体 4,500 円

青木英一・仁平耕一【編】
変貌する千葉経済 本体 3,800 円
―新しい可能性を求めて

金子林太郎【著】
産業廃棄物税の制度設計 本体 3,500 円
―循環型社会の形成促進と地域環境の保全に向けて

仁平耕一【著】
産業連関分析の理論と適用 本体 3,300 円

和田良子【著】
Experimental Analysis of Decision Making 本体 2,800 円
―Choice Over Time and Attitude toward Ambiguity

松中完二【著】
現代英語語彙の多義構造〔理論編〕 本体 3,700 円
―認知論的視点から

松中完二【著】
現代英語語彙の多義構造〔実証編〕 本体 3,700 円
―認知論的視点から

澤 護【著】
横浜外国人居留地ホテル史 本体 3,500 円

加茂川益郎【著】
国民国家と資本主義 本体 3,400 円

―――― 東京 白桃書房 神田 ――――

本広告の価格は本体価格です。別途消費税が加算されます。